中国人民银行境外短期调研报告选集

(2009～2010)

中国人民银行国际司

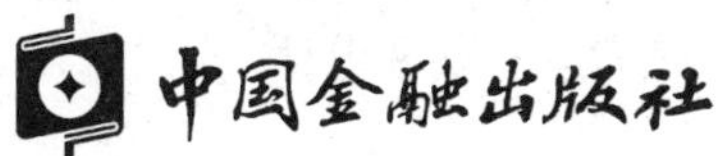

责任编辑：赵天朗　仲　垣
责任校对：孙　蕊
责任印制：程　颖

图书在版编目（CIP）数据

中国人民银行境外短期调研报告选集．2009～2010（Zhongguo Renmin Yinhang Jingwai Duanqi Diaoyan Baogao Xuanji. 2009～2010）/中国人民银行国际司．—北京：中国金融出版社，2011.9
ISBN 978－7－5049－6010－8

Ⅰ.①中…　Ⅱ.①中…　Ⅲ.①金融—文集　Ⅳ.①F83－53

中国版本图书馆 CIP 数据核字（2011）第 132064 号

出版发行　中国金融出版社
社址　北京市丰台区益泽路 2 号
市场开发部　(010)63266347，63805472，63439533（传真）
网上书店　http://www.chinafph.com
(010)63286832，63365686（传真）
读者服务部　(010)66070833，62568380
邮编　100071
经销　新华书店
印刷　保利达印务有限公司
装订　平阳装订厂
尺寸　169 毫米×239 毫米
印张　17.5
字数　326 千
版次　2011 年 9 月第 1 版
印次　2011 年 9 月第 1 次印刷
定价　30.00 元
ISBN 978－7－5049－6010－8/F.5570

前　言

为结合中国人民银行中心工作，充分利用中国人民银行海外资源，提高中央银行的研究能力，中国人民银行自2005年起设立了短期调研项目，每年从各司局以及分支行范围内选派部分优秀干部分阶段赴中国人民银行驻美洲（纽约）、欧洲（伦敦）、法兰克福、南太（悉尼）和东京等代表处开展为期3个月的调研工作。在中国人民银行各司局、上海总部、各分支行和中国人民银行各驻外代表处的大力支持和配合下，该项目进展顺利，至2010年末共派出90人次，均按期完成调研报告，其中不乏一些高质量的调研报告，为中国人民银行更好地履职提供了技术支持。同时该项目锻炼了队伍，为各单位培养了人才，也为代表处增添了活力，受到各方好评。

《中国人民银行境外短期调研报告选集（2009～2010）》从2009～2010年度短期调研人员提交的报告中精选了24篇，内容涉及货币政策、金融市场、金融稳定、内部审计和反洗钱等领域。出版本书的目的是为了在中国人民银行系统更大范围内实现信息共享，更好地学习和借鉴国际先进经验。

需要说明的是，本书中的观点只是报告人的个人观点，不代表中国人民银行。书中的疏漏、错误，敬请批评指正。

目　　录

第一部分　货币政策

1. 借鉴成熟市场经济经验，完善我国利率调控体系

——关于构建有效利率调控体系的思考

南京分行　蔡继东

在典型的市场经济条件下，金融资源配置是市场选择的结果。利率作为资金的价格，是决定金融资源配置、影响宏观经济运行的关键变量。中央银行的工作和货币政策的作用，就是通过吞吐货币量来影响金融市场的资金供求与价格关系，起到保持物价稳定、扩张或收缩宏观经济的目的。因此，引导市场利率是中央银行制定和执行货币政策的主要内容。建立完备有效的利率调控体系对于提高货币政策的效率和效果具有重要意义。他山之石，可以攻玉。借鉴成熟经济体的中央银行在利率引导方面的经验，有助于推进我国的利率市场化进程、改进货币政策执行效果。

一、成熟市场经济体中央银行引导市场利率的实践

总体而言，在通常情况下，以美国、欧盟、日本为代表的成熟市场经济体，尽管其中央银行的货币政策目标有所区别，但实施货币政策的主要途径都是通过控制短期利率引导金融市场上的其他利率。在采取的方式上则略有不同。美国和日本主要通过公开市场操作吞吐货币从而使隔夜拆借利率锁定在其设定的目标利率附近水平；英国则是直接设定隔夜再贷款利率；欧元区采取折中而更灵活的方式，即通过公开市场操作使隔夜拆借利率保持在其设定的目标利率水平，同时直接设定隔夜再贷款利率，并设定金融机构在欧元

区中央银行的存款利率水平，从而为金融机构的短期利率建立一条利率走廊。

（一）美国联邦储备理事会

根据美国《联邦储备法案》，美国联邦储备理事会（以下简称美联储）及其联邦公开市场委员会（FOMC）的货币政策目标是“有效促进充分就业、物价稳定和长期利率适度”。尽管货币政策是多目标制，但美联储认为物价长期稳定是经济持续增长、充分就业和长期利率适度的先决条件。根据美联储的陈述，在美国，货币政策与实体经济之间的最初联系是各存款机构在联邦储备银行的账户资金的拆借交易市场，即联邦基金市场；其拆借交易价格即为联邦基金利率。美联储通过影响联邦基金市场供求关系来实现其对联邦基金利率的控制，从而逐步影响宏观经济。因此，货币政策对实体经济的影响就是通过美联储对联邦基金利率的控制而开始的。联邦基金利率就是美联储货币政策的操作目标，联邦公开市场委员会负责设定联邦基金利率的目标利率。美联储影响联邦基金市场进而实现其操作目标主要通过以下方式：

最主要的方式是公开市场操作。联邦公开市场委员会负责公开市场操作。公开市场操作理论上可以交易任何资产，但实践中可交易的资产必须具有高度流动性，不会因美联储的加入而使市场出现扭曲，因此高流动性的美国国债是美联储公开市场操作的主要资产。每天，纽约联邦储备银行代表美联储，根据准备金账户和贴现窗口的有关信息，预测当天的交易规模，并与一级交易商进行公开市场操作，确保联邦基金利率保持在目标利率附近。其操作方式包括现券交易与回购交易。

其次是调整再贴现政策。金融机构从美联储的贴现窗口借入资金会增加联邦基金的供给，从而影响联邦基金利率的走势。因而再贴现与公开市场操作存在一定的替代关系。尽管目前美国的再贴现量较小，但再贴现在抑制联邦基金利率上行压力方面发挥着重要作用，是通过公开市场操作实现联邦基金目标利率的重要补充。金融机构加入贴现窗口的准入政策和再贴现率由美联储制定，各联邦储备银行负责具体操作再贴现业务。其再贴现品种包括3类：一级再贴现（Primary Credit）、二级再贴现（Secondary Credit）和季节性再贴现（Seasonal Credit）。一级再贴现针对财务健康的存款类机构，期限很短，通常为隔夜，其利率就是通常所说的再贴现利率，通常设定在高出联邦基金目标利率1个百分点的水平。二级再贴现针对那些不能获得一级再贴现的存款类机构，期限也很短，通常也是隔夜，其利率通常设定在高出一级再贴现利率0.5个百分点的水平。季节性再贴现主要满足小型存款类机构的季节性资金需求，期限相对较长。季节性再贴现利率是在为期两周的准备金考核期的第一个工作日设定，利率水平为前一个准备金考核期内的联邦基金利率与3个月定期存单利率的均值，因此季节性再贴现利率的设定是以市场利率为基础的。

其他引导利率的方式还有设定准备金[1]要求和清算资金[2]要求。对于准备金账户余额不足的存款类机构，可以在联邦基金市场上拆入资金。因此，美联储可以通过调整法定准备金率来影响联邦基金利率，尽管在实践中美联储极少调整法定准备金率[3]。如果存款机构的清算资金不足，则需要在联邦基金市场上拆入资金。因此，美联储通过调整存款类机构的清算资金要求，也可以影响联邦基金利率。

（二）欧洲中央银行

根据欧洲中央银行（以下简称欧央行）在其官方网站上的陈述，其货币政策目标为单一目标，即保持物价稳定。欧央行在不损害物价稳定的前提下支持欧盟的总体经济政策。欧央行通过公开市场操作、经常性融资便利、最低准备金要求等三类货币政策工具引导市场利率并作用于实体经济，以实现其货币政策目标。

公开市场操作由欧央行统一组织并由成员国中央银行分别实施。其形式共有五种，最主要为回购交易，其他的还有现券交易、发行债务凭证、外汇互换及募集定期存款。同时，根据操作目的不同，公开市场操作又被分为四类：主要再融资操作（Main Refinancing Operations）、长期再融资操作（Longer-term Refinancing Operations）、微调操作（Fine-tuning Operations）和结构性操作（Structural Operations）。主要再融资操作是最重要的公开市场操作，在引导市场利率、调节市场流动性、传递货币政策信号方面发挥关键作用。这类交易通常采用回购交易的形式每周定期举行，交易利率由市场投标形成，但其目标利率由欧央行决定。

经常性融资便利（Standing Facilities）由欧央行设定利率，成员国中央

1　准备金要求适用于所有存款类机构，目前只有交易性存款才须缴存准备金。交易性存款（transaction deposits），包括活期存款（demand deposits）和能开具支票的有息存款。法定准备金率由美联储根据《联邦储备法》所赋予的职权来设定。

2　清算资金类似于我国所称的“备付金”。存款类机构在联邦储备银行的账户不仅用来满足美联储的准备金要求，还要用于满足金融交易的清算需求。联邦储备银行与存款类机构签订协议，规定除了法定准备金外还须在其账户内保留最低余额的清算资金。

3　自20世纪90年代初以来，美联储从未调整过法定准备金率。

银行负责实施，其目的是吞吐隔夜流动性、传递货币政策信号、控制隔夜短期资金市场利率。它包括两类：“边际贷款便利”（Marginal Lending Facility）和“存款便利”（Deposit Facility）。前者类似再贷款，金融机构可以用符合欧央行规定的资产作抵押向成员国中央银行借款；通过存款便利，金融机构可将隔夜短期资金存放在成员国中央银行。这样，经常性融资便利就为隔夜短期资金市场设置了一条利率走廊[4]，并与主要再融资操作利率一道构成了欧央行的基准利率体系。

欧央行的最低准备金制度[5]适用于欧元区所有信贷机构。最低准备金率由欧央行统一设定。金融机构为满足最低准备金要求而缴存的准备金按照主要再融资操作的利率计息，通常高于存款便利的利率。欧央行认为其最低准备金制度的目的就是引导货币市场利率。通过调整最低准备金率或最低准备金的缴存范围可以影响货币市场的资金供求关系，从而影响货币市场利率。

（三）英格兰银行

英格兰银行在其官方网站上表示，货币政策目标是“维持物价稳定（低通货膨胀）并使之服从于政府的经济目标，包括经济增长和充分就业”。目前，物价稳定被定义为政府确定的消费物价指数（CPI）年度涨幅2%的通货膨胀目标。通常，英格兰银行通过影响利率来实现其货币政策目标。但是，在2009年3月为应对金融危机的严重冲击，英格兰银行货币政策委员会宣布除了设定银行再融资利率外，还将直接向经济注入货币，即实施“量化宽松货币政策”（Quantitative Easing Monetary Policy，QE）。英格兰银行称，这标志着英格兰银行的货币政策工具由设定货币价格（利率）向吞吐货币供应量的转变。尽管如此，英格兰银行的利率决定仍然对英国金融体系和经济运行有着重大影响。

作为基准利率的英格兰银行官方利率，其形式是在不断演进中的。自1694年英格兰银行成立以来，其基准利率经历了银行利率→最低贷款利率→中央银行票据最低利率→公开市场回购利率→官方银行利率。目前的官方利率是从2006年开始启用的官方银行利率（Official Bank Rate），为英格兰银行向金融机构提供隔夜贷款的利率，即隔夜再贷款利率，类似于美联储的再贴现利率。

---

4 边际贷款便利的利率是隔夜短期利率的上限，存款便利的利率是隔夜短期利率的下限。

5 目前，活期存款和期限在2年以内（含2年）的存款都须在成员国中央银行缴存一定比例的准备金。

官方利率水平由英格兰银行货币政策委员会在每月举行的货币政策会议上投票决定的。无论英格兰银行的官方利率的形式如何变化，其本质都是通过影响金融体系的资金价格关系作用于实体经济。官方利率直接影响着商业银行设定其自己面向存款人和借款人的利率区间，此外也影响着债券、股票等金融资产价格，并对汇率产生影响。

作为政府的银行和银行的银行，英格兰银行能够较为精确地预计货币在政府和银行体系之间的流动状况，并在每日操作中平衡政府和银行体系之间的资金关系。当货币从银行体系净流向政府，则银行体系持有的流动资产下降，货币市场出现资金短缺；反之，则银行体系持有的流动资产增加，货币市场出现资金盈余。英格兰银行就是在每个交易日营业终了前，通过向银行体系借贷货币来实现政府和银行体系之间的资金平衡。英格兰银行的隔夜再贷款利率通过金融市场迅速地传递其影响力，引导整个经济的利率水平。当英格兰银行调整其隔夜再贷款利率时，商业银行就会跟着调整其自身的存贷款利率。

（四）日本银行

《日本银行法》规定，日本货币政策“应以实现物价稳定为目标，以此促进国民经济健康发展”。在执行货币政策时，日本银行通过货币市场操作等工具来影响货币量和利率。货币政策的基本立场，包括基准利率——货币市场隔夜拆借利率的目标水平，由日本银行的政策委员会在货币政策会议上决定。日本银行根据货币政策会议的决定，设定每日的货币市场操作规模，选择操作工具的种类，在货币市场上吞吐资金。

货币市场操作是日本银行主要的操作工具。根据交易方向的不同，买入债券的操作称为“资金供给操作”（Funds-supplying Operations），而卖出债券的操作则称为“资金吸纳操作”（Funds-absorbing Operation）。货币市场操作的形式主要有现券交易和回购交易，其基础资产包括政府债券、金融债券和商业票据。通过每日的货币市场操作，日本银行引导隔夜拆借利率保持在目标水平附近，进而影响其他金融市场利率及金融机构面向企业和个人的信贷利率，最后作用于实体经济。

再贷款是日本银行引导市场利率的另一个操作工具。在利率管制时期，再贷款曾是日本银行执行货币政策最主要的政策工具。随着利率市场化深入，其地位逐渐被货币市场操作所取代。日本银行的再贷款分为有担保再贷款和无担保再贷款两类。有担保类再贷款包括合格票据再贴现和以合格证券为质押的再贷款。2006 年，日本银行将再贴现与再贷款的利率合并为一，统称“基础贴现和贷款利率”（Basic Discount Rate and Basic Loan Rate）。无担保再贷款主要是向那些由于突发事件产生意外临时性资金短缺的金融机构提供短期资金救助，因此主要发挥金融稳定作用，其利率由日本银行政策委员会确定。

二、金融危机下中央银行利率调控与注资政策的配合

根据凯恩斯的“流动性陷阱”理论，当利率低到足够低（比如零）的水平时就很难再下降，这时货币政策通过利率渠道刺激经济的作用就会受到极大制约，即“货币政策效果的非对称性”[6]。但是，本次全球金融危机中各国中央银行采取的非常规措施正在对该理论做出修正。即便基准利率已经处于极低的水平，但由于利差扩大，包括信贷市场在内的其他金融市场的利率仍然相对较高。直接降息的政策要与直接注资的政策相配合，才能起到刺激总需求的作用。这一点在主要成熟市场经济体中央银行的反危机措施中表现得尤为明显。

美联储的降息与注资。自2007年夏次贷危机发端之际，美联储就采取积极措施应对。在短时间内连番大幅下调联邦基金目标利率，从2007年夏的5.25%迅速下调到2008年春的1.75%。在2008年秋次贷危机恶化为全球金融危机后，美联储仅用两次就将联邦基金目标利率下调至0～0.25%的接近零利率水平。此外，美联储还采取了向金融机构注入流动性、刺激金融市场正常运转的诸多紧急措施，其中也包括创设了一些新工具。这些措施可分为三类：第一类是与中央银行履行最后贷款人职责紧密相关的传统工具[7]；第二类工具涉及直接向关键性的信贷市场的借款人和投资者注入流动性[8]；第三类工具涉及美联储将其公开市场操作的工具范围扩大到买入长期证券以支持信贷市场恢复功能[9]。

6　所谓货币政策效果的非对称性，就是货币政策的紧缩效果大于其扩张效果。

7　主要是向金融机构注入短期流动性，包括考虑到金融市场的全球化特征而与14个其他国家的中央银行签订美元互换协议，帮助这些中央银行向受到危机冲击的本国银行体系注入美元流动性。

8　比如商业票据融资便利（Commercial Paper Funding Facility）、资产支持商业票据货币基金流动性便利（Asset－Backed Commercial Paper Money Market Mutual Fund Liquidity Facility）、货币市场投资者融资便利（the Money Market Investor Funding Facility）、短期资产支持证券贷款便利（Term Asset－Backed Securities Loan Facility）等。

9　例如2008年11月美联储宣布将买入最多1 000亿美元的政府发起企业（GSE）债券和最多5 000亿美元的住房抵押贷款证券（MBS），2009年3月又宣布将这两种资产的买入规模分别扩大到2 000亿美元和1.25万亿美元，同时宣布买入最多3 000亿美元的长期国债，即总额高达1.75万亿美元的所谓“信贷宽松计划”（Credit Easing）。

欧央行的降息与注资。由于油价和其他商品价格暴跌后通货膨胀压力明显减弱以及经济急剧萎缩为降息留出了足够空间。欧央行在2008年10月至2009年5月期间，连番大幅下调基准利率。将存款便利利率下调3个百分点至0.25%；将主要再融资操作中的固定利率投标的目标利率下调3.25个百分点至1%；将边际贷款便利利率下调3.5个百分点至1.75%。另一方面，欧央行采取多种非常规措施向金融体系注入大量流动性，从而促进金融机构支持对企业和个人的信贷供给。一是大幅调整常规再融资工具的使用，将再融资期限从最长3个月延长至最长12个月，并且允许金融机构可以基准利率获得不受规模限制的流动性支持。二是进一步扩大再融资的质押资产种类。三是接纳欧洲投资银行（EIB）为欧央行货币政策操作的合格交易对手，通过向EIB提供再融资便利为实体经济提供信贷资金。四是通过计划买入总额最高为600亿欧元的在欧元区发行的欧元担保债券，直接向证券市场注资。

英格兰银行的降息与注资。在反危机方面，英格兰银行主要采取两类措施：连番大幅降息和向市场注入流动性。在2008年10月至2009年3月，英格兰银行将官方利率从5%大幅下调至创纪录的0.5%低位。在向市场注入流动性方面，2009年3月英格兰银行货币政策委员会宣布将通过"资产收购便利"（Asset Purchase Facility）这一工具在二级市场上收购资产，向市场直接注入货币，并事先确定注入的总额上限，即实行所谓的"量化宽松政策"。纳入收购范围的资产既包括政府公债也包括私人部门资产，如商业票据、公司债券等。英格兰银行还根据国内经济形势的变化，几次上调收购规模上限，从3月确定的750亿英镑上调至11月的2 000亿英镑。

日本银行的降息与注资。为应对金融危机，日本银行在原本就非常低的水平上进一步下调基准利率——将隔夜拆借目标利率从0.5%下调至0.1%。另外，将基础贴现和贷款利率从0.75%下调至0.3%。在注资方面，日本银行既采取了直接注资的举措也采取了扩大质押品范围的间接措施。前者包括在货币市场上引入美元资金供给操作，增加日本国债回购和现券买入规模，扩大日本国债现券买入的品种，增加商业票据回购操作的频率和规模，直接收购总额不超3万亿日元的商业票据和不超过1万亿日元的公司债券，继续收购总额不超过1万亿日元的金融机构所持有的股票，创设"次级贷款"[10]

10　所谓次级贷款，相当于金融机构向日本银行定向发行次级债券，可作为附属资本补充金融机构的资本金。

（Subordinated Loans）新工具并发放总额不超过1万亿日元的次级贷款，接受日本开发银行为日本银行在商业票据回购操作中的交易对手，等等。后者包括扩大再贷款的资产质押范围，将资产支持商业票据和部分公司债务工具纳入日本银行的合格质押品范畴。

三、中央银行利率调控的共性研究

随着货币经济学理论的迅速发展和在中央银行政策研究领域的广泛共识，加之全球化的推动，各国从基础的金融体系及利率体系到政策层面的宏观金融管理都越来越表现出协同共性的趋势。即便是在之前被理论界广泛提及的市场主导的英美金融体系和机构主导的欧洲金融体系之间的制度差异也在逐渐缩小。从货币政策实践来看，基本理论的同源性和经济周期的一致性决定了中央银行在利率调控上协调行动已经成为主流。

（一）相似的金融及利率体系

目前，主要的市场经济体都已经建立了完备且高度市场化的金融体系。既有市场化运作的金融机构体系，包括商业银行、投资银行、保险公司、各类投资基金等；也有市场化运作、高度关联的金融市场体系，包括固定收益类市场、权益类市场、外汇市场、大宗商品等其他投资品市场、金融衍生交易市场等。

利率成为各金融机构和各金融市场共同关注的核心变量，也是所有的市场参与主体必须考虑的关键变量。从中央银行的角度，利率体系十分简单，只有两层利率，即中央银行与金融机构之间的利率和金融机构与其客户之间的利率。在成熟市场经济国家，后者是完全市场化的利率，前者由于交易一方的唯一性，其利率形成具有高度的非市场化特征。

在主要的成熟市场经济体，货币政策的操作目标通常就是基准利率，通过基准利率引导其他利率。该基准利率大多是中央银行与金融机构之间的利率或者是金融机构同业间的短期交易利率。细微的差别是：有的国家的基准利率通过公开市场操作的市场化招投标机制产生，中央银行作为市场参与者利用资金优势来保证其接近预先设定的基准利率目标；而有的国家的基准利率则完全由中央银行事先规定，不存在市场化确定基准利率的余地。

（二）同源的利率引导路径

宏观经济学的长期研究已经在利率传导机制上达成基本共识，这成为各国中央银行通过货币政策引导市场利率的共同理论基础。

在市场竞争机制的作用下，基准利率下调可以使金融机构与其客户之间的交易利率存在下行的空间。利率下行降低存款吸引力并增加贷款吸引力，从而刺激消费和投资需求。利率下行也会刺激股票和房地产等资产价格上涨，从而使资产持有者的可抵押资产价值上升并可扩大融资增加消费和投资需求。利率调整也会影响汇率变化，比如英国利率相对于海外利率的意向上升会增加英国资产的收益，从而刺激英镑需求使英镑升值，进而压低进口品价格和提升出口品价格，并影响英国对外部门。利率对总需求的影响也会传递到就业市场，通过就业市场的供求关系影响工资和市场参与主体的预期，影响生产者价格，并最终影响通货膨胀率。

利率调整对通货膨胀水平的传导渠道可以用下图直观地表示。

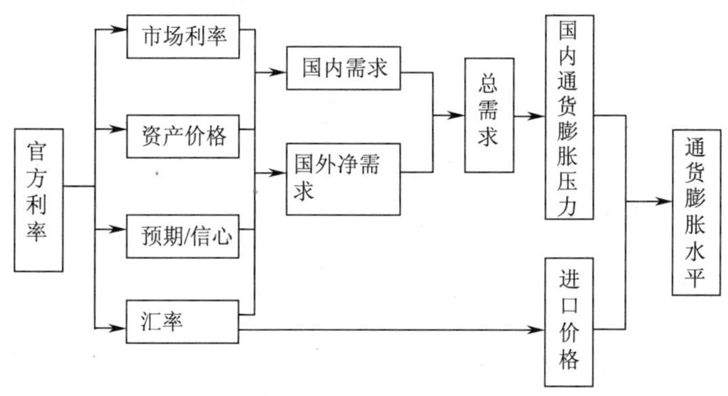

（三）共同的利率调控局限

利率调控对多个经济变量的作用效率不尽一致。一般而言，利率变化传递至总供给和总需求都会有一段时滞。尽管理论界还不能精确计算所有传导渠道的传导时间和传导效果，但通常认为利率调整对产出的最大效应要经历一年左右的时间才能出现，而对通货膨胀率的最大效应则需要经历两年左右的时滞。因此，利率调控的决策必须具有高度的前瞻性，货币当局应重点研究未来几年的物价走势，而非仅仅是当前的物价水平。

利率调控的这种时滞局限性对货币当局实施货币政策带来了至少三个方面的挑战。一是对宏观经济研究提出了近乎苛刻的高要求，中央银行的经济学家必须深入研究人们的预期及其对经济金融变量的影响，并能总结为简便易行的操作策略。然而，目前这方面的理论成果还不能令人满意。二是对构建有利于加快利率调整传导效率的金融体系提出了更高要求。比如货币市场的利率变化能迅速传递至长期资金市场，中央银行的利率决策能迅速引起金融机构与其客户之间的利率变化。这一方面取决于金融体系的市场化程度，一方面也受所谓“市场失灵”的干扰。后者在金融危机爆发、货币市场与长期资金市场脱节的情况下表现得尤其明显。三是极端条件下实施利率调控的挑战。在危机形势下，由于利率不可能降至零以下，直接降息的政策空间十分有限，必须求助于其他更直接的工具，比如直接向市场注入资金。但注入的适度规模难以精准确定，直接注资是否会扭曲市场经济运行的机制从而带来新的风险，对此理论界尚无定论。

四、结合我国实际改进利率调控体系

经过一段时期的市场化改革，我国已初步建立了市场经济体制。从中央银行的角度，进一步改进利率调控体系的内外部条件已逐渐具备。一是能按照市场经济规则运转的现代金融体系已经基本建成，金融机构门类众多、架构健全，金融市场覆盖几乎所有现货市场，金融衍生品市场发展也已起步。二是利率市场化的程度较之以往有明显提高，除零售本币业务的存贷款利率受到一定限制外，金融机构与其客户之间的其他种类的利率均已放开管制，由市场参与者自主决定。三是中央银行的专业化程度显著加强，从总行到各分支机构，经济学家队伍迅速扩大，建立以完备的利率调控为核心的货币政策调控体系已经有了较充足的人才储备。因此，我们建议：

（一）推动金融机构加快业务数据库建设

利率调控的政策效应得以有效发挥的条件之一就是金融机构与客户之间的利率定价基于市场竞争机制。现代金融机构实施这种定价的基础是必须具有足够完备的大样本历史数据库，包括微观的客户违约历史及其经营与财务动态数据、宏观的经济周期数据等，能帮助金融机构构建行之有效的利率定价模型。由于我国金融机构大规模的市场化改造时间较晚，尤其是在数据库建设上起步更晚，金融机构普遍在利率定价问题上缺乏历史数据支持，难以构建有效的利率定价模型，许多小型零售型金融机构的利率定价机制更是粗放，金融管理部门也无法给予利率定价通用模型的有效技术支持。这已成为进一步推进我国利率市场化进程的重要障碍。

因此，一是金融管理部门大力督促金融机构加强自身基础数据库建设。构建鼓励采用内部模型法利率定价的激励机制，鼓励有条件的金融机构尽早上线自主开发并经金融管理部门审核通过的利率定价系统，对该类金融机构可给予监管年费优惠措施。二是加强征信体系建设。进一步扩大社会信用信息的覆盖范围，提高金融机构的客户违约情况的综合评价能力。三是培育金融服务的咨询中介机构，为无法开发内部定价模型的小型金融机构提供专业的包括利率定价、资信评估、投资建议等在内的专业化金融咨询服务。

（二）逐步取消金融机构零售业务存贷款利率管制

目前，我国正在推进的利率市场化进程已经进入存贷款等零售金融业务领域，从原先的官定统一的存贷款利率逐步演变为以市场供求为基础、以官定利率为限制、交易双方自主协商的准市场化利率。在零售存款业务上，实行以官定利率为上限的上限管理；在零售贷款业务上，实行以官定利率的一定折扣[11]为下限的下限管理。由于零售业务直接与实体经济的消费、投资需求相关，因此零售业务的存贷款官定利率成为我国货币政策中实际的基准利率，发挥着引导其他市场利率、调节宏观经济运行的作用。

鉴于中央银行直接指定金融机构与客户的利率极有可能对利率形成的市场机制产生一定的扭曲，不利于货币政策的精准有效传导，下一步的利率市场化应重点着眼于逐步放开零售业务存贷款利率的实际管制。二是大幅缩减零售存贷款官定利率品种，只保留业务量大、具有重要标杆意义的关键品种，如1年期存款利率和1年期贷款利率，其他品种不再设定官定利率。三是开展广泛有效的政策宣传，向市场和公众表明零售存贷款利率定价的市场化原则，官定利率只是对实际交易利率起辅助指导作用，不一定是实际交易利率。

（三）完善公开市场操作机制

就中央银行执行货币政策的操作地位而言，我国中央银行应主要扮演与金融机构的交易对手角色，我国未来的基准利率也应是通过中央银行与金融机构之间的交易利率可以控制的短期同业资金交易利率。因此，改进公开市场操作对于构建我国未来有效的基准利率体系至关重要。

一是增加公开市场操作的频率，改每周两次为每个工作日都进行操作，并限定在每个工作日终了前1小时进行。这样可使公开市场操作进一步回复其调节市场短期流动性的本来面目。二是提高上海同业拆借利率（SHIBOR）的基准性，并采取有效方式确保报价的实际履行，从而逐渐将SHIBOR的隔夜拆借利率培育为与中央银行公开市场操作紧密联系、指引短期市场利率定价、影响其他市场利率走势的基准利率。

（四）完善再贷款、再贴现利率生成和操作机制

在我国目前的金融体系中，存款类金融机构持有的金融资产和负债占比

11　尽管对农村金融机构的零售贷款还实行基准利率2.5倍的上限管理，但对其他存款类金融机构的零售贷款均已放开利率上限管制，统一实行下限管理，住房按揭贷款利率最低可为官定利率的7折，其他零售贷款利率最低可为官定利率的9折。

最高，实体经济的外部融资主要依赖银行信贷，因此再贴现、再贷款工具在为金融机构（特别是小型零售金融机构）提供流动性支持，进而保持对实体经济适度的货币供应方面仍然发挥重要作用。

一是逐步将再贷款的信用贷款形式调整为证券质押贷款形式。随着我国债券市场的快速发展，金融机构的资产结构明显变化，普遍持有一定规模的各种债券。将再贷款调整为证券质押贷款形式已经具备条件，而且有助于中央银行合理设定再贷款利率，也有助于金融机构科学举债，抑制资产盲目扩张冲动。二是合理设定再贴现、再贷款利率，使再贴现、再贷款利率总体上高于金融机构同业借款利率。以有价证券作支持的再贴现、再贷款，可以提高中央银行利率定价的科学性，既可以通过金融机构同业市场转贴现和回购交易的利率情况确定再贴现、再贷款利率，也可以通过再贴现、再贷款利率引导同业市场相似产品的利率，并通过各金融市场间的相互联系引导其他市场利率。三是改进再贴现、再贷款操作规程。在确保合规前提下，简化操作流程，满足金融机构的流动性需求，同时明确再贴现、再贷款的操作目的是调节金融机构的短期流动性，杜绝任何形式的投机套利行为。

（五）加快发展金融衍生品市场

金融衍生品市场对于指导市场参与主体的预期、引导市场利率走势有着不可替代的作用。经过近年来中国人民银行的大力推动，我国金融衍生品市场尤其是固定收益类衍生品和人民币汇率类衍生品市场发展迅速。目前，金融衍生品交易的主协议已经出台，利率互换、远期利率协议、债券远期交易等传统固定收益类衍生品交易大幅增加，人民币外汇掉期交易和人民币外汇远期业务也已颇具规模。

当前要进一步发展我国的金融衍生品市场。一是大力加强金融衍生品市场的制度建设，集中抓好主协议的完善工作，明确交易各方的权利义务关系，督促参与金融衍生品交易的金融机构加强风险管控。二是优先发展固定收益类金融衍生品，尽早推出利率期权等新产品，为中央银行有效引导未来利率走势创造条件，并促进市场参与者科学预期利率走势。

（六）设计完备的危机形势下流动性注入的应急机制

本次国际金融危机充分表明，在危机形势下仅仅依靠常规的利率调控政策不能及时有效地发挥作用，必须增加直接注资类工具的使用。因此，尽快设计制定危机形势下流动性注入的应急机制，包括应急机制启动和退出的条件、流动性注入的决策主体、注入工具的种类、注入的规模等，并以法律法规的形式予以明确固定。

2. 欧洲中央银行应对金融危机的利率政策及其启示[1]

——兼论欧洲中央银行非零利率政策原因探析

西安分行　申建文

2009年10月6日，澳大利亚中央银行宣布将基准利率提升25个基点，这是二十国集团中第一个加息的国家。11月3日，澳大利亚中央银行第二次加息，如此高频率的动作，令市场颇感意外，一时间加息成为关注的焦点，社会各界担心经济刺激措施快速退出对经济复苏产生羁绊。笔者从另一侧面，即欧洲中央银行为应对金融危机降息过程中，欧洲中央银行坚决执行的非零利率政策，而未跟随美国、日本和英国等国家实行零利率政策，得出欧洲中央银行按照自身的政治制度实际、经济金融运行特点采取恰当的货币政策原因。近期，欧洲中央银行多次宣布不会立即调整利率政策，危机影响远未结束，欧元区经济还未完全走出低谷，复苏道路还很长。欧洲中央银行的利率政策提示我国中央银行应充分认识克服经济危机的艰巨性、复杂性、长期性，经济刺激措施不能一蹴而就，对我国利率政策货币政策的宏观调控具有重要的参考价值和现实性启示。

一、欧洲中央银行应对金融危机的利率调整政策

（一）欧洲中央银行的利率政策框架

欧洲中央银行的利率政策实施框架是欧洲中央银行通过对基准利率的调整，运用货币政策操作工具，主要是公开市场操作，向存在流动性缺口的银行体系提供融资支持的同时，传递了中央银行的政策信号，引导短期市场利率尽可能地接近基准利率。自20世纪80年代中期以来，欧洲中央银行即以短期市场利率取代准备金头寸作为其货币政策的操作中介目标，并一直沿用至今。从实施机制看，欧洲中央银行利率政策主要通过货币政策工具的操作来实现。欧洲中央银行主要的货币政策工具为公开市场操作、经常性融资便利和最低准备金。

1　本文系2009年3～6月在中国人民银行法兰克福代表处短期调研工作后的调研报告。

1. 公开市场操作。公开市场操作作为欧元体系中最重要的货币政策操作工具，用来控制市场利率水平和进行银行体系流动性管理，包括主要再融资操作（MROs）、长期再融资操作（LTROs）、微调操作（FTOs）、结构性操作等工具组合。

（1）主要再融资操作和长期再融资操作。主要再融资操作和长期再融资操作的主要功能在于向银行体系提供有抵押品担保的短期流动性支持，两者均通过标准化招标程序进行，交易和清算在两个工作日内完成，分别提供了银行体系所需流动性的75%和25%左右。

目前，主要再融资操作的期限为1周，采用含最低投标利率（欧洲中央银行的基准利率）的多重价格招标方式。在这种招标方式下，银行提交的投标利率不得低于欧洲中央银行设定的最低投标利率，并按照最高利率优先的方式分配中标量，直至分配完毕。分配的最低中标利率即为边际中标利率。通过设定最低投标利率，主要再融资操作不仅及时提供流动性支持，而且有效传递了政策信号，提高了对短期市场利率的引导效率。

长期再融资操作是按月进行的，通过向银行提供3个月期的流动性，进一步减少银行体系的运营风险。其招标数量是事先确定的，并采用纯粹的多重价格招标方式，参与投标的银行约1 700家左右。该操作通常不具备释放货币政策信号的功能，通常欧洲中央银行在这里通常是“利率的接受者”。

（2）微调操作。操作频率和期限都是非标准化的。通常在隔夜品种的基础上进行，并可随时作适应性调整。微调操作的作用在于缓冲因意外流动性波动引起的对市场利率的冲击。具体操作形式包括逆向操作、外汇互换、现券买卖及固定期限存款。为确保该操作快速、灵活，通常采用快速招标方式进行（从宣布到操作结束仅90分钟），交易和清算均在当天完成，仅130家左右的银行具有相应的操作资格。微调操作在必要时也可采取双方协商的方式，无须竞标即完成与一个或多个交易对手的交易。

（3）结构性操作。操作频率和期限都是非标准化的，可根据流动性状况随时提供流动性或进行对冲操作。其作用为在较长期限内调整银行体系流动性结构。该操作可采用标准招标程序或双边程序来实施。需要说明的是，目前欧洲中央银行还未开展过结构性操作。

2. 经常性融资便利。经常性融资便利主要是为及时满足金融机构清算需要而设置的，通过提供和吸收隔夜流动性来满足交易对手的临时性流动性需求，包括隔夜的边际贷款便利和存款便利。二者的利率形成了以基准利率为中心的利率走廊，有效控制了隔夜利率的波动。

3. 最低准备金要求。最低准备金要求是指各信用机构按规定在所在国中央银行账户上保持最低限度的准备金。实施最低准备金要求的目的在于创造或扩大结构性的流动性短缺，为开展公开市场操作、进一步稳定货币市场利率提供了前提条件。其最低准备金要求只需满足维持期内的平均值要求即可，并按维持期内主要再融资操作边际分配利率的均值进行补偿，对超额准备金并不支付利息。

（二）欧洲中央银行的利率调整

当2007年8月初次贷危机迅速传播的冲击严重损害货币市场的功能时候，欧洲中央银行在隔夜拆借市场快速向银行体系提供950亿欧元流动性支持。2008年9月美国雷曼兄弟事件后金融危机升级演变为全球经济危机，欧洲中央银行宣布进一步增强银行体系流动性。2008年10月后，表明了危机从金融部门向实体经济传导表现出价格明显下降的风险，欧洲中央银行做出了大幅度的降低利率的应对机制。

从2008年10月15日开始，欧洲中央银行连续7次降息，目前执行（5月13日）主要再融资操作利率（基准利率）1%，存款便利操作利率0.25%，边际贷款便利操作利率1.75%（见表1）。总的来看，为适应市场环境的新变化，欧洲中央银行不断完善利率操作框架，基本实现了将短期货币市场利率引导至基准利率的操作目标。

表1　　欧洲中央银行政策利率历次调整

有效期	存款便利		主要再融资操作			边际贷款便利	
			固定利率招标	浮动利率招标			
			固定利率	基准利率			
	数值	变化	数值	数值	变化	数值	变化
	1	2	3	4	5	6	7
1999 1 Jan.	2.00	—	3.00	—	—	4.50	—
4[2)]	2.75	0.75	3.00	—	—	3.25	-1.25
22	2.00	-0.75	3.00	—	—	4.50	1.25
9 Apr.	1.50	-0.50	2.50	—	-0.50	3.50	-1.00
5 Nov.	2.00	0.50	3.00	—	0.50	4.00	0.50
2000 4 Feb.	2.25	0.25	3.25	—	0.25	4.25	0.25

续表

有效期	存款便利		主要再融资操作			边际贷款便利	
			固定利率招标	浮动利率招标			
			固定利率	基准利率			
	数值	变化	数值	数值	变化	数值	变化
	1	2	3	4	5	6	7
17 Mar.	2. 50	0. 25	3. 50	—	0. 25	4. 50	0. 25
28 Apr.	2. 75	0. 25	3. 75	—	0. 25	4. 75	0. 25
9 June	3. 25	0. 50	4. 25	—	0. 50	5. 25	0. 50
28[3]	3. 25	—	—	4. 25	—	5. 25	—
1 Sep.	3. 50	0. 25	—	4. 50	2. 25	5. 50	0. 25
6 Oct.	3. 75	0. 25	—	4. 75	0. 25	5. 75	0. 25
2001 11 May	3. 50	-0. 25	—	4. 50	-0. 25	5. 50	-0. 25
31 Aug.	3. 25	-0. 25	—	4. 25	-0. 25	5. 25	-0. 25
18 Sep.	2. 75	-0. 50	—	3. 75	-0. 50	4. 75	-0. 50
9 Nov.	2. 25	-0. 50	—	3. 25	-0. 50	4. 25	-0. 50
2002 6 Dec.	1. 75	-0. 50	—	2. 75	-0. 50	3. 75	-0. 50
2003 7 Mar.	1. 50	-0. 25	—	2. 50	-0. 25	3. 50	-0. 25
6 June	1. 00	-0. 50	—	2. 00	-0. 50	3. 00	-0. 50
2005 6 Dec.	1. 25	0. 25	—	2. 25	0. 25	3. 25	0. 25
2006 8 Mar.	1. 50	0. 25	—	2. 50	0. 25	3. 50	0. 25
15 June	1. 75	0. 25	—	2. 75	0. 25	3. 75	0. 25
9 Aug.	2. 00	2. 25	—	3. 00	0. 25	4. 00	0. 25
11 Oct.	2. 25	0. 25	—	3. 25	0. 25	4. 25	0. 25
13 Dec.	2. 50	0. 25	—	3. 50	0. 25	4. 50	0. 25
2007 14 Mar.	2. 75	0. 25	—	3. 75	0. 25	4. 75	0. 25
13 June	3. 00	0. 25	—	4. 00	0. 25	5. 00	0. 25
2008 9 July	3. 25	0. 25	—	4. 25	0. 25	5. 25	0. 25
8 Oct.	2. 75	-0. 50	—	—	—	4. 75	-0. 50
9[4]	3. 25	0. 50	—	—	—	4. 25	-0. 50
15[5]	3. 25	—	3. 75	—	-0. 50	4. 25	—
12 Nov.	2. 75	-0. 50	3. 25	—	-0. 50	3. 75	-0. 50
10 Dec.	2. 00	-0. 75	2. 50	—	-0. 75	3. 00	-0. 75
2009 21 Jan.	1. 00	-1. 00	2. 00	—	-0. 50	3. 00	—
11 Mar.	0. 50	-0. 50	1. 50	—	-0. 50	2. 50	-0. 25
8 Apr.	0. 25	-0. 25	1. 25	—	-0. 25	2. 25	-0. 25
13 May	0. 25	—	1. 00	—	-0. 25	1. 75	-0. 50

欧洲中央银行1%的政策利率仍是以下主要工业国家中最高的（见表2）。2009年3月5日，英国中央银行实行0.5%的基准利率，创1694年该行建立以来的最低点；美联储2009年4月则将联邦基金利率降至0～0.25%；瑞士和日本的基准利率也都接近于零。

表2　　主要发达国家现行基准利率简表

中央银行	现行基准利率水平	时间
美联储（FED）	0.00～0.25	2009年4月2日
欧洲中央银行（ECB）	1.00	2009年5月5日
英格兰银行（BOE）	0.50	2009年3月5日
瑞士国家银行（SNB）	0.25	2009年3月12日
加拿大银行（BOC）	0.25	2008年4月21日
日本银行（BOJ）	0.10	2009年3月18日

欧洲中央银行行长特里谢和多位欧洲中央银行委员，曾屡次公开向外界透露欧洲中央银行降息空间有限，而将利率降至零以应对经济危机，可能实际上会降低货币政策的有效性。为何欧洲中央银行不“笃信”零利率政策，一直是社会各界普遍关注的重要课题。

二、欧洲中央银行不实行零利率政策的原因探析

欧洲中央银行为应对金融危机，而未跟随美国、日本和英国等国家实行零利率政策，欧洲中央银行坚决执行的非零利率政策，有其自身固有原因。

（一）欧洲中央银行的制度安排，欧洲中央银行要保持独立性和树立权威性

1. 欧洲中央银行要保持货币政策的独立性、权威性。独立性是欧洲中央银行的一个显著特点。欧洲中央银行的货币政策独立的制定和执行，决定了欧洲中央银行需要奉行中立的货币政策，保持相对于各国政府的货币政策独立性。欧洲中央银行货币政策的制定执行由欧洲中央银行理事会决定，不受欧元区各国政府的干涉，保持较高的独立性和权威性。

经济危机带来经济衰退，一些欧元国家要求灵活地执行《稳定与增长公约》，要求欧元国家必须保持财政赤字不超过3%，公共债务不超过国民生产总值的60%，但是，欧元区不少成员国要求扩大赤字和增发国债来刺激经济，将使《稳定与增长公约》约束力面临挑战。欧洲中央银行竭力维护《稳定与增长公约》，因为其是欧洲货币联盟不可或缺的基础和欧洲中央

银行存系的根基。面对欧元成员国施加压力要求降息和灵活执行《稳定与增长公约》，欧洲中央银行是否降息关系到该行能否维护其独立性、权威性。

2. 欧洲中央银行的货币政策很难达到向美英等主权国家内的财政政策和货币政策的配和协调。因有《稳定与增长条约》的财政纪律约束，在危机条件下，很难要求欧元区各成员国的财政政策与之相配合，并且各成员国的经济周期也不尽相同，各成员国财力具有差异，税收政策也不一致，这种财政政策与货币政策的不对称性，使欧洲中央银行不能追求向美国、英国、日本等主权国家财政政策与货币政策协调性。因此，倘若实行零利率政策，欧洲中央银行对进一步经济形势的变化就缺乏灵活应对措施。欧洲中央银行不实行零利率，避免使自己处于无手段的尴尬境地。

（二）欧元区商业银行传导货币政策信号保持顺畅

1. 欧洲中央银行的利率政策对商业银行体系传导顺畅。从市场的反应，货币市场利率和隔夜拆借市场利率基本一路走低，金融机构流动性紧张状况得以缓解。2009 年 10 月末，1 月、3 月、半年、1 年期银行间同业拆借利率分别为 0.43%、0.74%、1.02%、1.24%，比 2008 年末分别降低 256 个、255 个、235 个、221 个基点；10 月末，欧元区银行隔夜市场拆借利率 0.36%，比 2008 年末降低 213 个基点。

欧元区同业拆借实际利率水平低于美国。金融危机以来，欧洲中央银行向银行间市场提供了充足的流动性，拆借市场利率逐渐走低。特别是 2009 年 2 月开始，欧元区 3 月期同业拆借实际利率已将连续 8 个月低于美国同期限利率。2009 年 10 月末，欧元区 3 月期同业拆借实际利率维持在 0.84 低位（表 3）。这充分说明，欧洲中央银行的非零利率政策效果明显，尽管没有像美英等国家的实行名义零利率政策。

表 3　欧洲中央银行与美国、日本银行间同业拆借利率比较

（年百分比；平均时期）

	欧元区						美国		日本	
	EONIA	EURIBOR					LIBOR		LIBOR	
		1 月期	3 月期		6 月期	1 年期	3 月期		3 月期	
			名义	实际			名义	实际	名义	实际
2006	2.83	2.94	3.08	0.90	3.23	3.44	5.20	1.96	0.30	0.06
2007	3.87	4.08	4.28	2.14	4.35	4.45	5.30	2.44	0.79	0.73
2008	3.87	4.28	4.64	1.35	4.75	4.83	2.93	-0.94	0.93	-0.45

续表

	欧元区						美国		日本	
	EONIA	EURIBOR					LIBOR		LIBOR	
		1 月期	3 月期		6 月期	1 年期	3 月期		3 月期	
			名义	实际			名义	实际	名义	实际
2008 Oct.	3.82	4.83	5.11	1.95	5.18	5.25	4.06	0.40	1.04	-0.65
Nov.	3.15	3.84	4.24	2.12	4.29	4.35	2.28	1.21	0.91	-0.08
Dec.	2.49	2.99	3.29	1.71	3.37	3.45	1.83	1.74	0.92	0.53
2009 Jan.	1.81	2.14	2.46	1.34	2.54	2.62	1.21	1.18	0.73	0.73
Feb.	1.26	1.63	1.94	0.77	2.03	2.14	1.24	1.01	0.64	0.74
Mar.	1.06	1.27	1.64	1.07	1.77	1.91	1.27	1.65	0.62	0.92
Apr.	0.84	1.01	1.42	0.81	1.61	1.77	1.11	1.84	0.57	0.67
May.	0.78	0.88	1.28	1.24	1.48	1.64	0.82	2.10	0.53	1.61
June	0.70	0.91	1.23	1.38	1.44	1.61	0.62	2.05	0.49	2.25
July	0.36	0.61	0.97	1.63	1.21	1.41	0.52	2.61	0.43	2.68
Aug.	0.35	0.51	0.86	1.04	1.12	1.33	0.42	1.91	0.40	2.64
Sep.	0.36	0.46	0.77	1.10	1.04	1.26	0.30	1.58	0.36	2.60
Oct.	0.36	0.43	0.74	0.84	1.02	1.24	0.28	—	0.33	—

资料来源：ECB。

2. 银行对企业、家庭贷款环节通畅。欧元区贷款调查结果显示，贷款趋紧程度进一步缓解。从供给分析，2009 年第三季度，认为对企业贷款条件偏紧的银行占比为 8%，该比值 2008 年第四季度、2009 年第一季度、第二季度分别为 64%、43%、21%；认为家庭购房贷款、消费贷款条件偏紧的银行占比为 14%，而该比值 2008 年第四季度、2009 年第一季度、第二季度分别是 41%、28%、22%。主要原因是银行认为宏观经济和购房市场前景的风险下降。2009 年第四季度，对企业贷款、家庭购房贷款、家庭消费贷款等三类主要贷款的趋紧程度会进一步缓解。

从需求分析，银行认为企业贷款需求虽然是负的，但第二季度明显好转；居民消费贷款和家庭购房贷款需求会进一步上升。

在金融动荡对银行贷款的问卷调查显示，绝大部分银行认为政府对银行的注资支持和国家担保银行发行的债券等措施，使银行大规模融资能力显著提高。2009 年第三季度，55% 的银行认为政府公布的支持项目对其融资具有“有些”、“相当”的改善，而 2008 年第四季度该比率仅为 34%。

（三）非常规政策适时推出，与利率政策相互配合

欧洲中央银行采取非常规的政策，向银行体系提高信贷支持，保证在利率保持相对低位条件下的流动性支持，维护了金融体系稳定。非常规的政策包括四种措施：

1. 延长期限和无限量的主要再融资操作支持。2008 年 4 月，开始了第一笔 6 个月期限的主要再融资操作。2008 年 10 月起，将所有主要再融资操作实行“固定利率的无限量分配”，即在固定的政策利率下，完全满足银行向中央银行提出的流动性需求。2009 年 5 月，宣布开展共 3 笔 1 年期限的固定利率主要再融资操作，其中第一笔已于 2009 年 6 月提供 442 亿欧元，第三笔将于 2009 年 12 月提供。

2. 提供外币流动资金支持。2007 年 12 月，欧洲中央银行开始向银行提供美元流动性需求。2008 年 10 月，欧洲中央银行扩大了全额提供的流动性支持的外国货币范围，提供英镑、日元、瑞士法郎计价的流动性支持。外币再融资支持通过主要国家中央银行间的外汇互换协议来完成，这在欧洲中央银行历史上是前所未有的。

3. 扩大银行抵押品的适用范围。欧洲中央银行 2008 年 10 月起接受遵循英国法律规定以欧元计价的银团贷款作为抵押品，接受在欧元区发行的以美元、英镑和日元等欧元以外货币计价的有价债务工具，扣减率为 8%。另外，在公认的自由市场中交投的债务工具也可作为抵押品，扣减率为 5%。将除资产支持证券以外的资产信贷门槛由 A－级调降至 BBB－级，所有评级为 BBB－级的资产扣减率为 5%，新的抵押品规则将持续至 2009 年底。

4. 直接购买担保债券。担保债券市场一直是大部分欧元区银行资金来源的重要场所。2009 年 7 月 6 日启动了 600 亿欧元的资产担保债券购买计划，这标志欧洲中央银行开始诉诸“量化宽松”的非常规手段。在一级市场和二级市场逐步买入担保债券，资产担保债券偿还期 3 年到 10 年不等。在 600 亿欧元总额中，欧洲中央银行计划承担约 8% 的份额，其余则由欧元区 16 国中央银行分摊，担保债券购买计划将最晚在 2010 年 6 月末彻底完成。

（四）零利率的流动性陷阱忧虑

欧洲中央银行不实行零利率政策，一个重要因素是防止零利政策使货币政策进入“流动性陷阱”。日本 20 世纪 90 年代的零利率政策或许成为欧洲中央银行前车之鉴。

1. 来自日本企业资产负债表的一个合理解释。对于流动性陷阱，传统经济学的解释是：利率降低至债券完全等同于货币（现金）程度的一种状

态。此时，资金供应方会因为利率过低而选择继续持有货币，而不是以购买债券的形式将手中的货币借给企业。由于这些资金不再被用于投资，所以，不管怎样降息都无法刺激投资和经济增长。这种以放贷方为中心的观点，无法令人信服地解释清楚为什么在利率如此之低的情况下，整体经济依然毫无反应。如果将分析的视角转换到借贷方，即将流动性陷阱视为借贷方行为转变的结果，那么，问题就迎刃而解。

日本经济在泡沫期之前和泡沫期之后的关键区别就在于企业资产负债表状况的改变。在泡沫期之前，日本企业拥有状态良好的资产负债表，以及为全世界所羡慕的信用等级。当时的企业家目光超前，对于日本中央银行的利率调整反应迅速。然而，在经济泡沫破灭之后，千疮百孔的资产负债表和大幅贬值的企业资产迫使他们变得保守和小心谨慎，并且开始将企业的首要任务定为削减债务。在资产负债表衰退中，私营企业通常会在外界发觉其资产负债表问题之前就停止借贷，甚至不再将利润投入再生产而用于偿还债务，以便尽快使难看的资产负债表得到修复，不到万不得已是不会再去借贷的。在这种大环境下，任凭日本中央银行实行怎样的宽松货币政策，都无法说服企业增加借贷。所以，造成流动性陷阱的真正原因在于借贷方行为的改变，也就是借贷方资产负债表的变化。

2. 零利率与数量宽松货币政策的局限性。在 20 世纪 90 年代以来日本长达 15 年的经济衰退中，零利率和数量宽松的货币政策被屡屡使用，但效果很不理想。一方面，日本中央银行的零利率政策引发了套利交易，导致境内流动性向境外市场漏出，削弱了数量宽松货币政策的效果。易纲认为 2007 年日本的货币供给漏损率高达 18.6%。另一方面，套利交易对日本国内的流动性有收紧的作用，但对日元则有贬值压力，而贬值又产生货币放松效应，一紧一松互相抵消后的总效应应该是收紧的。反过来，投资者进行平仓交易时，卖出外汇买入日元、归还日元贷款，商业银行需要卖出外汇、买入日元，平仓过程对基础货币而言是放松的，对日元有升值压力。这背后更深刻的道理其实是“三元悖论”。这说明，零利率和数量宽松货币政策虽然对刺激国内需求有一定作用，但作用是有限的。

解决资产负债表衰退问题，货币政策的效果是有限的，财政政策具有决定作用。20 世纪 90 年代初期经济泡沫破灭以后，日本政府投入了超过 140 万亿日元的资金用于执行财政刺激政策，最终防止了可能造成日本经济的大崩溃。日本的经验表明，政府在私营部门忙于偿债之时，反其道而行之，担当起“最后借款人”的职责，同时，日本政府大力清理银行坏账，经济逐渐复苏。就本次应对经济衰退的各国政策选择看，各国政府大规模的投资备受青睐。

三、对中国货币政策的启示

2009年第三季度，欧元区自2008年第二季度以来在连续下滑后经济首次出现回暖，近期的复苏很大程度是在欧元区银行体系稳定下，得益于紧急的财政刺激政策和较为缓慢的清库，而这些措施的效果在未来数月将会消失。同时，由于失业率的上升和欧元的走强，欧洲中央银行认为经济复苏道路还有一段距离，欧元区从技术层面上走出衰退，但是经济并为完全脱离低谷。

因此，欧洲中央银行认为危机的影响还远没有结束，按照欧元区的经济、金融实际状况制定执行利率政策，欧洲中央银行充分认识到克服经济违纪的艰巨性、复杂性和长期性。即使在澳大利亚宣布两度加息之后，欧洲中央银行仍然保持基准利率不变，不会立即调整现行关键利率等货币政策；对于非常规货币政策的退出，欧洲中央银行明确非常规手段退出必须坚持“要适时性”和“渐进性”原则。这些对于中国的货币政策产生了重要启示：

（一）利率水平调整要与经济发展需要相适应

我国中央银行认为加息、降息水平及幅度，与经济发展需要相协调。一方面，中国利率降到历史低位，零利率政策不适合中国。中国储蓄存款余额占GDP比重非常高，是居民的重要理财方式，不付息将损伤其利益；劳动生产率和全要素生产率还在不断提高，平均资本回报率和边际资本回报率都不支持零利率政策；商业银行收入主要来自利差收入，利差过低银行经营无法持续；零利率、准零利率政策不是中国的占优选择。另一方面，中国上调利率，“退出”经济刺激措施还为时尚早。尽管中国经济先于其他经济体触底反弹，但目前经济刺激措施退出还过早，因为在全球消费需求大量缩减的背景下暴露了其经济对出口的过度依赖，政府进行经济刺激和结构性调整的政策安排还将继续。在私营企业投资和居民消费成为主要的增长动力之前，国家还是需要保持一定程度上的经济刺激措施，较低利率政策还将持续一段时间，中央银行可以采取非加息其他货币政策工具运用，确保经济增长的势头。

（二）完善公开市场操作疏通利率传导货币政策渠道

公开市场操作是欧洲中央银行最重要和最常用的货币政策手段，引导市场利率、控制市场流动性，并传递货币政策取向的信号。与其相比，我国公开市场操作在政策工具、操作方式、市场参与范围等方面都存在着差距。为此，应该逐渐增加公开市场交易主体的数量，以提高公开市场交易的合理性与竞争性；增加中央银行资产中证券的比重，以增强我国中央银行在公开市场上的操作能力，并逐渐增加可供使用的操作工具，加快货币市场的建设。在再贷款和再贴现政策方面，要借鉴欧洲中央银行的贷款便利工具，将我国中央银行对商业银行的贷款由信用贷款方式改为证券抵押贷款。从而增加中央银行引导市场利率的能力。

（三）事先赋予中央银行采取非常规政策进行应对危机逆周期宏观调控的职责

欧洲中央银行在应对金融危机中采取了非常规措施，取得了一定成效。但是，欧洲中央银行获得授权却经历了一个相对长的政治过程，因而可能贻误了最佳行动时机。为了稳定严峻危机下的市场，中央银行和财政部门必须迅速行动，采取非常规措施。建议国务院也可能考虑事先授权中央银行在特定的、定义清晰的危机情形下采取非常规手段以控制系统性风险，从而使其迅速采取大胆行动，采取强有力措施，及时准确应对事态的发展，提高措施效能。这种系统性的事先批准的职责将使中央银行的专业技能在市场最需要时发挥最大作用。

参考文献

[1] ECB, *Purchase programme for covered bonds*, June 4, 2009.

[2] John Kicklighter, *Central Bank Interest Rate Outlook*, May 20, 2009.

[3] Donald L. Kohn, *At the Conference on Monetary - Fiscal Policy Interactions, Expectations, and Dynamics in the Current Economic Crisis*, Princeton University, Princeton, New Jersey, May 23, 2009.

3. 澳大利亚储备银行金融危机期间公开市场操作的微调分析与思考[1]

沈阳分行　赵越

一、公开市场操作在澳大利亚中央银行货币政策框架中的地位与作用

（一）澳大利亚中央银行货币政策框架简介

自1993年实行通货膨胀目标制以来，通货膨胀率成为澳大利亚储备银行（Reserve Bank of Australia，RBA）货币政策框架的核心。它不仅为货币政策决策提供依据，也为私人领域提供通货膨胀预期坐标。2%～3%的通货膨胀水平被确定为一个经济周期的年均水平，既覆盖了多种不确定因素对经济的影响，也考虑了货币政策作用于经济的时滞。

储备银行理事会负责制定货币政策。货币政策决定主要是确定现金率（Cash Rate）。澳大利亚中央银行每年召开11次货币政策会议，在对国内外经济发展和金融市场进行详细分析的基础上，决定并公布现金率，并在两周后公布前次货币政策会议的纪要。

储备银行的国内市场部门通过公开市场操作（Open Market Operations，OMO）推动货币市场利率位于或接近现金率水平。现金率是金融中介隔夜拆借利率，它能够对其他利率产生重要影响，已成为经济活动中利率结构的基础。现金率和其他货币市场利率的关系密切。调整货币政策就是变动现金率，进而改变金融体系主要利率结构。

（二）公开市场操作的地位作用

储备银行货币政策的中期目标是控制通货膨胀率，操作目标是现金率，通过决定现金率来表达货币政策的姿态，并通过OMO，使实际现金率向目标现金率靠拢，实现货币政策的操作目标，再通过利率对经济活动的影响，达到控制通货膨胀的目标。

1　本报告得到澳大利亚储备银行有关人士的大力支持。其中第二部分金融危机期间澳大利亚中央银行公开市场操作的调整与分析、第三部分金融危机期间澳大利亚中央银行公开市场操作调整的有效性分析等内容，根据澳大利亚中央银行 *The Australian Money Market in a Global Crisis* 一文整理而成。

货币市场现金率由隔夜资金供求决定，储备银行通过 OMO，控制银行同业拆借资金供应，即调整银行存放于它们在储备银行结算账户上的交易结算资金余额，影响资金供求关系，进而影响资金价格。如果储备银行提供多于商业银行希望持有的交易结算资金，银行就会通过增加货币市场贷款分流资金，导致现金率呈下降趋势。反之，如果储备银行提供的资金少于银行所希望的，银行将增加从货币市场的借款来保证交易结算资金，导致现金率上升。

现金率的变化很快会传递至整个存贷款利率的结构当中。利率结构的变化又通过多种渠道，包括信贷供给、储蓄和投资、家庭消费、资产价格、汇率和通货膨胀预期等影响经济行为，进而影响总需求。通过总需求和总供给的改变，来影响经济的通货膨胀水平。

二、金融危机期间澳大利亚中央银行公开市场操作的调整与分析

（一）以次贷危机为先导的金融危机对金融市场的冲击

1. 澳大利亚货币市场息差急剧扩大。危机前，澳大利亚货币市场利率随市场对现金率的预期而变动，且稳定地略高于现金率，这既反映了借贷者的信用风险，也反映了出售有价证券或借款较为容易。然而 2007 年 8 月初，由于法国银行资产估值困难，暂停赎回它们的两只基金后，全球资金利率和隔夜拆借利率息差飙升。从此各国息差高度联动。澳大利亚元息差与美元、欧元基本同步变动，但幅度大大低于它们。第一次飙升后，息差缩小，但 2007 年底的资金压力使其再次扩大。由于年底没有发生什么主要事件，货币市场息差松动，直到 2008 年 3 月贝尔斯登临近破产息差扩大置顶。事件解决后，货币市场压力一定程度减轻，但仍处较高水平并一直持续到 2008 年末。9 月雷曼兄弟垮台造成了货币市场紧张程度扩大。主要货币息差创出新高，美国 3 个月息差扩大到 400 个基点，澳大利亚达到了 100 个基点的最高点。2007 年 8 月以来，澳大利亚 3 个月息差平均为 45 个基点，大大高于前几年的 5 ~ 8 个基点的水平。

2. 息差扩大的原因分析。信用风险和流动性风险的共同作用导致不同货币联动引致息差扩大。信用风险溢价与投资者对对手方还款能力的信心有关。由于很多机构在不同的货币市场操作，机构信贷风险的变化造成不同货币市场息差的联动。同样的，投资者的风险厌恶也会受其他市场发展的影响，导致息差联动。流动性风险溢价与该种货币的融资难易程度相关。不同货币间流动性风险是否联动还不是很清楚。一种观点是流动性风险溢价仅限

于某种货币，在各国货币间不具相关性。然而，外汇市场互换功能可使一种货币轻易的转换成另外一种。结果，从事高风险业务的银行可以将一种货币的流动性作为另一种货币流动性的替代品，因此这就可能导致不同货币的流动性风险溢价具有相关性。

实际上，很难把息差分解成信用风险溢价和流动性风险溢价，更难认为增加融资（也就是流动性风险）会提高银行的信用风险，反之亦然。此外，信用违约掉期（CDS），这个用来识别信用风险的典型工具，由于其市场流动性的降低和出于交易策略考虑，各银行减少在不同货币间使用信用违约掉期，已降低了其测量银行信用风险的可靠性。在澳大利亚，信用违约掉期有时候脱离它们提供保险的银行债券息差也证明，其并不是测量银行信用风险的可靠工具。

鉴于区分和评估信用风险和流动性风险比较困难，另一个理解驱动澳大利亚货币市场息差变动的方法是，检查国内和国际新闻是否对澳大利亚国内息差变动有更大影响。这对澳大利亚来说相对容易，因为澳大利亚的交易时段正好位于本次危机的发源地北美和欧洲之间。国内新闻方面，国内银行业铺天盖地的言论战胜信用风险，储备银行的行动也会影响澳大利亚元流动性，这些在当地交易日发生的事件，能推动息差变化。相反，国际市场发展情况可能对国内银行或融资条件产生根本性影响，改变它们资产质量或者离岸举债的价格，这些发生在非澳大利亚交易时段的事件，能推动息差朝着相反的方向变动。

将澳大利亚息差分解成国内交易时段的变动和国外交易时段的变动，是因为作为澳大利亚货币市场主要工具的银行票据有两种利率设定。第一种发生在上午 10 点交易日开始时，设定银行票据互换率（Bank Bill Swap Rate，BBSW），是固定的基准率，第二种是下午 4 点 30 分交易日结束时，用同样方法[2] 设定银行票据互换率。显然，一种利率设定比另一种高是没有理由的。上午 10 点的交易会反映海外市场宏观数据公布和 9 点半之后[3] 储备银行公告等消息的影响。但一些公司的公告除外，虽然这些经常发生在上午 10 点的股票交易之前。

2　澳大利亚金融市场协会成立银行组（目前有 14 家银行，包括 9 家外资银行）设定利率。利率设定由贡献率的平均数计算。

3　储备银行在 9 点半公告其交易意图，但这主要集中在流动性管理方面，主要是对当天现金缺口的评估和储备银行首选的交易期限。

然而3个月银行票据的息差在上午10点和下午4点半非常接近，这并不奇怪。值得注意的是，在突然上升期，息差周期性在上午呈锥状突出，但日间又有所回落。息差在早间交易时突然上升反映了海外新闻的影响，在日间回落反映了澳大利亚交易日中的操作使得息差降低。

2007年8月以来日间（10:00PM～4:30AM）和隔夜（4:30AM～次日10:00PM）息差的累积变化显示[4]，隔夜息差的累积变化是正的，表明息差在澳大利亚交易时段之外一直是扩大的，相反，大部分澳大利亚日间交易时段息差的累积变化是负的，表明前一天扩大的隔夜息差有所回落。

2008年前几个月，有一段时期，与贝尔斯登破产时期一致，当时澳大利亚元息差在日间交易时段也是扩大的。与2007年末和2008年末澳大利亚元息差与全球息差扩大到类似程度的时期不同，这期间没有关于国内银行体系的负面信息，也没有影响流动性风险变化的因素（储备银行的操作除外）[5]。最显著的情况就是澳大利亚国内市场对中央银行加息50个基点的预期，说明国内息差扩大是由于银行信用风险或流动性风险高于更高的货币市场利率。

随着贝尔斯登被救助，美国、澳大利亚货币市场息差大大缩窄，2008年4月初，由于没有来自海外和国内日间操作重大事件的推动，澳大利亚息差相对稳定在30～50个基点范围内。然而，由于对雷曼可能破产的担忧，9月全球息差创出新高。澳大利亚的息差再次在海外交易时段上升，但在国内交易时段下降。从任何给定的一天看，这些变化是相对较小的，但一段时期看变化较大，海外交易时段息差共提高200个基点，国内交易时段略有下降。息差日间和隔夜的累积变化较此前几个月大得多。2009年初开始，息差在澳大利亚日间交易时段和海外交易时段的差逐渐平缓，与全球息差下降基本一致。

澳大利亚日间和隔夜息差变化的时间表明，国际息差变动是解释澳大利亚息差变动的主要原因。信用风险溢价和流动性风险溢价均能够被国际市场变动所影响，虽然储备银行能够为澳大利亚货币市场提供流动性，但海外市场对息差扩大的影响更大，这表明信用风险对息差的扩大起了主要作用。

（二）金融危机期间公开市场操作的技术性调整与变化

澳大利亚中央银行每天进行OMO，以抵消银行体系和政府间的资金流

4　BBSW－OIS息差指BBSW利率与OIS利率之差，反映银行体系信贷压力，息差扩大被视为银行间拆借意愿下滑。

5　期间澳大利亚银行没有发布重要公告。和整个次贷危机期间相同，国内信用违约掉期溢价与国际呈一致的扩大趋势，国内银行债券息差和危机开始时一样随之提高。

动，确保市场有足够资金使现金率维持在目标水平。这主要通过回购协议进行，就是在购买证券时约定在未来某一日期以某一价格卖出该证券。储备银行总能在某些期限范围内，选择不同种类债券作为抵押品进行交易。在这一框架下，2007 年 9 月以来，储备银行对其交易做了三方面的技术性修改。一是提高金融机构在中央银行支付清算账户的余额；二是在回购协议下提高非政府债券持有量；三是延长回购协议的到期日。储备银行主动采取上述措施的目的，是提高货币市场参与者的信心，也希望对市场功能产生实际影响。

银行和其他一些官方许可存款机构（ADIs）及其分支机构在储备银行开立了交易清算账户，该账户是为这些机构之间以及他们与储备银行之间的清算之用。清算账户余额无风险且流动性较高，但中央银行行对其支付的利率低于目标现金率 25 个基点。信用危机爆发后，金融机构避险需求增加，希望拥有更多无风险流动性资产，这促使其提高清算账户余额。危机发生后的前 18 个月，澳大利亚尤其如此，由于没有政府债券发行，无风险资产的供给变少，金融机构政府债券持有量很小。当银行票据息差提高后，储备银行提高了清算账户余额要求。清算账户余额水平的周期性增加，满足了不断增加的流动性需求，而现金率对储备银行目标利率的偏离，也不超过两个基点，这种情况也只持续了不到 12 天，与近年来的情况比较，略显频繁。

储备银行对回购交易中非政府有价证券持有量的增加，目的在于提高金融机构对这些有价证券的需求，以缓解息差大幅提高。澳大利亚中央银行 OMO 中非政府有价证券占比由以前的 20% 左右提高到近三分之二。相应的回购交易中“一般抵押品”，即联邦政府和州政府发行的有价证券的占比下降。另外储备银行减少外汇互换也提高了回购交易中非政府有价证券的占比。

储备银行 OMO 的第三大主要变化，就是延长回购交易期限，在更长时期内分散货币市场压力。交易对手不得不向储备银行提供至少和回购期同样期限的抵押品。更长期限的回购要求对手方购买更长的有价证券。这样，市场参与者明显感到长期债券利率高于短期债券利率带来的压力。

在危机爆发前一年，储备银行回购息差对期限没有变化。当时，储备银行主要使用短期回购来管理交易结算账户总余额，很少有超过 3 个月到期的回购，平均期限仅有 45 天。危机爆发的第一年，长期回购出价明显提高。储备银行极大的提高了长期回购的比重，有一些期限超过一年，平均期限提高到 80 天。随着雷曼兄弟破产，货币市场紧张程度加深，特别是储备银行长期回购交易息差进一步提高，迫使储备银行进行更多的长期回购交易。

由于不清楚反事实[6]的情况，因此很难评估这些OMO变化产生的效果。为应对货币市场紧张状况，储备银行OMO产生了变化，这些变化相对于息差的变化是内生的。然而，息差的收窄也在一定程度上验证了储备银行的政策效果，由于像增加支付结算账户余额、调高以非政府有价证券为抵押的回购交易量、延长回购期限等因素能被充分控制，也说明这些措施确有助于息差的小幅收窄，至少在短期内如此。

储备银行在现有OMO框架内所做的上述三项技术性改变，目的就是为恢复市场功能，提高货币市场和各种有价证券市场的流动性。储备银行扩大回购交易中合格有价证券的范围，从而提高合格有价证券的流动性，分两个阶段。

第一阶段是危机爆发早期，2007年9～10月，储备银行略微扩大了合格有价证券范围，将ADIs发行的有价证券纳入合格抵押品范围，并第一次接受了高质量的住宅抵押资产支持证券（ABS）。2008年10月，取消了阻止交易对手使用与贷款发起方和担保方有关的ABS的限制。

2008年11月，合格抵押品范围进一步扩大，包括了大多数评级在A1级/A1+级和AAA-级的澳大利亚元有价证券（包括商业债券、资产抵押债券和商业票据）。2009年3月，澳大利亚储备银行将这一临时性修改内容永久性的确定下来。

除此之外，储备银行还在2008年9月至2009年3月，向金融机构引入定期存款便利，使金融机构达到储备银行的准备金要求，最典型的是7～14天定期存款。这一便利有助于储备银行管理银行间市场的现金量，使其有能力提高回购协议的持有量。

（三）公开市场操作技术性调整与变化的内涵

危机爆发以来，很多中央银行的资产负债表都发生了变化，持有的风险资产（抵押贷款证券、银行债务等）增加。和其他中央银行类似，澳大利亚储备银行运用风险管理方法减轻其额外风险。特别是对高于担保品风险的有价证券运用更大的折价率（Haircuts），对资产以当日或隔日市场价格为基础定价。总的说，这些风险管理技术意味着储备银行余额表上增大的风险已被很好的控制。

虽然表现为支付结算账户余额的银行间资金增加，对私人部门在银行间

6　在相同条件下可能发生的但违反现存事实。

市场的行为有潜在影响，但在澳大利亚并没有出现显著变化。支付结算账户隔夜余额的增加和日间资金量（用来应对日间更大额度的支付）的相关性较小。银行间借贷量也没有受到其在储备银行账户余额增加的影响，依旧延续近年来日间余额的变化趋势，交易利率与目标现金率基本一致的趋势也没有改变，这表明支付结算账户余额的增加与对这种无风险流动性资产的需求增加是相适应的。

三、金融危机期间澳大利亚中央银行公开市场操作调整的有效性分析

为评估储备银行 OMO 的影响，有必要控制这个事实，就是储备银行的行动依赖货币市场的发展，储备银行的行为内生[7]于货币市场变化。其内生性可以通过将澳大利亚交易时段（此时美国和欧洲市场已闭市）中息差变化纳入模型来控制，并且也取决于澳大利亚交易时段外的发展。因此，有必要用回归分析模型，来检验储备银行 OMO 的及时性调整对澳大利亚 3 个月息差的影响。

回归分析中的因变量是上午 10 点到下午 4 点半 3 个月息差变化，条件变量是澳大利亚 3 个月期息差的隔夜变化和交易开始时段澳大利亚息差水平（国际息差并不重要因此不作为条件变量，但澳大利亚隔夜息差的变化已反映了国际消息的影响）。由于储备银行在上午 10 点进行 OMO，但此时是交易日刚开始的时点，储备银行是无法获知影响澳大利亚市场日间交易时段息差变化的重要新闻的，因此其内生性也是减弱的。

（一）对提高交易清算账户余额的回归分析

提高银行在储备银行清算账户余额的影响，可以通过增加两个变量来测量：银行交易清算账户的余额水平（ES balances）和对账户余额的预期变化（projected ΔES balances）。账户余额的预期变化作为市场全天已知数据使用，而实际账户余额变化到第二天早上之前都是未知的。

从模型结果可见，账户余额的系数是负的、显著的，同样预期的账户余额变化也是如此。虽然偶尔账户余额会大幅提高以应对货币市场压力，但账户余额在市场情况稳定时也会少量的下降。实际中只有账户余额大幅提高是储备银行 OMO 的“政策”行为。为验证是否对息差有影响，预期的余额变

7 内生变量为模型内部因素决定的变量。

化可以分为提高和下降，并且只包括大额（大于标准差，4 亿澳大利亚元）变化（预期的大额支付清算账户余额变动的上升和下降）。余额大幅提高的系数是负的、显著的，而余额大幅下降的系数在统计上并不显著。系数显示支付结算账户余额提高 10 亿澳大利亚元，息差降低近 1 个百分点。总的来说，这证明了支付结算账户余额的大幅提高对息差的小幅下降是有效的，并且当账户余额后来下降后息差也没有反弹。

（二）对增加以非政府债券为抵押的回购交易的回归分析

可以用两个变量显示增加以非政府有价证券为抵押的回购交易的情况，即以非政府有价证券为抵押的回购交易的总额（PS Repos）及占比（PS Repos Share）。

结果显示，以非政府有价证券为抵押的回购交易总额的系数是负的，并且在统计上是显著的，但其所占比重的系数在经济学和统计学上都是不显著的，这说明总值而不是占比对缩小息差的作用较大。点估计（Point Estimate）[8] 显示，10 亿澳大利亚元的以银行有价证券为抵押的回购交易能够降低息差近 0.5 个基点。

（三）对延长回购期限的回归分析

延长回购交易期限的影响可以通过三个变量来验证：非政府有价证券回购交易的平均到期日（PS Repos Average Maturity），大于 60 天（PS Repos > 60 Days）和大于 90 天（PS Repos > 90 Days）的回购交易的总额。对平均到期日的点估计是 0，可以忽略不计，但对另两个变量的点估计是负的，并且显著。这表明做更多长期的回购交易确实有助于降低 3 个月的息差。

总的来说，2007 年 8 月以来，澳大利亚货币市场息差在美国和欧洲市场交易时段有扩大趋势，在澳大利亚交易时段略微缩小。这表明息差的扩大主要受离岸市场的影响。这也表明息差扩大主要是受信用风险影响，但流动性风险也起了一定作用。储备银行为应对市场压力，在现有的框架内修改了国内 OMO，包括增加以非政府有价证券为担保的回购交易，提高了无风险、高流动性的存款供应，延长了回购交易期限。这些措施对逐渐缩小息差作用明显。储备银行采取的措施对降低息差的作用，也显示流动性风险是息差扩大的因素。

8　Point estimate，点估计也称定值估计，它是以抽样得到的样本指标作为总体指标的估计量，并以样本指标的实际值直接作为总体未知参数的估计值的一种推断方法。

参考文献

[1] *The Australian Money Market in a global crisis*, http://www.rba.gov.au/Publications And Research/Bulletin.

[2] www.afma.com.au.

[3] 澳大利亚中央银行网站 www.rba.gov.au.

[4] 2001 ~ 2009 年《中国人民银行货币政策执行情况报告》。

[5] 刘凤：《我国公开市场业务操作工具的选择及其优化》，载《济南金融》，2008（11）。

[6] 刘效梅：《中国人民银行公开市场业务操作效果研究》，载《经济论坛》，2006（9）。

[7] 张红地：《中国公开市场业务的操作目标——一个描述性分析》，载《广东金融学院学报》，2007 - 07。

附件

澳大利亚中央银行公开市场操作情况介绍[9]

（一）合格交易对手

凡具有财务交易功能并参与储备银行信息和交易系统的金融机构，均可参与日间公开市场操作。这些金融机构一般拥有财务操作资格[10]，可通过澳大利亚清算系统快速有效地与储备银行开展交易清算。

（二）交易类型

储备银行公开市场操作，主要包括以合格有价证券为抵押的回购交易和对短期政府债券的买（卖）断式交易。储备银行偶尔也使用 same - day value 外汇掉期交易作为国内债券市场交易的补充，但并不是上午交易的常规程序。

储备银行回购交易对手方需在 RITs 规则下，遵守债券市场协会（The Bond Market Association）和国际有价证券市场协会（International Securities Market Association）的管理回购协议。

（三）上午操作

储备银行基本每个工作日上午 9 点 30 分至 10 点之间都会进行公开市场操作（极偶尔的情况下，储备银行认为货币市场流动性适中，就不进行操作）。公开市场操作的要素和时间如下：

1. 公开市场操作公告。

上午 9 点 30 分，储备银行通过其电子新闻服务系统（路透 - RBA27；彭博社 - RBA8）发布当日公开市场操作的主要参数。包括：

- 目标现金率
- 如果目标现金率较前一交易日有变化，变化幅度
- 前一交易日结束时整个支付清算系统余额
- 储备银行对当日其与银行机构间资金净流量的估测。“赤字”指从银行体系向储备银行的资金净流出，“盈余”指从储备银行向银行体系的资金净流入
- 储备银行是否买入证券（注入流动性），卖出证券（回收流动性），或者根本不交易

9 The Reserve Bank of Australia's Open Market Operations.

10 Treasury Operations.

• 储备银行优先考虑的回购交易期限。大多数交易日，储备银行指定2～3个期限，通常是隔夜或30天

2. 招投标的交易时限［Deadline for Approaches（Bids/Offers）］。

• 合格交易对手的出价必须在上午9点30至9点45分，通过电话总机或直线电话提交给国内市场席（Domestic Markets Desk）。所有电话都有记录

• 一般情况下，提交给储备银行的出价在9点45分以后不能修改或撤销，但在9点45分之前可以

3. 提交的回购协议的框架（Structure of Approaches for Repurchase Agreements）。

• 一般情况下，除非储备银行同意，提交的回购协议应以现价为基础

• 最小金额2 000万澳大利亚元，低于此值则视储备银行的决定

• 回购协议下出售有价证券的机构不必在提交时说明他们出售给储备银行的有价证券的到期日，但需要说明有价证券的种类（一般抵押还是非政府有价证券；合格有价证券的种类详见"合格有价证券"部分）。每笔回购协议下的有价证券必须为同一类

• 回购交易额和交易笔数没有上限。进行多笔交易的交易商可以列出交易总额

• 回购交易招投标报价以365天为基础，单利计息，到期支付。报价保留两位小数

• 对回购交易招投标时必须注明目标期限。投标机构可以提出非储备银行首选的期限，也可以列出期限范围

• 回购协议下储备银行提供的有价证券是到期日大于12个月的澳大利亚政府债券，储备银行不会向相关机构提前告知回购协议下的有价证券品种和也不会接受特殊有价证券的要求。交易对手向储备银行提交现金时需对此了解

4. 提交的买（卖）断式交易的框架。

• 各银行机构招投标的有价证券必须是澳大利亚政府和地区借款当局（Territory borrowing authorities）发行的CGS（政府公债、政府指数化公债和中期国库券），距离到期日要在18个月左右或以内

• 最小金额为1 000万澳大利亚元。小于1 000万澳大利亚元的要视储备银行的决定

• 对政府债券的招投标应表述为收益比到期日，并保留两位小数

5. 分配（Allocation）。

• 给定期限内，储备银行选取最优出价。也会考虑金融机构提供的有价证券类型

• 鉴于流动性管理约束，在每一类和不同类的回购协议下，对不同期限的分配是基于招投标的金额与现行同期限的市场利率的比较

• 储备银行可能部分的满足银行机构的投标。如果提交的总量超过储备银行该期限下的目标交易量，那么既定期限和利率下，每一类回购协议会按比例得到满足

• 为计算分配比例，如果投标总额超过当天估测的交易系统现金量视为等于估测量

• 考虑当天目标交易量，对投标总量按比例分配

• 在正常情况下，最小分配额度为 2 000 万澳大利亚元

• 储备银行在分配过程中没有设置任何对手限制

6. 注意事项。

• 不论是否成交，储备银行均会电话通知交易对手

• 储备银行尽量在上午 10 点 15 分发出通知，但不保证如此

• 储备银行交易员会在通知中确认成交细节，交易对手收到通知也应确认

• 交易对手得到通知后，当天交易总体情况会在上午 10 点 15 分左右通过电子新闻服务系统公布在储备银行页面上（路透 - RBA39；彭博 - RBA18）。包括总额、加权平均额、成交的回购协议交割率（cut-off rates of repurchase agreements dealt）、期限，买（卖）断交易的金额、当天外汇掉期交易的金额

（四）第二轮操作

如果储备银行决定进行第二轮公开市场操作，就会通过电子新闻服务系统在储备银行页面上通知市场参与者（路透 - RBA38；彭博 - RBA17）。公布决定没有时间限定，储备银行也会通过新闻服务告知第二轮操作正在举行。

第二轮操作与上午操作的方式和原则相同。只是时间上不同而已。第二轮操作一般会在下午举行，有时也可能在发生在 RITs 的晚间时段。

• 第二轮操作的时限是变化的，而不是像上午的 15 分钟。时限会在储备银行网页通知上注明

• 储备银行尽量在投标后的 15 分钟内答复所有投标机构，但不能确保

如此

（五）回购协议中合格有价证券

目前储备银行回购协议下接受两大类有价证券，一类是政府和准政府债券（一般担保），另一类是非政府机构有价证券。

一般担保债券包括联邦政府债券（特指中期国库券、财政部发售的公债、财政部发售的指数化公债）、州政府和区域借款主体（Territory Central Borrowing Authorities）发行的有价证券（特指二级政府本票 Semi-government Promissory Notes、二级政府债券、二级政府指数化债券）、满足储备银行要求的超主权或外国政府发行的澳大利亚元计价债券（A ＄ Domestic Issues by Supranationals and Foreign Governments）、满足储备银行要求的主权担保的澳大利亚元计价债券（A ＄ Securities with a Sovereign Government Guarantee）。

非政府机构有价证券包括短期证券和长期证券。其中短期证券包括三种类型：满足储备银行要求的钞票或存单、商业票据和资产支持商业票据。长期证券也包括三种类型：满足储备银行要求的获准吸收存款机构发行的债券、有资产担保的债券、其他满足储备银行要求的 AAA 级债券。

此外，还要满足以下条件：

• 回购协议下提交给储备银行的有价证券在协议期间内，不能是临近到期日的

• 如果将来不能满足储备银行要求，那么即使目前列入储备银行名录中的合格有价证券也将是不合格的。此情况下，储备银行会要求交易对手将不合格的有价证券替换成合格有价证券

• 回购协议下，如果储备银行出售有价证券，那么这些有价证券均来自储备银行的政府债券组合，包括二级政府债券。交易对手会收到几种不同签发主体的有价证券。如果有可能，储备银行会尽量向交易对手按比例提供同种有价证券

（六）清算收益的计算（包括回购协议下和直接交易下）

1. 回购协议下。

• 交易的第一步就是用面值和当时的到期收益率计算收益。这个收益就是储备银行交易员交易时承诺的收益率。价格经常由 AFMA'S 定义的债务有价证券惯例公式来定义

• 当储备银行不能确定短期债务证券价格时，有价证券会以银行票据掉期率（bank bill swap rate ，BBSW）加上 100 个基点估价，直到从被认可的、独立的交易中发现市场价格

• 当储备银行在回购协议下购买有价证券时，会在市场价格上加上一定的利润

• 交易的第二步发生在回购协议的到期日。在交易第一步基础上加上利息支付。利息以签订协议时的利息率和期限为基础

2. 买（卖）断式交易下。

• 买（卖）断式交易的收益率就是储备银行和交易对手在公开市场操作时共同商定的。收益通常由 AFMA'S 定义的债务有价证券惯例公式来定义

（七）有价证券的交割

• 所有有价证券必须通过澳大利亚清算系统进行

• 澳大利亚清算系统日间交易在上午 9 点 15 分至下午 4 点 28 分进行。买（卖）断式交易和回购交易均要在此时段进行。只有在通过 RITs 晚间程序进行第二轮交易时才允许提交延时请求

（八）保证金存续（Margin Maintenance）

1. 初始保证金（Initial Margin）。

回购协议下将有价证券出售给储备银行时，按照《全球回购协议指引》（*Global Master Repurchase Agreement*）的要求，应提交保证金。保证金按照回购市值比例计算。根据作为担保的有价证券的不同，初始保证金不同：

• 对于在储备银行有清算账户的澳大利亚国内官方许可的存款机构发行的一般担保证券和票据、存单，保证金为 2%

• 其他短期债务有价证券和长期资产抵押债券，保证金为 10%

• 其他长期有价证券，由于到期日和信用等级不同，保证金也不同，具体如下：

长期有价证券不同到期时间和信用等级的保证金

到期时间	0~1 年	1~5 年	5~10 年	>10 年
AAA~Aa3	2.0	4.0	6.0	8.0
A1~A3	2.0	5.0	7.0	9.0

• 对于合格 3A 级的住宅按揭抵押有价证券（RMBS），收取 10% 的押金。评估资产包括：由一个可接受的按揭承包人承包的手续齐全的国内一流住宅的按揭；同样品质的少文件住宅按揭但是最大只能占一种有价值证券的 10% 。如果住房按揭抵押债券池中的按揭不能满足评估资产要求，那么储备银行会对全部按揭打折。如将 100 澳大利亚元的住房按揭抵押债券估值为 95 澳大利亚元。这种情况下，储备银行对 100 澳大利亚元的住房按揭抵押

债券提供86.36澳大利亚元（95/1.1）现金

• 对于合格P－1等级的资产支持商业票据（ABCP），也要收取10%的押金。评估资产包括：由一个可接受的按揭承保人承保的手续齐全国内一流住宅的按揭；同样品质的少文件住宅按揭但是最大只能占一种有价值证券的10%。如果资产支持商业票据池中的按揭不能满足评估资产要求，那么储备银行会对全部按揭打折。如将100澳大利亚元的住房按揭抵押债券估值为85澳大利亚元。在这种情况下，储备银行对100澳大利亚元的住房按揭抵押债券提供77.27澳大利亚元（85/1.1）现金

2. 补充保证金的通知（Margin Calls）。

每天储备银行都会对回购协议下（包括当天的回购协议）所有的有价证券按市场价格重新估值。如果某一交易对手回购协议下所有有价证券市值低于原始保证金的1%，即如果原始保证金要求为市值的104%，但实际保证金在回购协议期低至103%，那么储备银行就会向对手方发出补充保证金的通知。

若交易对手认为目前市值高于初始保证金的1%，可要求返还。

3. 提交保证金（Delivery of the Margin）。

提交给储备银行作为补充保证金的有价证券需要通过澳大利亚清算系统作无现金交割（delivered through the Austraclear System for zero cash）。这通常称为“外部清算”。交割须在日间清算结束前完成。

交割的有价证券应与初始回购协议或一般担保类有价证券为同一类资产。即如果储备银行发出的补交保证金通知是以RMBS为抵押的回购交易，那么可以提交其他合格RMBS或联邦政府债券。但是不能提交ADIs发行的有价证券或ABCP。

4. 对跨越付息期和无息期债券的处理（Treatment of Bonds going Ex-interest）。

如果回购协议期限跨越无息期（ex-interest period）和付息期，由于储备银行为这些有价证券支付利息，因此回购协议下有价证券的市值会较初始押金低1个百分点。这种情况下，储备银行会在支付利息时向交易对手发出补交保证金通知，以恢复到初始保证金水平。

（九）息票支付和资本回报（Coupon Payments and Principal Repayments）

与《全球回购协议指引》条款一致，储备银行会收到其持有的债券利息，除非储备银行同意，否则利息应在回购交易的第一步支付。之后，如果要求对回购补充保证金，那么交易对手会被要求提供合格有价证券来满足补

充保证金要求。

如果 RMBS 产生资本回报，储备银行会按现价在支付日期支付交易对手。之后，如果要求对回购补充保证金，那么交易对手会被要求提供合格有价证券来满足补充保证金要求。

（十）回购协议下可替代的有价证券

虽然不必交换，储备银行尽量返还交易对手提交回购协议时的有价证券，以满足交易对手要求。

如有证券替换，替换通知截止时间是下午 3 点。储备银行在特定情况下，也会在 3 点后或其他时间考虑替换要求。

交易对手应与国内公开市场交易席对其要召回的有价证券和要交换的有价证券签订详细合同。储备银行将对交换的有价证券定价并确认交易现价。替换的有价证券现价应等于或接近原有价证券的初始价格加上产生的利息（到交换日）。替换的有价证券应为合格有价证券。必须在澳大利亚清算日的清算时段完成。

为保证系统的流动性水平，储备银行会确保交易现值尽量相近。储备银行不会返还任何有价证券直到收到足够的替代证券。

储备银行会接受不同资产类型的有价证券，但一般担保例外。如储备银行会接受以一种存单替换另一种合格担保存单或合格 ADIs 有价证券、合格 ABCP 或 RMBS，也会接受 CGS、半政府或准政府债券替换回购协议下的非政府有价证券。然而，一般担保只能替换一般担保类的有价证券。替换包括抵押资产类型的改变，相应的提交的保证金也会改变。

4. 小额信贷可持续发展的产品定价研究

乌鲁木齐中支 张波

小额信贷（microfinance），作为一种扶持低收入群体得到贷款的金融服务有利于促进一国社会和经济和谐有序发展。这一政策受到世界各国的广泛关注。不仅发展中国家大力发展小额信贷，发达国家也非常重视小额信贷的作用。中国从20世纪90年代初引入小额信贷，并在国内部分省市广泛实验和推广，主要应用在农村，由于“三农”的弱质性，小额信贷的利率高低，一直是政策制定者、政府、金融机构以及贷款人关注的焦点，也是小额信贷机构商业性可持续发展的关键因素。英国作为世界上商业性农村金融的典范，在农村金融服务领域具有一定的代表性，同时其作为欧盟成员，在欧盟统一框架下的小额信贷业务发展，特别是从将小额信贷从经济学的层次转换到社会学的层次研究低收入人群的信贷需求均有值得借鉴的地方。本文将在论证的基础上说明小额信贷的稀缺性以及必要的高利率，同时，借鉴英国对农业发展的支持政策对我国小额信贷在支持新农村建设方面提出一些政策建议。

一、什么是小额信贷

小额信贷是以贫困和低收入人群为服务对象的金融服务，多应用于一国的农业生产领域（这主要是由于农业与工业相比在行业风险、资金回报率和资金需求量方面的差异所决定的）。从社会学和经济学的角度讲，小额信贷理论基于一是相信穷人，挖掘穷人的致富潜力；二是要视信贷为人权，穷人有权获得信贷。在小额信贷发展中一个突出的问题是小额信贷的可持续性问题。主流观点认为，持续性指小额信贷的机构能够做到自负盈亏，收入能够覆盖成本，不需要外来补贴。根据持续性的原则，CGAP（世界银行扶贫协商小组）将小额信贷分为两种：一是福利性小额信贷，以扶贫和就业为目的，主要是政府和非政府组织的小额信贷。如政府扶贫贴息贷款；二是商业性小额信贷，以盈利为目的，主要是金融机构开办。不论是在发展中国家还是发达国家，小额信贷都主要用来支持农业发展（发展中国家主要表现在通过支持农业人口的脱贫，更多的表现为福利性小额信贷，发达国家主要用来支持农业的扩大再生产，更多的表现为商业性的小额信贷）不论是福利性还是商业性的小额信贷，与普通的城市工商业贷款相比，在金融产品服务方面均表现出单笔信贷资金数额小，金融服务成本高的特点。

专栏

英国的传统商业性农村金融

在西方国家中，英国是最先发展起来的市场经济国家，形成了具有代表性的传统农村信贷模式。

英国典型的传统农村信贷模式有其独特的历史渊源。15～19世纪中期，由于英国殖民者地位的增强，羊毛纺织品对外贸易市场刺激了农村的羊毛业生产，巨额的对外贸易资金形成货币经营业务（商人资本），商人资本面对着城市封建行会的禁锢，只能投资于农村以羊毛纺织业为主要内容的工业，这为村民提供了雇佣机会，乡村工业与商品性农业同时进行，加之圈地运动扩大了农业生产经营规模，为乡村银行的贷款提供了机会和利润空间。众多的乡村银行提供的资金成为维持英国农业的持续发展的重要因素。到20世纪初期，股份制银行成为农村金融服务的重要力量。其通过采取有担保信贷票据的方式和邻居两人连保的方式每年向农民提供大量小额信贷。但是股份制银行并未垄断英国乡村信贷业务，每个地区至少有一家乡村银行根据农户道德和金融状况为单独的农户提供购买土地和改进生产的贷款，贷款方式灵活多样，有一次性到期偿还贷款，也有采用分期还款的方式，利率实行随行就市，一般为10%～12%。有的银行采用土地抵押的方式向农户贷款，数量为土地价值的三分之二，也采用透支的方式向农业生产和畜牧养殖业放款。

与其他国家相比，英国并没有一个健全、发达的农村合作金融体系。主要原因是英国各商业银行有着更悠久的历史经验，在欧洲大陆开展农村信用合作运动时，英国的大商业银行已深入农村建立农村分支机构。此外英国的农村金融呈现出自发发展的特征，由于小额信贷机构有充足的资金，并能提供满足农户各类需求的贷款，政府机构重点是做好支持小额信贷机构发展的各项外部支持工作，并未介入金融业务的实际过程。

不论是发达国家还是发展中国家小额信贷满足的均是收入收平相对较低无法从正常信贷渠道获得贷款的需求，因此，从保护穷人的利益出发，有些人就理所当然的认为小额信贷应该实行较低的利率，但事实是否如想当然的一样呢？关于小额信贷利率的高低一直是争论的焦点。

二、对小额信贷利率高低的看法

（一）小额信贷低利率观点

这种观点主要集中在发展中国家，这些国家认为，小额信贷由于是对低收入人口的金融服务就应当执行低利率。特别是在我国，小额信贷的服务对象为中低收入农户，受传统观念的影响，小额信贷一开始就被认为是一种具有扶贫性质的金融安排，以解决农民贷款难问题，所以利率宜低不宜高，以免加重农民负担，低利率观点在一些地方政府和借贷者中根深蒂固。但是经过实践后发现，低利率可能导致真正的贫困者贷不到款，这反而背离了小额信贷的政策初衷，此外，更加重要的是低利率政策使得发放小额信贷的机构缺乏积极性，影响了机构的可持续发展，同时，从贷款人的心理上讲，对国家政策安排的低息贷款的还款积极性和主动性也不高，导致资金利用效率降低。这也是为什么有补贴的低息扶贫资金容易产生坏账和呆账的原因之一。

（二）小额信贷高利率观点

不论是发达国家（欧盟、英国）还是发展中国家（孟加拉、玻利维亚）的成功经验表明，小额信贷成功的一个必要条件是小额信贷利率应当要高于一般商业银行的贷款利率，年利率一般在25%左右。持这种观点的人认为一是对借款人而言首先考虑的不是利率问题，而是能不能借贷的问题。由于贷款数额小，利率稍高一些，他们是完全可以承受的；二是从贷款成本来看每一笔小额贷款仅仅几千元，只是银行一般贷款业务的大约1%，而操作成本却相差无几。同时，小额信贷的坏账率比较高。所以，高成本决定了高利率；三是农户借款从事生产，不必为自己支付工资，所以，资金的回报率非常高，也就是说资金的边际产出效应相对较高，这也决定了农民不仅首先考虑的是要得到贷款，而且也有能力支付较高的利率。欧盟在其小额信贷研究报告（commission staff working document ：microcredit for european small businesses）里称，“自身的可持续性健康发展是小额信贷的基本原则，而要获得这一原则的方法就是要收取较高的利率，这一利率往往要高于市场的利率，是因为这一信贷产品的高风险性，如果有人认为贷款的利率太高，但是市场需求很强，那只能说明这一弱势领域的金融供给不充足，政府的限制价格措施会失效，只有增加供给能解决这一问题”。

专栏

小额信贷的原则

原则1：小额信贷需要满足贷款人的需求。对低收入的借款人而言，资金的可获得性是最重要的。小额信贷组织需要正确合理的了解借款人的需求和愿望，例如贷款金额、条款、还款频率等方面，只有这样才能与借款人相对受限制的条件匹配。此外，存款和取款要比较方便。要想做到以上这些方面就需要小额信贷机构进行持续性的研究和反馈，创新服务产品，吸收借款人的反馈，设计出适合这一群体的金融产品。同时，贫困的家庭和社区需要多样性的金融服务。除了贷款以外，贫困人口还需存款、提现、转账和保险等方面的金融服务，同时还希望金融产品具备方便、灵活合理的服务价格。

原则2：设定利率上限将会破坏穷人对小额信贷的可获得性。小额信贷所具备的笔数多，数量小的特点决定了其比那些笔数少金额大的贷款成本要高很多。如边缘地区贫困人口无抵押和城市借款人的抵押贷款相比风险要高很多。这就是为什么小额信贷要高利率的原因了，只有小额信贷机构的利率（收益的重要来源）足够高，才可以保持经营机构的持续性。如果政府管制利率，通常政府会将利率设定在一个较低的水平，而这一水平不能满足机构持续经营的要求，就会导致机构的低效率，放贷消极，进而贫困人口无法获得贷款。为了避免这种情况的出现，放开小额信贷价格的管制是非常有必要的，让小额信贷机构自主决定资金价格。

原则3：小额信贷是对贫困人口的金融服务体系。该体系是脱贫的有力工具。如果贫困人口可以获得合理和持续的金融服务，将会增加其收入，减缓外部影响（自然灾害等）的脆弱性。为了更大程度上的使贫困人口收益，小额信贷应该成为一个系统的金融部门。

原则4：政府不应直接干预小额信贷。政府在支持小额信贷发展中扮演者重要的角色，例如，政府可以通过保持宏观经济的稳定性，取消贷款利率的限制等方面支持小额信贷的发展。

三、我国和欧盟（英国）的小额信贷利率政策

（一）我国的小额信贷利率政策及其原因分析

中国的小额信贷采用了不同的利率政策。存在着几种确定贷款利率方

法。一是适用国家法定基准利率，同时由于贷款发放的机构不同（国有商业银行、信用社）采取不同的利率浮动政策，目前所有的金融机构利率采取管制下限，放开上限的原则，只有农村信用社还实行上限管制。二是以国家扶贫贴息贷款利率为基础。由政府组织操作和使用扶贫款开展的项目，绝大部分实行的是政府既定的低利率方针。三是以通货膨胀率来计息。这种贷款为了不因通货膨胀造成资金贬值，其以贷款发放时价格指数为基础，还款时即以基础年不变价格计算还款额。这实质上是以通货膨胀率作为利率，通常表现为实物贷款、实物还款的小额信贷。

在我国对小额信贷实行利率上限管制的原因：一是利率受到政府金融政策的限制。虽然我国的资金价格市场实行逐步放开，但是市场自主形成资金价格的机制还没有形成，国家仍然实行统一的管制基准利率，特别是对小额信贷发放的主要机构农村信用社的利率浮动政策实行上下限的管制，扶贫性质的小额信贷一直实行有补贴的利率政策。二是遇到了传统观念上的强大阻力。传统观念的阻力首先表现为道义上否定对穷人贷款的高利率政策的公平性，认为穷人的经济基础差，收入低，无力支付商业利率，更不要说出商业利率还要高的小额信贷的利率了，扶持社会上的弱势群体应当给予一定的补贴，因此实行高利率政策往往会受到一部分社会舆论的谴责。部分学者认为既然政府对许多被鼓励和支持的事业能够给予贷款利率优惠，为什么偏偏对穷人却拒绝实行。尽管国内外大量长期的经验已经证明有补贴的优惠贷款会导致严重的寻租行为，而最终会完全剥夺穷人获得信贷支持的机会。但要使小额信贷涉及的多个方面（政策制定者、地方政府、金融机构、借款人）都相信这一点还要付出很大的努力。

（二）欧盟和英国的小额信贷利率政策

对微型金融的需求者而言，能够每周、每月或者在应季时及时获得微小贷款与所收取的利息相比，前者更加显得重要，特别是急需的短期贷款。事实上，市场增长的预期以及带来的收益和收入是主要的推动力，这一情况在较低的通货膨胀率的时候更加明显。但是当经济下滑或者预期不好的情况下，利率的高低就显得很重要了，高额的利息有可能成为贷款人的负担，因为面临收入的下滑和信用状况的恶化。

在这种情况下，资金的价格和资金的可获得性就是一个问题的两个方面了，这主要是由于除了小额信贷以外，其他针对贷款人的服务更具有可期待性，也更有可能性，不好的环境会促使放贷人做好资产的风险管理。

在欧洲的几个国家里，低于市场利率的小额信贷（软性贷款或者是免息贷款）仍然存在，这些贷款的资金来源往往是非营利性的私人机构，这些机构的商业价值是有限的，而且并不鼓励其持续发展 ，这些机构破坏了市场的竞争机制，不能做到自身的商业可持续。目前欧洲的小额信贷业务的利率必须保证所有成本覆盖的产品，对于特殊的有限制数量的需求，可以在政府资金的资助下，采取较低的利率，除此之外，都要基于商业化的原则。

对小额信贷机构而言可持续性健康发展是最基本原则，这就要求金融产品的收益能够完全覆盖成本，如果产品的风险比较高的话，高于市场基准利率的较高利率也是可行和必要的，例如一个信用等级较低，没有任何抵押的小额信贷业务的利率肯定要比传统的信贷产品价格要高，只有这样才能覆盖产品的风险。小额信贷要收取较高利率的另一个原因是由于小额贷款所支持的对象经营的周期都比较短，例如，据统计，50%的中小企业生命周期只有5年，这也蕴涵了较高的风险。其实对高利率的解释很简单，因为借款人从普通的渠道无法获得贷款，他愿意支付较高的利率，如果有人认为贷款的利率太高，但是市场需求很强，那只能说明这一弱势领域的金融供给不充足，政府的限制价格措施会失效，只有增加供给能解决这一问题。欧洲的一些国家设定了小额信贷的利率上限，以保护借款人的利益，这一规定限制了放款人提高利率覆盖风险的可能性，这会导致小额信贷供给的不足，特别是对风险较高的刚成立的中小企业和农业而言。要想解决这一问题，政府提高高利贷的上限（足够高），例如有些国家虽然设定了利率上限，但是这一上限足够高，给小额信贷房款人足够大的价格上浮空间来覆盖风险。

在英国用于农业生产的小额信贷利率政策和贷款还款方式更加多样和灵活，贷款可以采取固定利率也可以采取浮动利率政策，例如农户如果申请固定利率贷款，可以选择1年期贷款，也可以更长时间的贷款，还款可以选择根据自身的收益分批还款，同时农户也可以选择浮动利率的贷款，价格浮动的基准就是市场基准利率，利率可以1个月一变。但是不管是浮动还是固定利率的贷款，政府都不设定利率上限，放款人根据市场基准利率在可持续和覆盖风险的基础上自主确定利率。

四、从经济和社会的角度分析小额信贷为什么要高利率

（一）供给角度

信贷产品的定价方法通常有以下三种：基于成本（覆盖成本，保持盈利）、基于需求（客户对产品的需求，以及所能带来的收入的预期）、基于

竞争（竞争对手的价格）。从成本方面看，小额信贷的成本一般包括资金成本、管理成本和风险成本。一是资金成本和本国的基准利率水平（吸收资金的价格）以及资金来源的结构（吸收存款、市场融资等方面）。与商业银行的资金成本相比只贷不存的商业性小额贷款机构或者是农村信用社的资金成本就比较高。二是管理成本。小额贷款业务表现出点多、面广、金额小的特点。使得交易和管理成本很高，信贷员承担的风险高、劳动强度大，需要建立责任、收益、风险相匹配的激励考核机制和责任追究机制，采取与业务量和贷款规模和资产质量挂钩的方式，突出正向激励。这些都造成小额贷款具有很高的管理成本。三是小额信贷业务的风险成本差异较大。扶贫性的小额信贷由于常常使客户认为是政府拨款而不是贷款，导致较低的还款率，贷款的呆账和坏账率也很高。另一方面，发达国家用于支持中小企业的小额信贷由于小企业经济周期较短，抵抗风险的能力较弱，导致风险较高。然而用于农户的商业性小额信贷能够比一般商业银行的不良率还低。如人民银行试点的部分省区的不良贷款率一直在3%以下。

（二）需求角度

小额贷款虽然利率较高，但是高还款率和重复借款也证明了客户能从小额信贷中受益。之所以借款人能承担较高的利率，首先，是目标客户一般具有资金紧缺和劳动力富余并存的特征，如农户和个体工商户主要是自我雇佣、不雇佣或雇佣很少的劳动力，这样的经济主体具有较高的资金边际产出和较低的劳动边际产出，即使在支付较高的利率水平后，福利水平也能从借贷扩大的生产活动中获得提高，而且其收入实际上是劳动者工资收入与出资者资本收入合一，以这两者来保障支付贷款利息。

其次，是机会成本有时远高于贷款利息成本。对于小额信贷需求者而言，其融资渠道非常有限，但在经营过程中经常会遇到资金临时周转不开的情况，可能造成的损失或失去营利的机会成本要远远大于贷款支付的利息。若没有金融机构提供相应的信贷服务，客户有可能不惜更高的成本从民间融资。临时性资金需求下的贷款期限非常短，客户支付的实际利息相对也少很多，这对于需资金的客户来说，是一种理性的选择，特别对于季节性很强的农业生产而言。

最后，是贷款的绝对额很小，所以虽然利率较高，利息的绝对值却不高，客户一般可以支付。由于小额信贷的客户群体首先考虑的是能否借到款的问题，而不是利率高低的问题，能够持续地获得信贷服务比为获得信贷服务而支付较高的成本更为重要。因此，价格不是客户考虑的唯一因素，有时甚至不是主要的因素，他们更加关注贷款服务的质量、贷款的及时性、灵活性，特别是能在急需的时候保证供应。

（三）从社会学的角度看，高利率在适应贫困户家庭经济实力和经营能力的同时，还赋予其作为人的尊严

在发展中国家对小额信贷价格高低的研究主要倾向于经济方面，而在发达国家，如英国对小额信贷的研究已经从经济层面转向社会学层面。英国认为，低收入人群在使用高利率的小额信贷过程中，还养成了一种与富人一样的尊严。他们最缺乏的是脱贫的工具，通过小额信贷的实践发现，贫困户只要可以及时得到生产和创业所需的资金，靠自己的本领赚钱，虽然赚的钱有限，但是对于贫困户来说，却是他们的劳动报酬，更是一种希望。这种希望能让贫困户重拾信心，可以使他们在社会上获得作为人的尊严和一定的话语权。

专栏

小额信贷是商业还是慈善？

慈善和商业是两种完全不同的概念，我们应该相信小额信贷对于借贷者获得尊严具有重要的影响。

假设一个村庄有44户居民，如果你给其中的一户发放50镑的商业贷款，用这笔资金可以做一些小的生意，会使这个家庭能够自给自足，这就是为什么商业贷款好的原因所在，首先，绝大部分的贫困借贷户都有很强的自尊，他们必须要慈善，必须要怜悯，他们需要的是一个自食其力的机会，尽管这些人赚取第一笔钱是比较辛苦的。更重要的是，一旦他们借了一笔钱，还款之后，他们就为自身建立了一个良好的信用记录，他们可以借更多的钱来扩大经营，以赚的更多，进入良性循环。换句话说，商业性的小额信贷赋予了贫困者自食其力的权利。此外，对于放款人来说，较高的回报收益，提高了放款的积极性，使其具有更多的资金来支持这些人脱贫。

绝大多数人存款账户上有500镑，5 000镑？你可以选择给20户贫困家庭每户贷款50镑，按照10%的收益，你可以赚取100镑的利息，到第二年，你再用这1 100镑支持剩余的22户，只用2年的时间，就可以使这44户家庭脱贫。试想如果不是贷款收息，而是进行捐赠，因为没有收益，你可能每年就只给1户捐赠50镑，那么就需要44年才能使这些家庭脱贫，并且你也得不到任何收益，你会丧失积极性，你会感到自己的付出没有价值，同时接受捐助的贫困户也无法获得相应的尊严。

综上所述，从小额信贷机构的可持续发展、金融产品的供给和需求以及低收入人群的社会尊严等方面看，小额信贷保持相对较高的利率是其健康发展的重要因素。我国作为一个农业大国，大力发展小额信贷对于完善农村金融服务具有积极的意义。但是目前我国的小额信贷组织发展还面临政府过度干预、利率水平的制定缺乏弹性，风险防范能力亟待提高等问题。

五、对我国农村小额信贷发展可持续发展的启示

（一）政府应发挥管理者而不是参与者的作用

传统的观点，农村金融市场对于贫困群体来说是失灵的，因此需要政府进行干预，但是行政干预的负面效果也不容忽视。那么，小额信贷在积极支持新农村建设，实现自身可持续发展时，政府应该是一个什么样的角色定位，又应该发挥什么样的作用呢？

从英国的政府作为来看，政府对整个大的农业，而不是单一农户实行财政补贴和保护政策，促进农业可持续发展，保证农业宏观经济的稳定性。其次是对农业发展提供优惠的税收政策，同时设立《农业信用法》成立了农业抵押公司作为英国专门的农业融资公司。由此可见，农业大环境的稳定和健康是其金融服务持续有效发展的关键因素。作为我国政府在加快推进小额信贷组织建设，提高农村金融服务方面而言，首先，要创造一个有助于小额信贷发展的环境，促使商业可持续的小额信贷机构成长、壮大和竞争，保证宏观经济特别是小额信贷服务的农业领域的稳定；制定和完善相关的法律、法规；要逐步消除影响农村经济发展的城市倾斜政策，促进农村金融市场的发展。其次，增加农民的收入，提高信贷的偿还能力。可持续发展模式的小额信贷是一种市场化的资源配置方式，讲究成本与收益，政府应通过对农村基础设施的改进和建设，提高贫困人口的收入，使其在获得的信贷后，可以实现最大化的价值增值。最后，要加强市场信用环境建设。形成信用大环境不仅可以有利于实现小额信贷机构的可持续性，也可以为地方吸引更多的资金，从而有效地促进地方经济发展。

（二）放开利率管制，实现小额信贷利率市场化

通过本文前面的论述可以看出，商业化利率原则是小额信贷机构实现可持续发展的基本条件，通过较高的利率形成的收入可以补偿管理费用、资金成本、与通货膨胀有关的资金损失以及贷款损失。实行市场利率更有利于识别贷款资金需求的目标客户，满足目标客户的金融需求，也可以限制贫困和低收入群体的对贷款的超额需求，减少其滥用资金的行为的发生，提高资金

的使用效率。

国内外的研究表明，低收入人群的资金投入具有较大的正的边际贡献率，只要能够连续获得贷款支持，具有正常能力的穷人完全可以按市场利率偿还贷款并能够从贷款使用中增加自己的收入。

从价格决定理论讲，价格的高低反映了市场上供给与需求双方的博弈的结果。因此在利率政策上，政府不应该是进行直接的干预，贫困人群金融需要是难以得到满足，说明供给是短缺（如欧盟在其小额信贷研究报告 commission staff working document ：microcredit for european small businesses 里的观点）。因此，政府应该增加供给，而不是对利率进行管制。

（三）小额信贷机构自身加强产品创新，提升管理水平

从小额信贷的原则可以看出，小额信贷与一般普通意义上的商业信贷相比，更确切的说其提供的是一种金融创新和特殊需求的金融产品，除市场化利率外，小额信贷经营的商业性至少还应该包括以下两个方面：一是设计合理的产品。从欧盟和英国成功的小额信贷实践来看，他们的金融服务与金融产品都是需求为中心，在产品开发上满足贷款户的需求与偏好，如英国正对小额信贷对象的特点设定了不同还款周期的产品。小额信贷产品是面向贫困和低收入人群的，因此，了解贫困和低收入人群的金融需求，设计适合他们需要和特点的金融产品对于提高金融资源的使用效率和还款率具有重要意义，同时可以较快的扩大业务量，实现规模经济。二是小额信贷机构的经营管理水平。从国外成功的小额信贷实践来看，小额信贷的成功并不是说它们改变了外部环境，而是适应外部环境进行了创新，降低了成本。提升小额信贷的经营管理水平一方面要培养高素质的经营者与管理者，既熟悉相关金融业务知识，同时也熟悉农村经济发展和微型企业经营知识。另一方面，也要设计相应的激励机制，保证这些从业者能够获得相应的回报，能够有一定的晋升预期，另外，与信息管理系统相对完善和高效的商业银行相比，小额信贷组织加快完善管理信息系统对于提升经营管理的效率，降低成本，扩大规模，增加收入都具有重要作用。

第二部分　金融市场

5. 本次金融危机以来日本房地产价格的变化及相关政策评价

成都分行　徐磊

20 世纪八九十年代，以房地产和股票等资产价格的急速上涨和大幅下跌为标志，日本泡沫经济的破灭导致企业大量破产、金融机构不良债权激增，居民消费萎缩，经济陷入持续衰退等后果。期间，日本长期实施宽松的货币政策并转为过快紧缩等政策被学术界广泛认为是导致资产泡沫形成和崩溃的主要原因。2008 年以来，在全球金融危机的冲击下，日本也采取了宽松的货币政策及一系列的财政和产业刺激方案。本轮金融危机对日本的房地产价格影响程度如何？相关的危机应对政策对房地产价格发挥了怎样的效应？对危机应对政策又该如何评价？诸多问题值得研究和关注。

当前我国房地产市场发展处于关键时期，在全球金融危机冲击下房地产价格经历短暂下跌后又出现了快速大幅上涨，对中国经济的平稳发展和金融稳定都存在着潜在的风险。考察金融危机背景下日本房地产价格变动和相关政策的效应，对于我国更好地实施宏观调控，保持经济的平稳健康发展有重要的借鉴意义。

一、研究背景及参照：20 世纪 80 年代日本房地产泡沫的表现及影响

（一）房地产价格持续飙升后急剧下跌，房地产泡沫由膨胀转为迅速破裂

20 世纪 80 年代后期，以 1985 年“广场协议”的签订为标志，日本房

地产、股票等资产价格持续飙升。截至1990年9月，短短5年日本6大城市土地（商业地）价格上涨4倍（年平均涨幅超过30%）。之后房地产泡沫迅速破裂，土地价格连年下跌，到1999年末，土地价格比高峰时下跌超过80%，比1985年也低了20%。据统计[1]，1986～1989年，由于房地产和股票价格的上涨导致的资本收益达到名义GDP的452%，1990～1993年资产价格下降带来的资本损失则达到GDP的159%。

（二）泡沫经济破灭导致银行不良债权激增，银行贷款大幅下降

泡沫经济破灭后的经济深度衰退导致大量企业破产倒闭，银行不良债权激增。据统计[2]，截至1999年3月末，日本主要银行的不良资产达到20.3万亿日元，占GDP的比例为4.1%，如果加上累计冲销的不良贷款，总额达到44.6万亿日元，占GDP的比例高达9%。从贷款余额增长来看，1990～2003年，企业贷款、建筑业及房地产业贷款余额同比增速呈现明显的下降趋势，并于1994年第二季度开始出现持续负增长。2004年后随着主要商业银行不良资产处置的基本完成，企业贷款增速才开始出现缓慢回升。

（三）企业投资和居民消费明显萎缩，物价水平持续走低

80年代后半期资产价格的快速上涨带动了企业投资和居民消费的快速上升，二者的同比增速分别于1988年第一季度和1990年第二季度达到顶峰。然而随着1990年开始房地产和股票价格的急剧下跌，企业和居民资产大幅缩减，投资和消费增长也开始明显减速。并在1997～1998年和2001～2003年均呈现出负增长。经济增长也长期停滞不前，物价水平持续走低，并于1998年下半年开始CPI进入负增长区间，截至2007年12月，月度CPI多呈现为同比下降，仅有个别月份为正值，但最大增幅也不超过1%，经济陷入持续的通货紧缩状态。

二、金融危机对日本房地产市场的影响及相关政策的效应

（一）全球金融危机对日本房地产市场的影响

2008年由美国次贷危机引发的全球金融危机对世界经济产生巨大冲击，全球经济快速收缩。2009年第一季度日本名义GDP同比下降8.6%，创1974年第一季度石油危机冲击以来经济增长最大降幅。金融危机对日本房

1 Kunio Okina, Masaaki Shirakawa, and Shigenori Shiratsuka. *The Asset Price Bubble and Monetary Policy: Japan's Experience in the Late* 1980s *and the Lessons*, Monetary and Economic Studies, 2001.2.

2 资料来源：Financial Services Agency（http：//www.fsa.go.jp）.

地产市场也产生了较大影响：

一是企业融资环境恶化。雷曼兄弟公司破产引发的国际金融市场动荡也波及日本金融市场。表现为银行间市场利率和短期国债利率利差扩大、商业票据和企业债发行困难、企业融资环境明显恶化。日本银行于2008年12月发布的短期经济观测结果显示，商业银行对建筑、房地产行业的贷款意愿明显下降。2008年第四季度和2009年第一季度房地产贷款余额同比分别下降0.55个和1.95个百分点。二是房地产投资急剧回落，住宅投资增速创历史最大降幅。2007年第三季度开始住宅投资开始负增长，2009年第四季度全国住宅投资同比下降27.6%，为历史最大降幅。三是房地产价格回升势头受到逆转，地价再次出现重挫。日本房地产价格自2005年以来开始的上升势头于2008年9月再次逆转，地价重现暴跌景象。据日本不动产研究所统计（半年一期），2009年3月末6大城市商业地产价格环比降低10.8%，为连续第2期下降，创1995年3月以来的最大降幅。

（二）日本应对金融危机的主要经济政策

在百年一遇的全球金融危机冲击下，日本政府和中央银行采取多项措施积极应对，通过财政、金融和产业政策的协调配合阻止经济下滑势头。主要政策措施有：

1. 以扩大内需为主要目的的大规模财政刺激计划。据统计，从2008年8月至2009年8月，先后通过总额为132.2万亿日元的财政刺激方案，金额相当于日本GDP的3%。

2. 实施超常规的宽松货币政策。一是降低利率。日本银行先后于2008年10月和12月两次调低利率，基本贴现利率达到0.3%，银行间无担保隔夜拆借利率低至0.1%。二是通过日美货币互换和公开市场操作向金融市场投放资金，大规模增加市场流动性。三是通过购买金融机构持有的国债、股票，以及向金融机构提供次级贷款等方式，改善金融机构资本充足率，维持金融系统稳定。四是直接购买CP和公司债帮助企业融资。截至2009年9月末，日本银行买入CP和企业债分别达到1 000亿日元和3 000亿日元。

（三）主要政策效应

2009年第二季度以后，各项经济刺激政策效应逐渐显现，企业库存调整进展良好，出口和工业生产停止下滑，经济开始出现好转。据日本统计局公布，2010年第一季度剔除物价变动因素后的实际GDP经季节调整后环比增长1.2%，实现连续四个季度正增长。同时CP和企业债市场发行环境明显改善，发行利率恢复到雷曼兄弟公司破产前的水平。

房地产方面，房地产价格降幅明显减小。2010 年 3 月末，6 大城市商业地产价格环比下降 5.4%，降幅连续 2 期收窄，比上年同期缩小了 5.4 个百分点，房地产市场初步呈现企稳迹象。房地产业贷款也重新呈现正增长，2010 年第一季度房地产业贷款同比增幅 3.25%，为连续第四个季度实现正增长。

三、结合 90 年代泡沫经济时期的教训对当前政策的评价

（一）20 世纪八九十年代泡沫经济破灭前后日本主要相关政策的经验教训

1. 在日元有长期升值预期的背景下，长期实行低利率的宽松货币政策，是房地产泡沫不断膨胀的主要原因。为了缓解“广场协议”后的本币升值压力以及防止“升值引发的衰退”，日本银行实行了宽松的货币政策。于 1986 ~ 1987 年短短一年内连续 5 次下调基准利率，官方贴现利率从 5% 降至 2.5%，并一直维持该利率到 1989 年。房地产作为兼具消费品和投资品双重属性的特殊商品，房地产价格本身对利率的变动具有较高的敏感性。在“日美政策协调框架”和日本银行缺乏有效独立性的环境约束下，公众对长期实施低利率的政策形成了一致预期，加之日元的持续升值背景，市场对资产价格的长期上涨趋势深信不疑。同时，在持续宽松的货币政策环境下，银行信贷急剧扩张，货币供应量大幅增长，也催生了资产价格的迅速膨胀。1986 ~ 1989 年，货币供应量（M2 + CD）的年均增幅超过 10%，企业和家庭部门的融资总额同比增速最高达到 14%（1989 年）。

2. 泡沫过度膨胀以后货币政策的猛烈紧缩，导致资产泡沫急剧破裂，进而诱发长期的经济衰退。1989 ~ 1990 年，日本银行连续 5 次提高利率，官方贴现利率从 2.5% 提高到 6%，同时对主要金融机构的贷款发放也进行“窗口指导”。利率的迅速提高和信贷规模的收紧使市场预期迅速逆转，投资客纷纷离场，日本房地产泡沫归于破灭。资产泡沫的破灭对日本经济造成巨大打击，使经济陷入长期衰退的困境。

3. 低通货膨胀的经济表象使货币政策当局忽视了资产价格波动对整体经济的可能影响。1985 ~ 1989 年，由于日元大幅升值带来的通货紧缩效应，在房地产价格迅速膨胀的同时，日本的消费价格指数保持了基本稳定。多数月份 CPI 同比涨幅不超过 2%，直到 1990 年房产泡沫破灭前期才略超过 3%。居民消费价格一直保持相对稳定也是日本货币当局迟迟未能实施紧缩政策的主要原因之一。目前学术界对货币政策是否应当关注资产价格的变动

有诸多争论，但从日本泡沫经济时期的货币政策实践来看，货币当局完全忽视资产价格的变动有可能对宏观经济运行造成巨大波动。

（二）两次宽松货币政策的对比以及对当前危机应对政策的评价

本轮金融危机以来日本实施了一系列的经济刺激方案，包括超常规的宽松货币政策以及扩张性的财政政策。但与20世纪80年代后半期相比，本轮实施的宽松货币政策在宏观背景、政策安排及政策效应等诸多方面均存在较大差异。总体来看，本轮经济刺激政策的实施在政策出台时机的把握、政策组合的选择及政策实施的效应等方面均有较强的针对性、必要性和有效性。

1. 从政策实施的宏观经济背景来看，本轮宽松货币政策的实施理由更加充分。80年代后半期，日元处于快速升值的进程之中，虽然货币升值对国内出口产业造成一定冲击，经济也面临结构调整的要求，但经济总体发展形势依然良好，宏观经济仍处于上升周期，缺乏长期实施宽松货币政策的必要性。本轮实施宽松货币政策的背景则是全球金融危机不断深化，世界经济面临衰退风险，国内产业受到严重冲击。同时国内经济仍未摆脱通货紧缩威胁，内需长期低迷，经济长期增长前景并不乐观。可以说，本轮金融危机以来，日本中央银行通过实施超常规的宽松货币政策来对冲外部冲击，维护金融体系的基本稳定，同时缓解国内微观经济主体的悲观预期，进而防止经济过度下滑，非常必要，相对而言理由更加充分。

2. 从政策效应来看，本轮经济刺激政策较好地达到了预定目的。80年代日本银行实施宽松货币政策，一方面希望能够缓解本币升值的压力，另一方面希望通过刺激内需达到调整经济结构的目的。但借助于低利率政策来缓解本币升值压力的做法效果并不明显。相反，长期宽松的货币政策造成经济过热和房地产、股票等资产价格及信贷泡沫，导致宏观经济的失衡和金融体系的不稳定。本轮宽松货币政策以及一系列经济刺激计划实施以来，日本国内经济急剧下滑的势头得到及时遏止，房地产、股票价格逐渐企稳，微观经济主体的悲观预期得以有效缓解，银行体系和金融环境保持了基本稳定，政策达到预定目标。

3. 在政策出台时机的把握上，更加强调货币政策的前瞻性。全球金融危机爆发以来，日本是西方发达经济体中首个发布大规模经济刺激计划和超常规宽松货币政策的国家。危机应对政策的及时出台及时稳定了国内经济主体的预期，为国内金融体系有效应对外部冲击提供了足够的缓冲时间。同时，在政策目标得以初步实现，宏观经济环境明显改善后，日本银行积极酝酿超常规货币政策的退出问题，防止出现新的资产和信贷泡沫。2010年3

月末，日本银行已停止实施买入 CP 和企业债的非常规政策措施。本轮金融危机爆发以来超常规宽松货币政策的出台和逐步退出充分体现了日本当局货币政策的前瞻性。

4. 在政策组合的选择上，更加注重货币政策和财政政策的协调配合。与 80 年代日本主要依靠货币政策来刺激内需不同，本轮经济刺激计划更强调财政政策和货币政策的协调配合，在大规模财政刺激方案的配合下，货币政策得以更好地发挥效力，中央银行的公信力也得到显著加强。

四、对我国目前实施宏观调控措施的启示

从日本 20 世纪 80 年代以来的经验教训来看，房地产价格泡沫的形成及破灭对宏观经济的稳定有巨大的破坏作用，有可能导致经济的长期衰退：一是公众财富缩水以及对于未来收入的预期趋于悲观，引发负的财富效应，以及由于泡沫膨胀时期的过度投资而引致的企业存货调整行为导致需求下降；二是资产价值下跌使企业投资能力大幅下降，泡沫经济时期的资源错配也使企业无力进行新的投资；三是银行的资产负债表调整行为导致信贷紧缩，进一步加剧经济衰退。

我国房地产价格在全球金融危机冲击下经历了短暂下跌后，2009 年以来又出现了猛烈上涨，对中国经济的平稳发展和金融稳定都带来了潜在的风险。在当前国际金融危机仍未结束的背景下，我国货币政策的制定和实施也面临着严峻的考验。对此，有如下启示：

（一）货币政策应当关注房地产价格的变化，并积极防范房地产价格大幅波动的风险

整个 80 年代日本的宏观经济呈现出高增长、低通胀的良好表现，但随后资产价格泡沫的出现和破灭导致后来金融危机的爆发和经济的持续衰退。从日本的经验教训来看，一般价格水平的稳定并不意味着宏观经济的稳定。特别是近年来通货膨胀主要表现为“结构性”物价上涨（一般性商品价格上涨慢、初级产品和资产价格涨幅大），等到 CPI 明显全面上涨时，往往已处在经济金融泡沫最后破裂的前夜[3]。货币政策应当关注以房地产为代表的资产价格的变动，积极防范房地产价格大幅波动的风险。

以房地产、股票为代表的资产价格变动对货币政策的影响主要表现在三

3 张晓慧：《关于货币政策与资产价格》，2009。

个方面：一是资产价格通过财富效应直接影响企业和家庭支出；二是资产价格包含了公众对于未来经济前景预期的诸多信息，如通货膨胀预期以及关于经济结构的变化等；三是资产价格变化对金融体系的稳定有重要影响。

（二）当前应着力防止房地产泡沫的继续扩大，并着眼于在经济增长中逐步消化已有泡沫

根据国内相关学者的国际比较研究[4]，从空置率、购租比、房价收入比等指标来看，在东部沿海部分城市已经存在明显的房地产泡沫。2009 年以来我国房地产价格的快速上涨包含了社会公众对于经济复苏的过于乐观的非理性预期，以及对未来发生通货膨胀的恐惧心理，投资性和投机性需求占据了购房者相当大的比例，房价短期内快速上涨所带来的金融风险正不断集聚。但我国整体经济和房地产市场的中长期发展前景依然向好，相对于中国经济增长的潜力来说，中国的房地产泡沫远没有日本当时严重，能够通过多种途径得到消化。当前我国政策调控的着力点应着重防范房地产泡沫的继续扩大，并通过经济的持续增长逐步挤压现有泡沫，缓解高房价的潜在冲击。

（三）进一步加强货币政策的前瞻性，合理引导社会通货膨胀预期

由于货币政策具有较长时间的滞后性，不恰当的政策时机很可能加大宏观经济的波动。目前宽松货币政策的退出仍面临国际环境不稳定、人民币升值及热钱压力、制造业成本上升等因素的掣肘，但在当前实际利率为负、通货膨胀预期强烈的情况下，目前主要依靠行政手段抑制房地产价格上涨的效果仍然有待观察，长期维持低利率的环境有可能导致房地产等资产泡沫的继续膨胀，从而加大经济结构的调整压力。日本 20 世纪 80 年代的经验表明，低利率对资本流入的遏制作用较低，而提升利率对资产泡沫的遏制作用明显。权衡利弊，建议进一步加强货币政策的前瞻性，及早、小幅、缓步加息，争取政策的主动性，合理引导社会公众的通货膨胀预期，防止房地产泡沫的继续膨胀。

4　杨红旭：《我国房地产泡沫研究及应对措施》，2008。

6. 美国金融危机后商业地产融资情况及对经济的影响

上海总部　葛英

美国商业地产融资与住房市场融资存在较大差异。与住房市场相比，商业地产融资参与主体以机构投资者为主，贷款质量好于住房贷款；贷款证券化率较低，债务到期后的再融资风险较大。次贷危机以来，商业地产市场也经历了20世纪90年代以来最大的波动，但与上次因供应过剩导致的危机不同，当前主要是融资压力问题导致的市场不确定性。一度有观点认为商业地产市场可能是令美国经济受损的“第二只鞋”，监管当局也对商业地产市场衰退拖累银行体系和整体经济存在担忧，而新近发生的迪拜事件再次使商业地产问题引起公众的关注。

一、商业地产融资体系概况及特点

据穆迪估计，截至2007年末，美国商业地产总市值约为5.3万亿美元，次贷危机后市值大幅下降。市值占比依次为办公楼（36.6%）、公寓（24%）、商业零售（22.1%）、工业工地（15.3%）以及宾馆（2%）等。据人口调查局统计，2009年8月，多户型（含商业地产）的建筑许可、开工单位数量同比分别下降64.4%和48.2%。美联储调查显示，主要城市对商业地产的需求低迷，建筑活动水平持续下降，目前开发投资不是商业地产的主要资金需求。

美国商业地产融资与住房市场融资存在较大差异。住房融资市场的主要特点是，一级市场以私人金融为主导、二级市场以政府担保（尤其是房利美和房地美）为基础构成的两级住房抵押贷款市场。

与住房市场相比，商业地产融资体系有以下突出特点：

一是参与主体以机构投资者为主。所谓主体不同，主要是商业地产的借款人不同，而后端的资金提供者大体相同，即包括银行、保险机构、养老金等在内的机构投资者。商业地产的借款人包括地产开发商、建设商、投资商等机构，与此相对应，住房的借款人主要为拥有住房的个人。

二是整体杠杆率高。就单份合同而言，商业地产的抵押成数一般比住房低。但由于商业地产借款人通常会最大程度地利用基础抵押资产以提高资本回报率，因此整体杠杆率要高于住房。根据 RREEF 和 ULI 的估计，2008 年末，美国商业地产整体杠杆率在 60% 以上。

三是债务到期后一般以再融资方式以旧还新。与住房借款人在确定期限后偿还贷款不同，商业地产借款人通常不会在到期之后把贷款还清，而是到期后再融资借新还旧。虽然投资规模大、投资回收期长是房地产开发投资的共性，但商业地产从建成到投入运营仍需经过 2～3 年的过渡期，因此所需资金更为雄厚。由于到期时要偿付的金额巨大，所以经济不景气时，部分房地产企业可能仅仅因为现金流问题而破产倒闭。联储官员 Greenlee 曾表示，次贷危机发生以来，商业地产市场也经历了 20 世纪 90 年代以来最大的波动，但与 90 年代供应过剩导致的商业地产危机不同，当前市场面临的主要是融资压力问题。

二、商业地产的股权融资特点

商业地产的股权融资主要有两个途径，一是直接拥有地产类上市公司股权（私人股权），二是 REITs（公共股权）。根据 ULI 的估计，2008 年末，二者在权益市场上的比例分别为 80% 和 20% 左右。

REITs 指通过股票市场募集资金来持有和管理商业地产的公司，并在股票市场公开交易。REITs 的收入主要包括租金、投资于其他 REITs 股票所得股利、投资于房地产抵押贷款和短期债务工具的利息收益。根据投资对象不同，REITs 可分为权益型（Equity）、抵押权型（Mortgage）、混合型（Hybrid）三种基本型态。20 世纪 80 年代末以来，权益型 REITs 占据主导，2008 年末占 92%。

REITs 具有独特优势，近年来发展相当迅速。第一，避免双重征税是 REITs 迅速发展的一个重要原因。政府为鼓励部分资金对商业地产的长期支持，允许 REITs 成为特殊投资主体，在税收上有优惠，所得收益在公司层面免征，只在股东层面征收。第二，REITs 增强了房地产的流动性并分散了投资风险。由于 REITs 投资物业类型多样，所拥有的物业遍布全国各地，从而保证了其资产组合能有效地规避风险。第三，REITs 使房地产融资更具有针对性。信托投资公司可针对不同房地产公司和项目的特定现金流状况及风险，设计出相应的信托产品，能够比较灵活地处理房地产的多种经济与法律关系。第四，降低了房地产领域的投资门槛。传统的房地产融资通常规模巨大，普通中小投资者往往只能望而却步，难以介入。而 REITs 通过将房地产资产拆细证券化，使房地产投资变得大众化。

次贷危机以来REITs市值大幅缩水。美国REITs市值在2006年达到历史峰值4 381亿美元，截至2009年10月底，在美国公开上市交易的REITs总市值降为2 380亿美元。近期，REITs融资状况明显改善。截至11月末，2009年REITs已通过IPO、二级市场增发、发行债务等方式募集资金319亿美元，较上年全年增加139.5亿美元。

三、商业地产的债务融资特点

截至2009年第三季度末，美国商业地产债务总额达3.4万亿美元左右，其中50.3%由商业银行和储蓄机构持有，20.7%发行成CMBS、CDO等资产支持证券，其余部分由其他机构投资者持有。

（一）私人债务——银行贷款

商业地产贷款约占银行总资产的15%，占商业地产债务余额的50%，这一比例远高于其他机构投资者。监管当局一般将商业地产贷款分为四类，依次为非农场非住宅961亿美元、建筑开发类贷款479亿美元、公寓贷款155亿美元、农场贷款65亿美元。值得一提的是，建筑开发类贷款近年来增长较快，显示贷款的风险性较强。此外，在流动性过剩背景下，商业地产贷款中也出现和住宅按揭贷款类似的低首付、优惠利率贷款。

与住房抵押贷款相比，商业地产贷款的特点有：

一是地区性和社区银行的商业地产贷款占比较高。与住宅抵押贷款集中于几家大银行不同，商业地产贷款集中分布于中小银行，其贷款损失压力严重。最近几个月，银行的商业地产贷款敞口有所减少。未来几年，每年约有5 000亿美元的商业地产贷款到期，这个领域的表现极端依赖于贷款者能否将众多的此类贷款进行再融资。

二是商业地产贷款违约率始终小于住房抵押贷款。危机以来，商业地产空置率明显上升，导致商业地产价格下跌，贷款违约率持续上升。9月末，商业地产贷款不良贷款率近9%，为年初的两倍多。

需要说明的是，美联储等监管当局所指的“商业地产”贷款不仅指以收益来源于租金的物业和多户型住宅为抵押品的那部分贷款，而且还包括土地开发贷款以及商业地产、多户型住宅和单户住宅的建筑贷款。由于开发商在建造完成之前没有租金收入，还款来源严重依赖销售。随着商业地产销售急剧下降，建筑和开发类贷款的坏账率已经很高。将违约率较高的建筑类贷款纳入商业地产贷款口径，往往造成夸大商业地产贷款违约率的问题，而以不参与建筑开发环节的人寿保险公司持有的商业地产贷款质量看，危机以来则总体较为稳定。

导致商业地产违约率和止赎率不断上升的另一个关键因素是信贷紧缩。根据美联储的高级信贷官调查，2008 年第四季度收紧商业地产贷款标准的银行比例超过 80%，2009 年 10 月大幅下降到 35%，虽仍远高于 17% 的历史平均水平，但信贷可得性已明显改善。

耐人寻味的是，一般观点都认为商业活动的不确定性远高于住房贷款人的经济波动，因此，商业地产贷款的违约率应该更高。但从 2000 年以来的数据来看，商业地产贷款违约率始终都小于住房抵押贷款。这一方面与主要物业类型的平均租金水平在危机期间并未大幅下降有关，另一方面按揭银行家协会（MBA）的研究也显示，发放商业地产贷款前 10 位的商业银行中，其 48% 的商业地产贷款抵押品为借款人的自用物业，这部分贷款质量并不取决于物业的租金收入。此外，商业地产贷款成数较低，机构投资者因为物业价格下跌而违约的动机相对个人按揭贷款者更低。

商业地产贷款是商业银行和储蓄机构资产的重要组成。虽然其贷款质量也受到经济危机的冲击，但与直觉相反，商业抵押贷款不仅没有成为“掉下来的第二只鞋”，实际上它还是银行和储蓄机构持有的质量最好的贷款，这一点也可以从贷款资产减记比率中观察到。

（二）公共债务——CMBS

在公共债务方面，商业地产出现的最大创新就是商业地产抵押贷款支持债券（CMBS）的大量使用。它将利息收入打包重新组合，并能公开交易。它一开始在美国是作为住房抵押贷款（MBSs）的衍生品形式出现，但直到 20 世纪 90 年代以后才迅速发展。CMBSs 给长期投资者提供了新的跨部门投资工具。与住宅抵押贷款支持债券（RMBS）相比，CMBS 有如下主要特点：

一是商业地产贷款的复杂程度相对较低。商业地产贷款通常能够较好地规避提前偿还风险（一般为 10 年左右的固定期限，如果提前偿还会面临重罚），而 RMBS 在到期前任何时候均可按面值提前偿还。因此，CMBS 不必设计出复杂的期限结构来满足投资者需求，相应的衍生品也不如 RMBS 繁多。

二是证券化率相对较低。虽然商业地产贷款有产品相对简单的优点，但由于住房抵押贷款有房利美、房地美作担保，其证券化率远在商业地产贷款之上。因此，尽管商业地产抵押支持债券发展较快，但目前仅占商业地产债务余额的 25%。

三是资产分散程度没有 RMBS 市场高。居民住房贷款打包的时候，假如有上万个贷款，可能有20%多来自加州，10%来自佛罗里达，基本上分布都比较均匀；但对于商业地产贷款来说，一个打包结构中贷款的数目会小很多，如果有一两个贷款出现问题，整个商业抵押贷款证券都会出现问题。

市场对商业地产的担忧，很大程度上来自CMBS市场再融资的一度枯竭。2008年中以来，CMBS停止发行，直至2009年第二季度受益于TALF计划才重新恢复融资功能，但也仅发行5.6亿美元。再加上CMBS到期还本，CMBS余额罕见地呈下降趋势，长期连续的发行才能表明商业地产的企稳。

从违约率和融资条件看，CMBS市场呈现好转迹象，但总体状况仍然较为脆弱。对CMBS与国债利差（spread）的分析表明，虽然CMBS市场显现复苏迹象，息差同比有所收窄，A级以上的CMBS利差下降企稳，但BBB级CMBS的利差仍保持在高位，依然表明市场的担心。由于银行资产中的商业地产贷款级别以BB级到BBB级为主，CMBS的高利差表明市场预期该部分贷款的违约率短期内不会下降，部分甚至恶化。按揭银行家协会（MBA）公布逾期30天以上CMBS违约率，从2008年的1.17%急升至2009年第三季度的4.06%，是1997年有记录以来最高；办公室、购物中心及其他能产生收益的物业贷款，约有3.43%逾期至少90天，也远高于2008年同期的1.38%。

四、商业地产的趋势展望及对经济的影响

（一）商业地产市场初步呈现回暖迹象

2009年，美国商业地产市场出现触底迹象，交易量价双双回升。

首先，这次商业地产未来发生大规模危机的概率较小。一是随着美国经济逐步走向复苏，市场预期明显改善；二是对比历史上历次商业地产周期，此次过度建设现象并不突出，存货调整压力不是很大；三是商业地产贷款和CMBS市场的融资状况逐渐恢复，因此，有理由相信，尽管在短期内商业地产市场将继续受到冲击，但压力持续的时间和对金融体系冲击力度与次贷危机相比有本质的区别。加上金融救助计划的有效支持，类似次贷危机再次爆发而引致的金融危机第二波应该是小概率事件。

其次，不同类型商业地产的复苏前景也有一定差异。其中，公寓类紧随单个家庭的变化而变化，在繁荣时期，大量人群由于较高的支付能力得以从公寓搬至单个家庭住房，而在衰退初期部分人群则从单个家庭重新搬回至公寓。目前的公寓租用率整体比上一轮衰退期类似节点高50~100个基点，空置率相对较低，人口结构和住房自有率下滑也将为公寓业主提供更为有利的

经营环境。零售类前景较为悲观。目前，消费者支出模式明显转变已使零售物业面临现代购物中心史上最严峻的运营环境。房价下滑以及失业率攀升沉重打击美国消费者信心，虽然2009下半年零售消费同比降幅将小幅收窄，经济形势也逐渐好转，但消费者借贷消费理念难以快速恢复。鉴于空置率增长而零售消费额下降，物业业主正在丧失定价权。办公楼受失业率拖累较为严重，且空置率在主要物业类型中最高。失业率与办公物业型租金有很强的负相关性。这次衰退并非由制造业导致，在本轮衰退中，服务业受到的打击最大，尤其是在金融服务领域发生的巨大变化（过去几十年内金融服务已成为美国经济的重要组成部分），将在未来数年延宕经济回暖，并可能限制下一轮复苏程度。从工业用地看，虽然在以往多次经济增长放缓期工业用地的抗跌性较好，但此次全球经济危机已导致其需求明显下滑。此外，产能利用率与工业用地租用率相关性较强，产能利用率继续下滑对工业用地需求制约较大。宾馆类则要看细项，其中提供全套服务的酒店是比较灵敏的经济先行指标，而提供有限服务的酒店在经济下行阶段表现较好。总体而言，一旦就业复苏，租用率将有所攀升，租金率也会上扬。鉴于商业地产开发建设实际陷入停滞，增量需求将涌入现有各种资产类别。酒店、公寓等周期性更强的不动产类别将最先开始重获定价权，而办公楼、工业用地和零售物业租金回升则需更长时间。

（二）商业地产市场衰退对经济的影响不如住宅

从影响GDP的投资需求看，相对于住宅，商业地产投资规模更大，建设周期更长，通常落后住宅市场景气1～2年。相应的，与住宅市场通常引领经济景气不同，商业地产投资一般滞后经济景气周期半年到一年的时间。住宅在经济周期中变动比较强烈，在周期快要结束时商业地产开始剧烈变动，也即存在时滞。虽然由于商业地产投资周期滞后存在拖累整体经济的可能，但商业地产投资仅占GDP的2.2%左右，远低于住宅市场的5%。此外，过去50年，商业地产投资增长的波动率为10.7%，低于住宅的14.4%。总的看，商业地产投资对GDP的影响不大。

从更为重要的间接财富效应看，有研究表明美国的财富效应为4%左右，而典型的房地产市场市值是GDP的2～3倍。商业地产市值远远小于住宅，因此财富效应较小。

此外，从历史上看，20世纪80年代末，美国房地产危机主要是商业地产的过度建设从而导致严重供过于求，而此次经济危机则更多是由住房市场泡沫破灭造成。

7. 澳大利亚房地产信托基金市场[1] 研究与启示

郑州中支　邬玉婷

全球金融危机再次证明，房地产行业的多元化健康发展，对一国经济及金融业稳定增长至关重要。澳大利亚作为率先走出金融危机的发达国家，其A－REITs市场过去三十多年稳健发展的经验[2]，对目前中国房地产金融市场的纵深与创新，有重要参考价值。本文先从宏观角度归纳了A－REITs行业发展的四个特点：①依法分工严格监管是A－REITs健康发展的重要保障；②严格的层次经营管理是A－REITs平稳运行的关键因素；③规模扩张迅速、结构变化突出是A－REITs市场积聚风险的主因；④产品不断创新是A－REITs市场活跃发展的动力来源。接着从微观角度，采用VaR风险模型方法，测出A－REITs整体市场和特定个体风险水平适中的计量结果。在此基础上，针对中国房地产信托基金行业（C－REITs）的试点与发展情况提出八个建议：一是完善法律环境；二是建立外部监管领导、合作与协调机制；三是采用三步走战略并选择适当模式逐步发展；四是规范基金公司风险管理制度；五是加速专业人才培养；六是实施符合实际的税收标准；七是统一测定市场风险计量工具；八是适度开展市场创新。

房地产业作为国民经济的先导型产业，其健康发展对带动整个国民经济的发展具有非常重要的作用。作为资金高度密集型产业，房地产业发展离不开强有力的金融支持，但目前中国房地产业资金来源主要依靠银行贷款，从而容易将房地产行业风险转化为金融风险。因此，构建多元、高效且利于分散风险的房地产融资方式，已成为中国房地产业和金融业良性发展，从而保障整个国民经济持续稳定增长的关键所在。房地产信托投资基金（REITs）

1　Australian Real Estate Investment Trusts，简称A－REITs.

2　8位澳大利亚专家及业内人士为本报告提供了大量数据及有益的咨询与建议。他们分别是：Mr. Jonathan Warrand － Special Advice to Australia Advisory Alliance（AAA），Mr. Adrian Swale － Vice Chairman of Minter Ellison，Mr. Ian Lancaster － Manager of Trust Company，Mr. Todd Barlow － Director of Pitt Capital，Mr. Eddie Grieve － Manager of Listing and Development of Australian Securities Exchange，Ms Sophy Liu － President of AAA，Mr. Peter Yue － Research Manager of PMI Investment Group. Mr. Faipeng Chan － Senior Consultant of Minter Ellison。在此一并致谢。

是发达金融市场比较成熟，且运行较为成功的一种房地产直接融资方式，在美国、澳大利亚、日本、新加坡、中国香港等地十分流行，在房地产行业中发挥着巨大的作用。

一、房地产信托基金（REITs）行业发展概述

REITs 是一种证券化的产业投资基金，通过发行基金单位，集合公众投资者资金，由专门机构经营管理，通过多元化投资，选择不同地区、不同类型的房地产项目进行投资组合，在有效降低风险的同时，通过将出租不动产等所产生的收入以派息方式分配给投资人，从而使其获取长期稳定投资收益。与其他房地产投资形式相比，REITs 是一种收益稳定、风险较小的金融产品，具有派息较高、投资分散、专家理财等基本特点。

20 世纪 60 年代，REITs 首创于美国，初期发展缓慢，1968 年之前只有 10 多只 REITs，总市值约 2 亿美元。之后，REITs 涉足房地产抵押贷款金融业务，并在投资银行推动下出现了第一次高涨时期。1969～1974 年，REITs 总市值从 10 亿美元增至约 200 亿美元。但此后十几年间，由于楼市转弱，整个行业委靡不振。直到 1986 年美国修改税法，允许 REITs 做积极经营安排，加上房地产向专业化、规模化、集约化方向发展，REITs 行业从 1991 年进入快速发展时期。到 2008 年底，全球 20 多个经济体设立了各自的 REITs 产品，总市值超过 5 800 亿美元。同期，全球金融市场以 REITs 形式上市交易的房地产股票，占全部房地产股票的 70%。

REITs 最早起源于美国，在美国发展也最迅速。20 世纪 90 年代以来，REITs 在美国逐步成为商业房地产投资的主流，越来越多的房地产通过 REITs 实现证券化，成为公众产权。同时，REITs 在美国的成功也带动了全球 REITs 的兴起。至今为止，美国的 REITs 市场规模最大，占全球一半以上的市值份额。

亚洲作为 REITs 的新兴市场，在全球 REITs 市场上的地位正在快速提升，市值从 2001 年的 20 亿美元上升至 2008 年底的 720 亿美元。亚洲 REITs 市场有越来越多的资金流入，发展潜力巨大，但与美国、澳大利亚等较为成熟的市场相比，仍显零散，缺乏代表性和一致性，且规模较小。该部分的更多内容详见附件 1。

二、澳大利亚 REITs 市场发展的四大特点

作为全球第二大 REITs 市场，澳房地产信托基金业（A－REITs）的发展历史，可以追溯到 1971 年。但在创建初期的 20 年中，并未得到广泛重

视。当时，未上市地产投资信托产品（Unlisted Property Trusts，UPT）以其在税收和流动性等方面的优势吸引投资者，特别是1987年澳大利亚股市崩溃后，大量资金从股市流入UPT市场，使该市场逐步扩大。20世纪90年代初，澳大利亚进行了深刻的金融市场化改革（放松管制，Deregulation），上市地产投资信托产品（Listed Property Trusts，LPT）可在二级市场交易，由此推动了A－REITs市场迅速扩张。1997年亚洲金融危机后，机构投资者将大量资金从传统证券市场转投到A－REITs市场，使该市场交易异常活跃。据澳大利亚证券交易所（ASX）统计，截至2008年底，澳大利亚共有66只上市REITs，总市值781亿美元，年交易量1 114亿美元，占当年澳大利亚证券市场交易量的12%；REITs的平均资产负债率45%，平均派息收益率达5.73%，该收益率在过去10年里高于美国及全球市场平均水平。研究发现，A－REITs市场的发展过程，可归纳为以下四方面特点：

（一）依法分工严密监管，是A－REITs健康发展重要保障

1. 完善的法律体系为外部监管奠定了坚实的法律基础。这些法律包括公司法以及澳大利亚储备银行（RBA）、澳大利亚审慎监管局（ARPA）、澳大利亚证券投资委员会（ASIC）、澳大利亚证券交易所（ASX）等规定的一系列法律规定。其中，公司法和ASIC的有关规定，主要用来约束REITs基金管理公司的运作；公司法和ASX有关上市公司的规定，主要用来规范REITs的上市过程；公司法、ASIC及ASX有关管理投资计划（MIS）的规定，用来界定REITs管理投资方面的相关内容；而中央银行和审慎监管委员

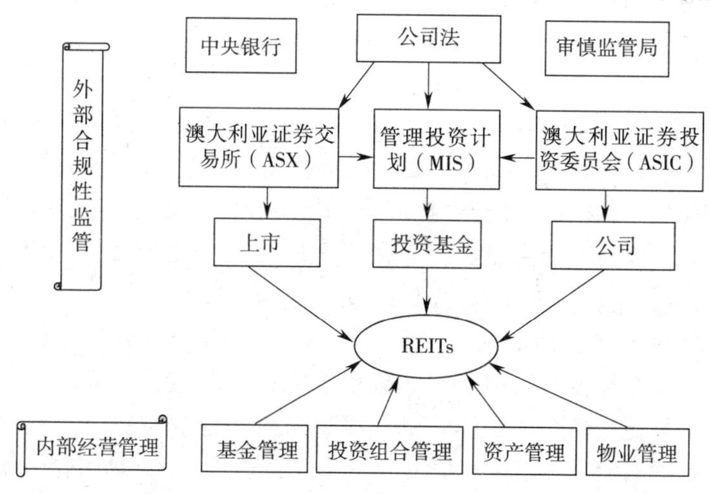

图1　A－REITs管理图

会对 REITs 的市场运作实行宏观监管。

2. 明确的监管分工与良好的监管合作协调机制，确保外部监管严格有效。REITs 复杂的运作流程设计以及双重的代理关系，加深了有关产品信息不对称的程度。所以，REITs 行业本身的特点，需要健全、严密的外部监管制度。A－REITs 的运作过程必须符合以下三方面的具体要求：

一是要符合公司法等法律法规关于 REITs 的相关要求。澳大利亚公司法（Corporate Law 2001）是国家层次的法律框架，涉及的内容非常广泛，它严格规范澳大利亚的公司、证券、金融产品和金融服务等方面的行为。澳大利亚证券投资委员会（ASIC）是公司法的执行机构，依公司法要求制定具体执行细则。公司法本身和 ASIC 的其他规定，都有针对 A－REITs 的专门规章制度。除公司法外，澳大利亚还有诸多关于发行信托的程序规定，如风险提醒等，对 A－REITs 的所有操作环节做出具体详细的规定。

二是必须满足澳大利亚中央银行（RBA）和审慎监管局（ARPA）关于 A－REITs 的规章制度，RBA 和 ARPA 有权对 A－REITs 运行的各环节实施现场检查；而 A－REITs 有义务向 RBA 和 ARPA 定期回报并提供相应的报告，以接受相关指导和建议。

三是 A－REITs 要满足澳大利亚证券交易所（ASX）的风险监管要求。ASX 为每个市场参与者制定了一个标准的风险管理体系，目的是提高市场参与者对风险管理的认识。所有的参与者必须在 ASX 提供的风险体系的基础上，严格检查其现存的风险管理体系，满足 ASX 对风险管理的要求。为此，市场参与主体的主要负责人每年要签署一份《关键风险因素和内控系统声明》，与经过审议的年度财务报告，一起报送 ASX。

在外部监管合作与协调方面，澳大利亚设立了金融监管理事会（The Council of Financial Regulators，CFR）。CFR 是一个合作主体，其成员主要由澳大利亚财政部（Treasury）、澳大利亚储备银行（RBA）、澳大利亚审慎监管局（ARPA）和澳大利亚证券投资委员会（ASIC）共同组成，澳大利亚储备银行行长任该理事会主席。在金融监管理事会的大框架下，RBA 与 ARPA、RBA 与 ASIC、ARPA 与 ASIC、Treasury 与 ARPA 互签有谅解备忘录（MOU），确保机构间的协调与合作。理事会通常每季召开一次会议，就共同关心的议题进行探讨。必要时则随时会商，协调相关政策，解决重大危机，以此共同促进整个金融体系的公平、高效、竞争与稳定。需要指出的是，由于金融稳定发展是中央银行的主要责任之一，所以理事会主席由中央银行长担任，理事会秘书处也设在中央银行。

另外，澳大利亚的监管协调合作机制遵循责任明确、避免重复、节约成本、减轻被监管者负担、提高效率的原则。这些原则体现在信息收集与共享以及现场检查的实施中。澳大利亚开发了服务于中央银行、监管局和国家统计局三方需要的统计报告体系，由监管局具体运作，另两家机构按需要使用相应的数据和信息。这一系统在满足三方数据需求的同时，也大大减轻了金融机构报送数据的负担。澳大利亚的监管机构在检查的实施方面进行了必要的协调，以避免对同一监管对象实施同样内容的检查。一般来说，中央银行虽然不实施直接监管，但因其具有最后贷款人职能，还保留一定的检查权力。澳大利亚规定，中央银行工作人员可以参加监管局的现场检查，以了解金融业和监管体系的最新发展情况。

（二）严格的层次经营管理是 A - REITs 平稳运行的关键因素

1. 井然有序的管理层次，确保经营管理职责明确。A - REITs 经营管理分为四个层面，按照管理层次排列分别是基金管理、投资组合管理、资产管理和物业管理。董事会在 A - REITs 成立的同时，组建基金管理团队对 REITs 进行全面的管理，这是第一层次的管理；基金管理团队随后组建专业的管理团队对 REITs 的投资组合和资产方面进行管理，形成第二层和第三层管理；物业管理是传统房地产管理的核心，也是 A - REITs 最基层的管理。各层管理关系如图 2 所示。

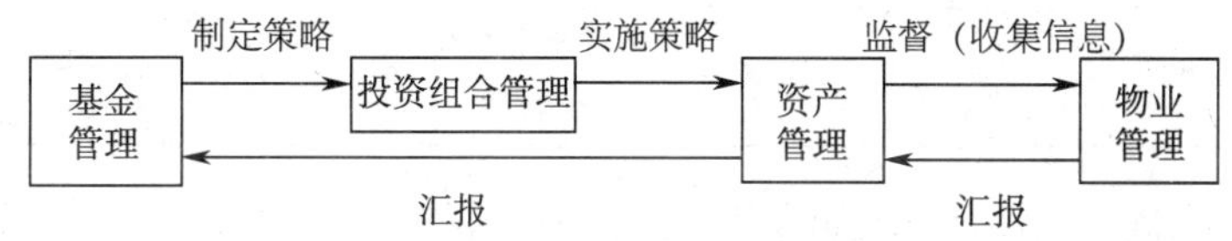

图 2　经营管理各层面之间关系图

越上层的管理涉及的策略性问题越多，其决策对基金的影响也越大。具体内容和职责分工如表 1 所示。

表 1　经营管理明细表

	管理内容	角色和职责
基金管理	◆ 公司日常运营 ◆ 战略决策 ◆ 合规管理 ◆ 公司治理 ◆ 披露报告 ◆ 投资者管理	◆ 满足监管要求 ◆ 向 ASIC 和 ASX 报告 ◆ 向投资者披露 ◆ 战略规划 ◆ 持续经营 ◆ 投资管理

续表

	管理内容	角色和职责
投资组合管理	◆ 据投资者的目标分析资产管理人信息和建议，使风险调节后资产组合回报最大 ◆ 在基金的多项资产的组合层面上，管理处置房产	◆ 与投资者交流，设立组合目标和投资标准 ◆ 确定投资组合策略 ◆ 监督实施投资组合策略 ◆ 监督合并、部署资产管理以及再投资决策 ◆ 对资产组合收益负责任 ◆ 客户报告和现金管理
资产管理	◆ 广泛关注多个物业的运作和市场表现 ◆ 雇用物业管理公司进行日常管理 ◆ 监管物业管理绩效 ◆ 交易管理	◆ 开发物业的战略计划 ◆ 分析是否持有和出售物业 ◆ 寻机重配物业并鉴别主要资金投入 ◆ 监视物业成果并依次管理评估物业管理人 ◆ 协助处理租赁人关系
物业管理	◆ 关注物业日常运作 ◆ 保证提供高质量的物业环境给租户，并以不断的租金收入作为回报	◆ 与租赁人的联系 ◆ 租金收入 ◆ 控制经营支出 ◆ 地产维护 ◆ 计划资本投入 ◆危机管理

2. 分层管理可以有效提高风险控制水平。A－REITs 在经营管理过程中使用了大批高水平的专业化管理人才，各层面均由专业团队进行管理，风险控制手段各有不同。在基金管理层面，基金公司要对 A－REITs 整体的系统性风险[3] 和非系统性风险[4] 进行管理和控制。系统性风险主要涉及如规划、环境、保险、税务、会计准则等相关方面的法律、法规和政策的变化，这会对基金的业绩产生重大的影响。因为 REITs 资产缺乏流动性，所以基金管理公司的负责人需要及时了解可能发生的外部环境变化，以便对旗下基金做出相应的处置。对非系统性风险的控制包括保持金融执照的合法合规性、保证

---

3 系统性风险是指基金外部环境变化导致的风险，如政治、经济环境变化导致的风险、投资环境风险、金融市场与房地产市场的风险，及基金难以通过投资组合分散的风险等。

4 非系统性风险主要指营运风险，如不当的管理系统或内控失效导致的财务损失等，以及基金容易控制的风险和通过投资组合可分散的风险。

董事会成员和基金高级管理人员的专业水平、通过公司章程和合同控制委托—代理风险以及与投资者关系风险等内容。澳大利亚的基金管理公司成立了风险管理委员会，管理此项风险。

在投资组合管理层面，A - REITs 的系统性风险主要来自房地产市场和资本市场，其中宏观经济周期、利率、汇率、国际资本流动、通货膨胀等因素对 REITs 都有重大的影响。REITs 资本缺乏流动性，投资组合经理难以在短时间内以低成本调整资本结构，所以需要准确把握以上相关因素，结合经济循环规律、资本市场周期、房地产市场周期、资本流动情况、区域经济发展情况等因素，确定 A - REITs 投资组合层面的风险暴露程度，即确定投资组合的 Beta 值[5]，才能提前做出正确的决策。一般情况下，投资组合经理会采取分散投资的策略尽量规避非系统性风险。投资组合的分散程度是检验 A - REITs 风险的重要指标之一。

在资产管理层面，资产管理部门具体实施基金管理和投资组合管理的决策，同时监督物业管理人员的工作，是个承上启下的环节。由于资产管理涉及对资产的买卖和资本性投资等活动，资产价值的波动极大程度影响基金业绩，所以控制资产重估风险是资产管理部门的主要职责。资产管理部门需要对物业的买入、卖出时机仔细甄选，尽力维持和提升持有物业的价值。此外，涉及买卖物业时，要对交易对手不能履行合同的信用风险进行预防和控制，客观评估交易对手的信用情况。

在物业管理层面，A - REITs 管理公司主要通过与物业管理公司签订合同、明确责任义务、资料备案、预算审批及审查控制等，控制与物业管理人的委托—代理风险。物业管理公司通过提供满意服务以及维护与租客的关系等管理手段，决定租户集中度、租约续约等因素，以及控制空置风险、租金拖欠风险等经营风险。此外，通过运营管理，避免相关法律诉讼风险。

（三）市场规模迅速扩张、结构变化突出是 A - REITs 市场风险积聚的主因所在

过去 10 年中，A - REITs 市场发生了巨大变化，主要表现在两方面，即市场规模的迅速扩张和结构的突出变化[6]，尤其是结构变化中的海外投资比

5　Beta 值也称 Beta 系数，是用以度量一项资产系统性风险的指标，是资本资产定价模型（Capital Asset Pricing Model）的主要参数。用以衡量一种证券或一个投资组合相对总体市场的波动性的一种证券系统性风险的评估工具。

6　乐武：《澳大利亚 REITs 市场的近况、解析及启示》，2009 - 05。

例增大和借贷比例（杠杆率）提高，使 A－REITs 在产生很大收益的同时，也积聚了巨大的潜在风险。

1. 市场规模迅速扩张。20 世纪 90 年代，澳大利亚金融市场监管放松，上市地产投资信托可在二级市场交易，此时才诞生了真正意义上的 A－REITs 市场。经过短短十几年的发展，澳大利亚成为全球运用 REITs 进行证券化程度最高的市场，A－REITs 市场规模迅速扩张，位居全球第二，仅次于 REITs 起源地美国。同时，与澳大利亚资本市场中其他板块相比，A－REITs 的总市值已占澳大利亚证券市场市值的 12%，仅次于资源类和银行类板块，位列资本市场市值第三。

表 2　　全球有关经济体 REITs 规模对比表（2008 年底数据）

经济体	REITs 市值（10 亿美元）	REITs 只数	占全球市场比重（%）	占当地上市房地产市值比重（%）
美国	292.1	175	45.80	78.30
澳大利亚	78.1	66	15.70	85.60
法国	66.4	32	10.40	81.40
英国	50.2	18	7.90	55.70
日本	45.7	42	7.20	26.80
新加坡	18.5	20	2.90	20.80
中国香港	8.1	7	1.30	2.00

2. 结构变化突出，潜在风险骤增。A－REITs 市场自身结构发生了很大变化，主要表现在以下五方面[7]：

——海外物业投资比例增大；

——借贷比例增高；

——通过采用合订结构，更多 A－REITs 涉足地产开发及资产管理等非纯租金收入业务；

——经过兼并活动，REITs 个体规模增大，市场集中度提高；

——逐步涉足非传统物业类别，如市政基础建设、酒吧、种植园、养老院等。

1996～2008 年的 13 年里，澳大利亚 10 年期国债利率基本稳定在 6% 左右，低利率环境为 A－REITs 借贷活动提供了相对宽松的货币环境。另外，

7　乐武：《澳大利亚 REITs 市场近况、解析及启示》，2009－05。

与股票、债券和直接地产投资的同期表现相比较，A－REITs 的表现在过去 12 年中有 8 年最好，这也使投资者普遍调低了对 A－REITs 的风险评估。在没有借贷比例限制的 A－REITs 市场，行业的借贷比例从 20 世纪 90 年代的平均 10%一直不断提高，达到目前 35%以上，个股甚至达到 70%。

借贷比例的高低与风险大小成正相关。在运行良好的市场环境下，借贷为扩张提供资本以及理想的回报率。但在衰退市场环境下，过度借贷将导致风险急增。金融危机时期，物业资产的估值会受到下调影响，从而导致负债率水平进一步上升。那些持有大量低质量物业资产的 REITs，其负债率上升更快，将会遭到投资者抛弃，迫使其价格更快向下调整。

在衰退市场环境下，表现较好的 A－REITs 具有低借贷杠杆率特点，而那些高借贷杠杆率的 A－REITs 则不被市场看好，如 MDT、BJT、TSO 等。

正是以上这些规模与结构上的变化带来的诸多不确定性，增加了 A－REITs 市场的潜在风险，如 A－REITs 市场会更多的受海外市场影响；对利率变化也更敏感；对直接地产市场状况的反应可能滞后；分散投资组合的风险能力也可能减弱等。

总之，A－REITs 市场较为剧烈下挫，不仅受外部环境影响，也是其内在风险逐步暴露与释放的结果。次贷危机期间，A－REITs 规模和结构变化的弊端就逐步显现出来。2007 年中期至 2008 年底的 18 个月里，A－REITs 总市值缩水了近 50%。

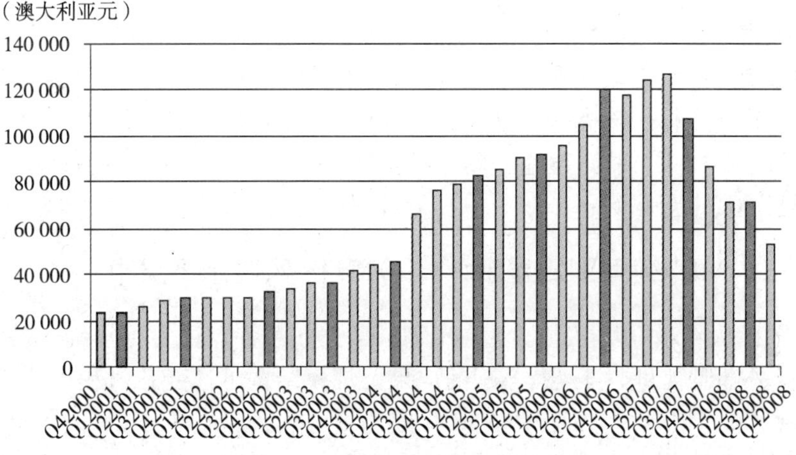

图 3　A－REITs 市值变动情况图

（四）产品不断创新是 A－REITs 市场活跃发展的动力来源

1. 合订结构 REITs 迅速流行并占据市场主导地位。合订结构不同于传统的 REITs 结构，它将 1 个 REITs 的信托单位和 1 股基金管理公司的股份捆绑在一起，且一经合订，两者就不能分开交易。投资者通过持有 1 股合订证券，同时持有 1 股 REITs 信托单位和 1 股基金管理公司股份。合订结构的出现帮助 A－REITs 解决了两个主要问题：一是通过与业绩优良公司合订上市，提高 A－REITs 的业绩，增加了对投资人的吸引力；二是 A－REITs 可通过合订扩大投资范围和投资领域，合理规避法律对主动开发和非依靠稳定现金流投资的限制。

据澳大利亚证券交易所统计，截至 2009 年 6 月，使用合订结构的 A－REITs 共 23 只。特别是，占 A－REITs 市场总额的 94.4% 的前 10 大 REITs 中，采用合订结构的 REITs 就有 7 只，占市场份额高达 82%。由此可见，合订结构已成澳大利亚资产管理模式主流，它对 A－REITs 市场具有举足轻重的影响（见附件 2）。

2. 世界上唯一的 REITs 期货市场在澳蓬勃发展。2002 年 8 月，澳大利亚证券交易市场正式允许 REITs 期货交易，全球唯一的 REITs 期货市场在澳大利亚成立。目前，许多 A－REITs 已开始用 REITs 期货作为一种风险管理工具。随着 REITs 期货被越来越广泛的应用，期货市场的流动性也开始增强。REITs 期货市场正逐步走向成熟和完善。

3. 广义的 A－REITs 产品拓宽了大项目融资渠道。A－REITs 的基础资产所覆盖的领域已经从初期的成熟出租型物业发展到包括基础设施领域在内地更多类型。目前澳大利亚超过 20 只上市基础设施基金拥有了大约 320 亿美元的市场规模。该类基金资产包中的资产类型包括收费公路、飞机场、广播电视塔、码头、铁路设施、燃气管道等。由此可见，REITs 能够有力解决大项目的资金短缺问题。

三、VaR 模型测算显示，A－REITs 风险水平居中

前面从宏观角度探索了 A－REITs 四个方面特点，为更详细了解 A－REITs 外部监管和本身经营管理的成果及规模结构迅速变化过程中 A－REITs 风险暴露情况，下面使用 VaR 风险测量方法，建立 GARCH 时间序列模型，从微观角度展示 A－REITs 的风险情况。

A－REITs 市场发展已十分成熟，与其他同类市场相比，风险控制能力较强，即使在次贷危机期间，A－REITs 的风险暴露水平仍然较低。本文通

过计量分析，测算出澳大利亚、美国、英国和中国香港 4 个 REITs 市场 2006 年 9 月 1 日至 2009 年 7 月 3 日的 VaR 风险值，通过比较来验证 A - REITs 市场的风险情况。

（一）先进投资风险数量化工具——VaR 模型介绍

VaR 数学模型方法旨在将一种资产的组合性风险，归纳为单一指标进行度量。它是一种较为普遍应用的投资风险数量化工具，主要用于估计特定金融资产或组合在正常资产价格波动下，未来可能或潜在的损失。美国加州大学金融风险研究专家 Philippe Jorion 给出的权威解释是："在一定概率水平下（置信度），某一金融资产或证券组合在未来特定时间内的最大可能损失。" VaR 给定后，未来的损失以该置信水平的概率不会超过这个 VaR 值。例如，某投资公司在其 2008 年报中披露，其在 2008 年的每日 99% 的 VaR 值为 3 500万美元。这表明，该公司可以以 99% 的可能性保证，2008 年每一特定时点上的投资组合，在未来 24 小时之内，由于市场价格变动而带来的损失平均不会超过 3 500 万美元。VaR 定义的数学表达式为：Prob（$\Delta P > VaR$）$=1-c$。其中，Prob 代表某一事件发生的概率；ΔP 代表某一金融资产在特定持有期 Δt 的价值损失额；VaR 表示置信水平 c 下的风险价值（可能的损失上限）；c 表示给定的概率（置信水平）。

（二）VaR 模型的计算方法

条件均值方程：$$R_t = c + \sum_{i=1}^{n} a_i R_{t-i} + \varepsilon_t \quad (1)$$

R_t 为周对数收益率；其中：

$$\varepsilon_t = v_t \sqrt{\delta_t} \quad (2)$$

v_t 独立同分布，且参数满足条件：$E(v_t) = 0, D(v_t) = 1$

条件方差方程：$$\delta_t^2 = c_2 + \sum_{i=1}^{p} \alpha_i \delta_{t-i}^2 + \sum_{j=1}^{q} \beta_j \varepsilon_{t-j}^2 \quad (3)$$

$$E_t(R_{t+1}) = c + \sum_{i=1}^{n} a_i R_{t-i} \quad (4)$$

代表预测一步收益率条件均值。

$$E_t(\delta_{t+1}^2) = c_2 + \sum_{i=1}^{p} \alpha_i \delta_{t+1-i}^2 + \sum_{j=1}^{q} \beta_j \varepsilon_{t+1-j}^2 \quad (5)$$

代表预测一步的收益率条件方差。

向前预测一步的收益率符合均值为 $E_t(R_{t+1})$，方差为 $E_t(\delta_{t+1}^2)$ 正态分布，在 95% 的置信度下：

$$VaR = E_t(R_{t+1}) - 1.65\sqrt{E_t(\delta_{t+1}^2)} \tag{6}$$

（三）A－REITs 风险水平的计算结果为风险居中

本研究选取 A－REITs 的整体价格指数（S&P/ASX 200 A－REIT－PRICE INDEX，ASX200），样本数为 149 个，包括从 2006 年 9 月 1 日至 2009 年 7 月 3 日 S&P/ASX 200 周收盘指数。首先经过 ACF 检验，ASX200 为 2 阶自回归过程，即方程（1）中 i 的阶数为 2。然后，建立 GARCH 模型，经过反复筛选，建立 GARCH（1，1）模型，即方程（3）、方程（5）中 p、q 均为 1，模型如下：

$$R_{asxt} = -0.2237R_{asxt-1} + 0.2266R_{asxt-2}$$

$$(-2.429511) \qquad (2.770763) \longrightarrow \text{Z 统计量}$$

$$\delta_{asxt}^2 = 2.47\times10^{-6} - 0.034\times\varepsilon_{t-1}^2 + 1.0424\times\delta_{asxt-1}^2$$

$$(6.560441)\ (-2.111035)\ (59.07116)$$

	Coefficient	Std. Error	z－Statistic	Prob.
AR（1）	－0.223709	0.092080	－2.429511	0.0151
AR（2）	0.226617	0.081789	2.770763	0.0056
		Variance Equation		
C	2.47E－06	3.76E－07	6.560441	0.0000
RESID（－1）^2	－0.034031	0.016121	－2.111035	0.0348
GARCH（－1）	1.042437	0.017647	59.07116	0.0000
R－squared	0.149187	Mean dependent var		－0.003106
Adjusted R－squared	0.125221	S. D. dependent var		0.023412
S. E. of regression	0.021897	Akaike info criterion		－5.135382
Sum squared resid	0.068084	Schwarz criterion		－5.033666
Log likelihood	382.4506	Durbin－Watson stat		2.003437
Inverted AR Roots	0.38	－0.60		

从上表看出，该模型的估计量是显著的，拟合度较好，可得

$$R_{asxt} = -0.00334 \qquad R_{asxt-1} = 0.006116$$

$$\delta_{asxt}^2 = 0.000806 \qquad \varepsilon_{asxt} = 0.003858$$

预测一步收益率条件均值：

$$E_t(R_{asxt+1}) = -0.2237R_{asxt} + 0.2266R_{asxt-1} = 0.002133$$

预测一步的收益率条件方差：

$$E_t(\delta^2_{asxt+1}) = 2.47 \times 10^{-6} - 0.034 \times \varepsilon^2_t + 1.0424 \times \delta^2_{asxt} = 0.000842$$

在95%的置信度下：

$$VaR_{asx} = E_t(R_{asxt+1}) - 1.65\sqrt{E_t(\delta^2_{asxt+1})} = -0.04575$$

这说明，在一般情况下，持有A－REITs 10 000澳大利亚元的投资者，有95%的概率一周最大损失为457.5澳大利亚元。

同样方法计算，美国、英国和中国香港REITs市场的VaR值分别为394.4、536.4和481.2。这表明一般情况下，持有美国、英国和中国香港REITs产品10 000个当地货币单位[8]的投资者，有95%的概率，一周的最大损失分别为394.4、536.4和481.2个当地货币单位。由此可见，A－REITs市场的整体风险高于美国市场，但低于英国和中国香港市场。

这里需要特别说明的是，虽然次贷危机源于美国，但当次贷危机扩大成全球性金融危机时，美企业驻海外的分支机构纷纷向美国本土调集资金救助其总部，造成次贷危机虽在美发生而美元不跌反涨的现象，这也是美国REITs市场在最初受到重创后能迅速做出反应，并控制其跌势的原因所在。但与此相反，美国投资者在包括澳大利亚在内的其他市场的投资中占相当大比重，他们在危机期间清理头寸并撤离资金的行为，造成A－REITs和其他REITs市场资本外流、市场价格剧跌。所以，就REITs市场的整体风险而言，澳大利亚市场风险并不比美国高，只是由于美国市场规模更大、避险工具更多而已。

（四）对A－REITs特定个体的风险分析与验证

上述分析显示，近三年来，相比其他REITs市场，A－REITs市场的整体风险居中，这与A－REITs严密的外部监管和有序的经营管理分不开的。但不同个体的A－REITs风险水平又有不同。为了解不同背景情况下的A－REITs风险水平及其原因，下文用同样计量方法，分析具有代表性的Westfield、Macquarie和Colonial First Stat公司旗下3只A－REITs——WDC、MOF和CPA的风险情况（见附件3）。

通过计算可得，在95%的置信度下：

$$VaR_{wdc} = E_t(R_{wdct+1}) - 1.65\sqrt{E_t(\delta^2_{wdct+1})} = -0.03028$$

这说明，持有10 000澳大利亚元WDC的投资者，有95%的概率一周最

8　由于本文VaR值的测算结果表明的是某10 000单位的金融资产在未来一周内的最大可能损失，以同等计量单位计算该损失值，其实质是最大损失值占10 000的比重，所以不涉及货币单位间的汇率转换问题。

大损失为302.8澳大利亚元。

VaR_{mof} = -0.1131，说明持有10 000澳大利亚元MOF的投资者，有95%的概率一周最大损失为1 131澳大利亚元。

VaR_{cpa} = -0.06175，说明持有10 000澳大利亚元CPA的投资者，有95%的概率一周最大损失为617.5澳大利亚元。

可以看出，按风险从大到小排名分别是：MOF、CPA、WDC，只有WDC的风险值小于整体A-REITs的平均风险值（ASX200的VaR值），其他两只REITs，特别是MOF风险值较高。其原因主要有以下两个因素：

一是物业资产质量。Westfield旗下WDC的风险值最低，主要原因是Westfield集团的资产质量良好。Westfield地产均位于主要商业区，资金来源稳定雄厚，在房地产业运行良好时，资产升值空间较大。即使在金融危机期间，Westfield旗下优质的资产依然能起到保值作用。由此可见，对于REITs来说，其风险的大小最大程度依赖于物业资产质量水平。

二是管理水平。上述3只A-REITs管理水平在两方面存在差异：首先扩张方式不同。Westfield和CFS集团主要通过不断提高管理水平渐进的向外进行扩张，所以它们旗下WDC和CPA发展较为稳定。相比而言，Macquarie主要通过与外部房地产开发商，如与Developers Diversified Realty（美国零售）合资进行扩张，因此在次贷危机期间，集团资产缩水严重，其旗下MOF的价格波动也较大，风险凸显。其次在海外物业投资比例方面不同。CPA的投资组合几乎全部分布在澳大利亚本土，海外投资较少，使得CPA受到美国市场地产板块和金融危机的直接冲击较小。

此外，尤其需要说明的是，3只REITs在运营模式上也不相同。MOF和CPA采取了传统的运营模式，而WDC采取了合订结构模式。合订结构比传统结构具有更高风险和收益的特点。而Westfield由于其资产质量优质、管理水平先进，能够在发挥合订结构高收益特点的同时严控风险。可见，各种运营结构都各有利弊，没有一种结构适合所有的REITs。合订结构的高风险特点也是相对而言，决定REITs风险值的最主要因素还是物业资产质量和管理水平。因此，对于市场监管者来说，加强对此二者的监管，将是控制REITs风险的主要手段。

四、水到渠成——中国房地产信托基金业发展现状、开展C-REITs的四方面重要意义以及已具备的三个有利条件

至目前为止，中国内地市场上的投资基金几乎都是证券投资基金，而属

于产业基金的 REITs 由于种种制约因素而尚未推出。所以，这也是中国资本市场落后于亚洲其他国家市场的表现之一。但从当前房地产和信托业的发展及金融市场深化与创新的趋势看，推出中国房地产信托投资基金（Chinese Real Estate Investment Trusts，C－REITs）的市场条件已逐渐成熟。目前中国内地的房地产信托产品在经过不断改进和创新后，某些方面已与国际市场的 REITs 十分接近，如有些产品以有稳定租金收入的房地产资产作为支撑，通过房地产租金收入来支付收益或者红利等。但总体而言，它们还是一种不成熟的、过渡的金融产品，与真正意义上的 REITs 还存在一些区别。

（一）中国房地产信托产品正向 C－REITs 发展演变

近十年来，随着社会环境和政策的不断变化，中国房地产信托市场正在向标准 REITs 逐步靠拢。2001 年《信托投资公司管理办法》和《中华人民共和国信托法》开始施行，2002 年《信托投资公司资金信托管理暂行办法》随即出台，这“一法两规”的出台表明中国的信托事业开始走入规范化、法制化。

从 2003 年起，中国的房地产开发商开始探索以房地产信托模式为许多房地产开发项目提供新的融资方法，这种信托机制类似房地产证券化方式，它为中国市场引入房地产投资信托基金的概念铺平了道路。2003 年 9 月 20 日，由全国工商联住宅产业商会支持筹备发起的中国第一个房地产产业基金——住宅产业精瑞基金正式宣告成立，但精瑞基金的注册地在香港。2003 年 12 月，北京国际信托投资有限公司推出“北京国投法国欧尚天津第一店资金信托计划”，该信托计划仿效 REITs 运作模式，集合运用信托计划资金，购买法国欧尚天津第一店的物业产权，以物业的租金收入实现投资人长期稳定的高回报。此外，投资人也可享有该物业升值和该项目可能上市流通等潜在利益，它被认为是中国内地第一个具有 REITs 意义的基金。

2005 年 3 月，联华国际信托投资公司正式推出了“联华·保利”中国优质房地产信托计划，以投资中国优质房地产项目为投资目标，在国内率先采用“先筹资、后选投资项目”的信托方式，并引入“受益人大会制度”，这项计划已具有“房地产基金”的雏形，是中国内地进行 REITs 探索的有益尝试。

2005 年 12 月 17 日，香港房屋委员会（HKHA）推出了第一只以广州物业为基础、跨境上市的越秀房地产投资信托基金（GZI REIT），在香港证券交易所成功上市，这是中国发展 REITs 市场的一个重大突破。

2007 年 6 月，中国人民银行召开 REITs 座谈会，着手 REITs 的开发工作。

2008 年 8 月，中国人民银行请示国务院启动开展 REITs 试点的准备工作。

2008 年 12 月 3 日，《金融促进经济发展的政策措施》（金融国九条）颁布，鼓励企业使用 REITs 作为一种新的融资工具。一个月之内，国务院先后颁布“30 条金融措施”和“对房地产业的激励措施”，重申把 REITs 产品引进中国的意愿。目前，由中央银行牵头拟定的 REITs 试点管理办法总体构架已初步形成，实施细则也正在紧锣密鼓的制定中。REITs 在中国一旦推出，需求量会与日俱增，据中国企业报按目前市场供需情况推断，五年内 A－REITs 规模可能达到 1 万亿元人民币。

（二）发展房地产信托投资基金 C－REITs 有四个重要意义

1. 为中国房地产业提供新的融资渠道。目前中国房地产业的融资方式具有局限性。一是房地产融资主要来自银行贷款，其他形式融资所占比重都非常小，远不能满足多元化融资需求，制约了房地产金融市场拓展。二是现有融资方式无法满足长期、大量资金需求。投资规模大、周期长等特点使房地产开发投资需要大量资金，现有的融资方式期限都较短，无法适应房地产开发周期的需要。

REITs 是解决上述问题的有效工具。2003 年 6 月，为控制银行房地产贷款风险，中国人民银行发布了《关于进一步加强房地产信贷业务的通知》（121 号文件），规定房地产开发企业要申请银行贷款，其自有资金（指所有者权益）不得低于开发项目总投资的 30%。中国很多房地产开发商达不到这个标准，因此，需要借助房地产信托融资，通过信托公司贷款充当自有资金，以达到 30% 的自有资金要求。但这种方式与国家宏观调控政策相背离，因此，银监会 2005 年 9 月 1 日下发了《关于加强信托投资公司部分业务风险提示的通知》（212 号文件），再次对房地产商的开发资质做出明确规定，这使信托融资失去了灵活的优势。但是，REITs 的推出可使地产商在继续持有项目所有权的前提下，获得资金继续滚动开发，解决房地产贷款难问题。

2. 分散金融市场和房地产市场的风险。REITs 具有收益稳定、风险低、与其他金融产品的相关程度较低等特点，将 REITs 引入资本市场，能分散金融业的系统性风险，提高整个金融体系的风险化解能力。从 2007 年开始，中国资本市场曾一度出现过热现象，为防止泡沫经济带来不利影响，中央银行实行紧缩货币政策，给股市降温。REITs 的推出，能从过热的资本市场中分离部分理性投资人的资金，从而起到分散市场风险的作用。

从房地产融资角度看，中国房地产市场资金主要来自银行信贷，因此房地产行业的风险基本上都集中在银行体系。而发展 REITs 可以扩宽房地产商的融资渠道，能有效地分散银行信贷风险。

3. 为机构和居民提供新的投资品种。首先，从居民投资的角度看，改革开放以来，中国城乡居民储蓄存款逐年递增，大量闲置资金需要新的投资产品。截至 2009 年 6 月底，储蓄存款余额为 24.94 万亿元，同比增长 28.29%。大量城乡居民储蓄存款需要寻找新的投资渠道。REITs 是一种收益稳定、风险较低的投资产品，可以为居民提供长期稳健回报。此外，中国目前房地产信托产品不能公募，发行时对最低购买金额要求较高，这将众多的中小投资者拒之门外，使他们无法进入需要巨额资金、有丰厚回报的房地产投资领域。而 C－REITs 发展成熟后，即可使中小投资者用较少的资金参与房地产业投资，分享房地产市场的丰厚利润。

其次，从机构投资的角度看，随中国保险市场发展和养老保障制度改革，以及保险基金和保费收入增长迅速，机构投资者开始成型，需要稳定的资金增值渠道。人力资源和社会保障部数据显示，近年基本养老保险、基本医疗保险、工伤保险、生育保险四项社会保险基金收入每年递增均在 20% 左右，截至 2009 年 6 月底，四险总收入达 6 966 亿元人民币，同比增长 19.1%，总支出 5 648 亿元，同比增长 19.3%，结余 1 318 亿元；中国保监会公布 2009 年上半年保险业经营数据，全国实现保费收入 5 986.1 亿元，同比增长 6.6%。而且，中国社保和保险仍处于起步阶段，随中国社保体系逐渐完善和居民保险意识日益增强，机构投资者资金量还会现加速增长。机构投资者资金需要有稳定增值、风险不能过大的投资渠道，C－REITs 正是适合机构投资者的投资品种。

4. 为房地产市场和金融市场注入活力。次贷危机引发的全球金融危机使投资者信心受挫，中国房地产市场和金融市场也受到不同程度影响。此时推出 C－REITs，对于开发商来说，经营结构的选择将更加丰富，资金来源得到有力保障；对于金融市场上的银行、保险公司和其他金融机构来说，资金盘活力度加大，流动性增强；对于投资者来说，投资渠道得以拓宽，投资热情会有所提高。由此看来，C－REITs 在房地产市场和金融市场上已不单是一种金融工具或资产工具，而是能够给市场增加活力和流动性、提高市场效率的重要产品。

（三）发展 C－REITs 已具备的三个有利条件

1. 现有租赁模式的商业地产为 C－REITs 提供了产业基础。中国房地产市场已经具备了发展 C－REITs 的基础资产。中国部分优质的房地产企业已经开始转变经营思路，从盖房售楼的模式转变为长期持有开发的房地产项目只租不售模式。如大连万达集团从2004年起全面推行只租不售，以长期的租金收入替代了一次性销售回款模式，到2006年万达已经和17家跨国企业签订了战略合作协议。通过这种方式，万达为自己培育了租金收入丰厚稳定的商业地产[9]，这正是建立C－REITs所需要的基础资产。这种资产证券化模式与标准REITs已经非常类似，被视为《产业投资基金试点管理办法》出台前的一种变通方法[10]。

2. 已有的法律法规为C－REITs奠定了法律基础。中国与REITs有关的法律包括《公司法》、《信托法》、《税法》、《证券法》、《证券投资基金管理办法》等，以及2007年3月1日开始实施的《信托公司管理办法》和《信托公司集合资金信托计划管理办法》。这些法律法规与成熟金融市场相比尚不完善（附件4），但从A－REITs发展经验看，C－REITs的法律基础已基本具备。

3. 大量积累的社会财富使C－REITs具备了雄厚的资金基础。中国现有的健康投资渠道十分有限，截至2009年6月底，主要投资市场——股票市场和债券市场总市值分别只有20万亿元和14万亿元。但与此同时，中国金融机构存款正稳步增长，保险基金和保费收入逐年上升，金融系统内大量社会财富闲置。这部分闲置资金可成为C－REITs建立、发展所需的充足资金来源。

五、对C－REITs试点及市场发展的八个建议

通过对A－REITs市场发展过程、法律体系、监管方式、风险状况等方面的研究，在对中国相关因素进行比较分析的基础上，在发展C－REITs各方面基本条件已经具备的同时，尚有六方面难题需要克服：第一，《产业基金法》的缺失问题不可回避；第二，外部监管体系与合作协调机制需要建立；第三，基金经营管理存在的诸多混乱现象必须纠正；第四，宽泛、配套的专业人才队伍需要加速培养；第五，明确的税收标准必不可少；第六，资本市场风险测定需要较为统一的计量工具。在此基础上，本文对C－REITs的试点与未来的发展情况，提出八方面尚不太成熟的建议：

1. 完善法律环境。中国房地产信托基金市场尚处雏形，此时需要出台

---

9 商业物业的租赁已成为中国证监会鼓励创新类券商开展资产证券化的五类基础资产之一。

10 丁杰科：《房地产投资信托基金的中国化发展研究》。

规范 C－REITs 的专项法律法规，如《产业基金法》、《信托投资公司房地产信托业务管理办法》等，在确定 C－REITs 的法律地位的同时，对 C－REITs 的组织结构、经营范围、资产要求、负债比例、收入分配、上市条件、推市方法等方面做出严格规定，以有力保障 C－REITs 市场有法可依、有章可循。

2. 建立健全领导、合作与协调机制，切实强化外部监管。首先，REITs 行业的健康快速发展，离不开有效、健全的外部监管。如前所述，澳大利亚设立了由储备银行牵头，财政部、审慎监管局和证券投资委员会共同参与的金融监管理事会，在外部监管的领导、协调与合作方面，取得了成功的经验。对于 C－REITs 这样一个综合性强、涉及面广的市场来说，在分业监管模式下，亟须各监管部门协调一致，分工有序，资源共享。具体说，不但要有明确的领导机构和专门工作人员，而且要建立信息共享系统。这样才能保障监管工作建立在高效的信息交流和共享机制上，使各方数据需求都能以低成本的方式实现。中国银监会贴近金融市场和金融机构，也培养了一批熟悉业务、经验丰富的监管人员，因此可以依靠银监会负责日常的 REITs 监管，向有关部门收集数据和信息，从事日常的现场检查。发改委、中央银行、中国证监会等机构可共享信息系统和检查结果。中国银监会进行现场检查的同时，中央银行和其他监管机构均可派人参加。

其次，需要制定严格具体的监管规章。由于 REITs 的投资领域被要求限制在房地产及相关领域，其透明度远不如证券市场，其价值的确定、财务状况等难以被真正了解，同时 C－REITs 刚刚起步，对金融市场的风险认识和防范不足，因此，监管机构需要对 C－REITs 诸多方面，如规模大小、资产结构、负债比例、国际投资比例、物业开发进程、投资组合等方面，做出严格具体的规定，待市场逐步成熟再做适度调整或逐步放开。

3. 采用阶段式发展策略，并注意每一阶段的的模式选择。与 A－REITs 市场的发展环境相比较，目前 C－REITs 的发展既有积极因素，也存在若干制约。因此，C－REITs 的发展可考虑采用三阶段发展策略，循序渐进。第一阶段，在法规及政策环境尚不完善时期，只在银行间发行 REITs，等待时机成熟再实现公开上市。第二阶段，在证券市场上市 REITs，使之拥有良好的流通性。第三阶段，促进和鼓励 C－REITs 向海外市场外扩张。中国大部分高档房地产通过 REITs 证券化后，需要在海外市场寻找增长收入的机会，包括可以收购海外的房地产资产然后注入到原有的资产组合里。但目前 C－REITs 离此目标尚远，中国还需要较长的时间去实现这一目标。

对于 C－REITs 第一阶段的发展模式选择，应注意以下四点：一是在现有金融体系和监管制度下，由信托公司推动 C－REITs 较为合理。二是在运作方式上，采用封闭式 REITs 可能更符合当前实际情况，先设置一定的存续期限，到期后投资者可以选择赎回或转为新 REITs。三是在资金运用范围上，可以采用抵押型或以抵押型为主、权益型为辅的混合型方式。四是从投资产品的层面看，现阶段需要保持 REITs 保守的投资特征，即使逐渐成熟后，也需要借鉴 Westfield 和 CFS 集团的成功经验，通过不断提高管理水平渐进的向外扩张。

4. 要建立一整套基金业经营管理的体系。首先，要建立 REITs 经营管理制度和风险监测系统。制定完备的政策、程序和风险限额标准，随业务发展或可承受风险水平的变化随时重新审核风险管理政策和程序，以确保政策的针对性和有效性。同时，要建立由管理信息体系提供支持的风险监测系统，对涉及有关财务状况、经营业绩、营销状况、新产品研发、未决或潜在诉讼案件和业务风险敞口等内容实施风险监测。

其次，分析和控制投资风险。主要手段有：一是比例控制，使固定资产投资额与自有资金保持一定比例，限制超负荷固定资产投资。二是单项投资最高限额控制，尽量分散投资资金，并结合自身资产负债状况，制定单项投资最高限额，从而将各类资产在总资产中所占比例控制在一定幅度以内。三是准备金控制，REITs 管理公司提留坏账准备金，以增强风险损失的承受能力。

再次，考虑建立分层管理模式。效仿 A－REITs 经营管理模式，将 REITs 经营管理分为四层，各由专业团队管理，各有分工，参见图 2。如此可以有效防范风险，明确职能分工、提高管理效率。

最后，需要防范道德风险。将基金经理的个人利益与业绩挂钩，基金经理报酬制度实行工资奖金加业绩报酬，且以业绩报酬为主，在业绩报酬中运用股票增值分红和股票期权等手段，使其在获得合理报酬的同时相应承担经营风险及其他连带责任。

5. 加强 C－REITs 专业人才培养。随着 C－REITs 市场的逐步建立，需要尽快建立起一支既精通金融业务又熟悉房地产市场的专门管理人才队伍。与此同时，也应积极促进开展 REITs 业务所必不可少的会计师、审计师、律师、资产评估师等服务性人才的队伍建设。现阶段，可以在引进国外有经验的 REITs 管理人才的同时，不断学习国外先进的管理经验、丰富的房地产开发经验、敏锐的市场判断力和资本运作才能，尽快培养本土人才队伍。

6. 实施符合实际的税收标准。中国目前的税法体系尚未对 REITs 确定明确的税收标准。国家税务总局相关人员曾表示，REITs 的税收问题可参考信贷资产证券化的“税收中性”原则执行，既不享受税收方面的优惠，也不存在双重征税的问题[11]。在目前的形势下，采用“税收中性”原则符合中国的实际状况。

7. 使用 VaR 风险测量法，统一资本市场风险计量工具。为了给投资者提供及时的风险信息，资本市场需要统一的、能真实反映并较为准确预测风险的计量工具。目前中国度量一项资产系统性风险的指标是 Beta 值方法，这是衡量一种证券或一个投资组合相对总体市场波动性的一种评估工具。但是，Beta 值方法存在三点缺陷：一是所测量的风险仅限于投资组合层面；二是不能具体描述风险值大小；三是对于普通投资者来说专业性较强，难以理解。因此，建议使用上文所示的 VaR 风险测量法。该方法把一种资产组合的风险归纳起来用一个单一的指标来度量，将投资风险数量化，旨在估计给定金融资产或组合在正常的资产价格波动下未来可能的或潜在的损失，详细具体，具有预测性，容易为公众所接受。

8. 适时开展产品创新不断丰富 REITs 市场。随着 C – REITs 的不断成熟和中国市场环境的完善，可陆续引入 A – REITs 的创新产品，为中国金融市场注入活力。例如使用合订结构可以提高 REITs 收益率，且由于利益的一致性，可降低基金管理者的道德风险；引入 C – REITs 期货作为一种风险规避工具，同时丰富中国期货市场；将 C – REITs 所覆盖的领域扩展到基础设施，利用 REITs 市场帮助解决大项目的资金短缺问题，拓宽中国基础设施资金来源。

11　叶枫：《解放 REITs》，载《21 世纪经济报道》，2007 – 03。

附件 1

房地产信托投资基金（REITs）简介[12]

一、REITs 的定义

REITs 最早源于 20 世纪 60 年代美国马萨诸塞州的商业信托，随后在澳大利亚、日本、新加坡和中国香港等地也都得到了良好的发展。REITs 是一种证券化的产业投资基金，通过发行基金单位，集合公众投资者资金，由专门机构经营管理，通过多元化的投资，选择不同地区、不同类型的房地产项目进行投资组合，在有效降低风险的同时通过将出租不动产等所产生的收入以派息的方式分配给投资人，从而使投资人获取长期稳定投资收益。本质上讲，REITs 就是通过证券化形式，将流动性较差的房地产资产转化为流动性强的 REITs 份额，提高房地产资产的变现能力，缩短资金占用时间，提高资金利用效率。REITs 一般有四方基本当事人：

1. 基金管理人（发起人）。基金管理人是具体对基金财产进行投资运作的机构，负责基金的设立、募集、投资和管理等。大多数 REITs 是由某个组织或某个机构发起的。发起人通常包括基金管理公司、资产管理机构、信托机构、房地产公司等。

2.·投资者（委托人、受益人）。投资者购买了基金份额就成为基金的持有人和出资人，同时又是受益人。如果是契约型基金，投资者就享受合同规定的权利并承担一定的义务；如果是公司型基金，投资者因购买公司股份而成为公司股东，享受股东应有的一切权利，并承担相应的义务。

3. 基金托管人（保管人）。基金管理人将其基金财产存放在独立的保管机构处，以满足 REITs 作为信托形式的法律要求。保管机构作为资产的名义持有人，即受托人，负责资产的保管、过户与收益的收取。

4. 基金承销人（代理人）。基金通常不是由投资者直接向管理人购买，而是通过基金承销人进行买卖活动的。承销人是管理人的代理人，一般可以由信托公司、投资银行或证券公司担任。

二、REITs 的分类

1. 根据 REITs 投资对象的不同，分为股票型 REITs、抵押型 REITs 和混

---

12 李安民：《房地产投资基金——融资与投资的新选择》。

合型 REITs。股票型（权益型）REITs 主要投资房地产的所有权，收购现存房地产或即将开发的房地产，其投资者取得的是房地产的股份所有权，依靠拥有和经营不动产带来收益；抵押型 REITs 主要是发行房地产抵押贷款，投资人取得的是抵押贷款债权，主要依靠利息取得收入；混合型 REITs 既投资购买物业，又发放房地产抵押贷款，收入也来自租金收入或地产增值收益和利息收入等方面。目前，无论是数量还是市值，股票型 REITs 占绝对主导地位，其次是抵押型 REITs，混合型 REITs 的重要性最低。

2. 根据 REITs 能否被投资人赎回，可以分为封闭式 REITs 和开放式 REITs。封闭式 REITs 的发行规模固定，投资人若想买卖此种投资信托基金的证券，只能在公开市场上竞价交易，而不能直接同 REITs 以净值进行交易，同时，为保障投资人的权益不被稀释，此种 REITs 成立后不得再募集资金；开放式 REITs 的发行规模可以增减，投资人可按照基金的单位净值要求投资公司买回或向投资公司购买股份或认购权证。

3. 根据 REITs 组织结构的不同，可以分为契约型 REITs 和公司型 REITs。契约型 REITs 是指在信托人与受托人缔结以房地产投资为标的的信托契约的基础上，将该契约的受益权加以分割，使投资人取得表示这种权利的受益凭证，此类基金依据信托契约成立，由信托者（管理者）、受托者（托管者）和受益者（投资者）三方构成，依据《信托契约》运营，契约型 REITs 本身不具有法人资格，投资者的出资额全部置于受托者的管理下，信托者代替投资者就信托资产的投资内容向受托者发出运用指示；公司型 REITs 是指设立以房地产投资为目的的股份有限公司，使投资人取得公司股份的形态，公司再将收益以股利形式分配给投资人，公司型 REITs 在法律构造上由投资者、投资公司、基金管理人和基金托管人四方当事人组成。

契约型与公司型 REITs 比较表

区别	契约型	公司型
资金属性	信托财产	构成公司的财产
资金的使用	按信托契约规定	按公司的章程使用
与投资人的关系	信托契约关系	股东与公司的关系
与受托人的关系	以受托人存在为前提	本身即受托人身份
利益分配	分配信托利益	分配股利
经营主体	外部管理公司	公司

三、REITs 的特征

与其他房地产投资形式相比，REITs 是一种投资收益稳定、风险较小的金融产品，具有派息较高、投资分散、专家理财等基本特点。

1. 派息较高、收益稳定。由于 REITs 必须将大部分利润（通常为 90% 以上）以分红形式支付给投资者，因此 REITs 股利回报普遍高于其他金融产品。而且 REITs 投资的标的物为具有可以预见的稳定现金流的不动产资产，因此其收益稳定、抗通货膨胀能力较强。根据美国房地产投资信托协会统计，REITs 的平均收益率为 7%，相比之下，标准普尔 500 指数成分股的收益率仅为 2.6%。

2. 分散投资、风险较小。由于 REITs 经营是通过对不同类型的房地产和不同地区房地产进行组合投资，所以可以有效的分散风险，而且 REITs 的标的物是具有保值特点的房地产，所以较其他金融资产要相对安全。

3. 专家管理。REITs 的所有权与经营权分离，REITS 的基本法律关系为信托，信托模式下，信托人持有资产但不直接进行资产管理，而由具有专业资质的受托人以及基金管理人、物业评估人等进行物业的管理与运营，有利于发挥各自的比较优势，较高程度地实现投资者与受托人等各方的收益。

4. 透明度和安全性较高。REITs 财产与基金管理人、基金托管人的财产相互独立，保证了基金的安全运作和投资者财产的安全。基金财产的独立性表现为：基金财产独立于基金管理人和基金托管人的自有财产，基金管理人和基金托管人进行清算时，基金的财产不属于清算财产；除法律另外有规定外，一般不得对基金财产进行强制执行；基金管理人管理运用、处分基金财产产生的债权不得与其固有财产产生的债务相抵消；基金托管人对不同基金所产生的债权债务，不得互相抵消。

5. 税收优惠。REITs 的税收优惠包括两个方面：一方面，REITs 具有避免双重征税的特征。由于 REITs 的经营利润大部分转移给 REITs 股东，一般是将 90% 的税后收益分配给投资者，因此，REITs 在公司层面是免征公司所得税的，这对于投资者来说具有很大的吸引力。另一方面，REITs 在支付股利时具有递延纳税功能，这也是许多投资者投资 REITs 股票的主要原因。

附件 2

A－REITs 合订结构简介

根据澳大利亚证券交易所统计，截至 2009 年 6 月，使用合订结构的 A－REITs 共有 23 只，在澳大利亚前十大 REITs（占市场总额的 94.4%）中，采用合订结构的 REITs 有 7 只，占市场份额的 82%。充分说明合订结构在澳大利亚已成为资产管理模式的主流，它对 A－REITs 市场具有举足轻重的影响。

合订结构的 A－REITs 通常将 1 个 REITs 的信托单位和 1 股基金管理公司的股份捆绑在一起，而且一经合订，两者就不能分开交易。投资者通过持有 1 股合订证券，同时持有 1 股 REITs 信托单位和 1 股基金管理公司的股份。

在传统结构中，REITs 的资产被第三方管理公司管理，REITs 付给管理公司管理费用，REITs 的法定负责人将扣除各种费用（包括基金管理费用）后的净收益作为投资者的利润回报。而在合订结构中，REITs 信托单位和管理公司的股份并为同一个证券下，REITs 虽然依然付给管理公司管理费用，但管理费用没有支付给第三方，而是以管理成本的形式支付给合订证券下的 REITs 基金管理公司，管理公司所取得的经费与收益都仍在 REITs 合订证券项下，管理公司的收益，作为利润又回流到合订证券投资者手中。

合订结构类型的证券结构示意图如下：

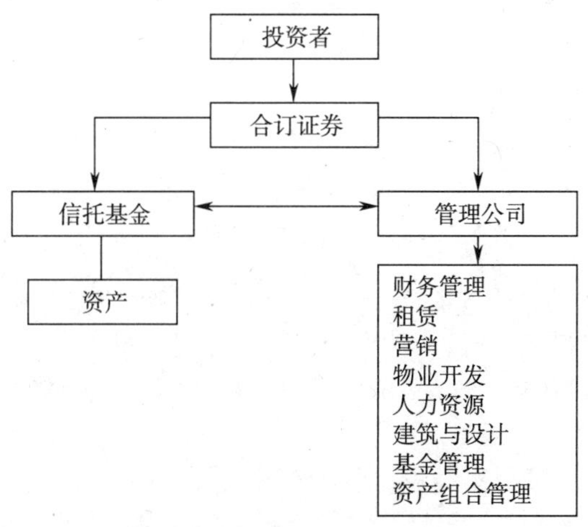

合订结构组织管理图

合订结构具有以下优势：第一，合股房地产投资信托基金通过房地产投资基金运营公司股东的同一性规避法律限制，同时可以获得经营受限房地产的营运优势。第二，运营公司和房地产投资信托基金的经营目标趋同，有利于减少两个公司在公司目标上的利益冲突。第三，房地产投资信托基金把持有的房地产出租给运营公司经营，运营公司可用租金抵减收益，得到与REITs类似的税收优惠。第四，降低管理费用，如果以管理费用比率（Management Expense Ratio，MER），即管理费用占所管理的总资产的百分比来衡量管理费用水平，那么，有研究显示，传统结构的MER比合订结构的高出58%。

同时，合订结构具有以下缺点：第一，具有更高的风险。传统结构下，物业投资的风险是REITs的主要风险，但在引进合订结构后，基金管理公司因从事其他业务（如开发业务等），使REITs不仅具有更高的成长性，同时具有更高的风险。从合订结构的收入结构变化中可以看出，澳大利亚合订结构的租金收入所占比例，从2000年的96%降至2007年的88%。在非租金收入中，开发收入占6.1%，基金管理收入占2.8%，物业管理收入占0.5%，建筑收入占0.4%。尽管A-REITs市场的风险近年来有所增加，但并不显著，因为开发收入占总收入的比重相对很低，88%的收入依然来自低风险的租金收入。第二，负债比率提高。由于开发业务通常高度依赖债权融资，这样致使合订结构的总体负债比率提高。第三，难以更换低效的管理公司。传统结构下，REITs可通过合约较容易地更换低效的第三方管理公司。管理公司之间的竞争，也使得它们的管理更有效。而在合订结构中这些优势并不明显。

与美国的REITs市场不同（允许开发等非租金业务的涉足），A-REITs必须通过采用合订结构涉足除租金外其他业务。在目前的A-REITs市场上，部分REITs已经不是传统的仅以旗下物业管理为业务和收入的投资产品，它们涉及更多类型的管理业务，如地产开发、基金管理及相关咨询业务等，从而有更多的收益增长的可能。然而，另一方面，正是这些增加的业务来源，使合订结构的收益波动性也有所提高，使合订证券的投资特性偏向高风险/高收益。

由此，我们可以得出结论，管理结构的应用与REITs产业的发展是相互促进并不断演变的。管理结构应当在相关市场不断成熟的基础上得以发展创新；同时，适当结构的应用，也有助于促进产业的发展。各种管理的结构都各有利弊，没有一种结构适合所有REITs，但是，需要明确的是，基金的业绩不仅仅在于选用何种结构，而更多依赖于其资产的质量和管理的水平。换句话说，在成熟的市场条件下，只有那些资产质量良好、管理水平专业娴熟的 REITs 才适合选用合订结构。这点值得中国借鉴。

附件3

3只A-REITs的集团背景介绍

Westfield Group是世界上规模最大的地产公司，拥有雄厚稳定的收入来源，其地产几乎都位于澳大利亚各主要商业区，旗下的REITs占澳大利亚市场份额的50.1%。2004年Westfield Holding Limited Trust、Westfield Trust和Westfield America Trust三个实体合订在一起，并在澳大利亚证券交易所以“Westfield Group”名称上市。Westfield Group上市后，成为了一个垂直一体化内部管理的国际房地产集团，拥有物业和购物中心，同时提供物业管理，出租和营销，物业开发、设计和建设，基金管理，资产管理，组合管理，实际上是结合了合订前每个实体的金融和管理方面的特长，不仅提高了效率，也节省了管理成本。本文对Westfield Group旗下的WDC作风险分析。

Macquarie的房地产业务遍布澳大利亚、南非、亚洲、北美和欧洲，至2008年9月30日，Macquarie的房地产业务管理全球360亿澳大利亚元资产，投资组合包括上市和非上市房地产信托、非上市开发基金和房地产投资辛迪加。Macquarie房产业务提供一系列产品，包括房地产基金和资产管理，投资和开发融资，非上市股权融资，房地产开发和管理，房地产投资银行和咨询，房地产证券化等。Macquarie旗下管理的4只REITs在澳大利亚上市，本文选取其中具有代表性的，主要投资高档写字楼的MOF作风险分析。

CFS是澳大利亚最领先的财富管理集团，全球管理的资产超过1 450亿澳大利亚元。CFS是澳大利亚Commonwealth银行[13]的子公司，在2002年早期，Commonwealth投资管理公司的投资管理业务与CFS整合在一起。CFS面向个人、公司和养老金投资者提供投资、养老金和退休产品。CFS旗下管理的3只REITs在澳大利亚上市，本文选取其中具有代表性的，主要投资办公室信托的CPA作风险分析。

---

13 Commonwealth银行是澳大利亚最大的金融机构，世界领先的银行集团，该银行的品牌在澳大利亚金融服务业的认可度最高。它是澳大利亚综合性金融服务的提供者，包括零售银行业务、商业银行、机构银行、基金管理、养老金、保险、投资和证券经纪的产品和服务。

附件 4

中国与澳大利亚 REITs 法律环境的比较

通观已经和正在筹划 REITs 发展的国家和地区，大多将立法作为发展 REITs 的首要条件。澳大利亚已经形成了完善的房地产信托法律体系。A－REITs 的快速发展是以《1936 年所得税评估法》（1997 年经过修订）（*Assessment Acts* 1936 & 1997）和《2001 年公司法》（*Corporations Act* 2001）为法律基础的。而我国关于 REITs 的法律法规很少，目前的《公司法》、《信托法》等法律规范均未对 REITs 做出明确定位，使得 REITs 的发行处于没有法律保障的尴尬局面。中澳法律环境差别主要有以下几个方面：

1. 监管体系差别。我国现行法律确定了金融业分业监管的模式，“一行三会”在金融业管理中各自发挥重要的作用。我国分业监管的现状决定了作为信托基金的 REITs 只能在银行间市场流通，短时期内很难在证券市场上面向大众投资者发行。

澳大利亚通过立法成立了由澳大利亚储备银行、审慎监管局和证券投资委员会共同组成的澳大利亚金融监管理事会，进行三者之间的沟通与协调，共同维护金融体系的高效和稳定，有利于 REITs 的发行和上市。

2. 集资要求差别。我国法律限制信托基金的公开募集和宣传推广。《信托法》规定信托公司推介信托计划时不得进行公开营销宣传和委托非金融机构进行推介，这就将信托计划限制在非公开发行的范围内，使得 REITs 没有办法摆脱私募基金的帽子，无法实现其变现性、流通性强的优点，给房地产信托投资基金的公募和上市流通带来了障碍。《信托公司集合资金信托计划管理办法》虽取消了受托人接受委托人的资金信托合同不得超过 200 份，每份合同金额不得低于人民币 5 万元的限制，但仍对投资人设置了较高的门槛，不利于中小投资者参与到 REITs 产品中来，如规定了单个信托计划的自然人人数不得超过 50 人；虽没有对合格的机构投资者数量进行限制，但对合格投资者设置了种种限制条件，实际上排除了一般大众投资者参与的可能。

澳大利亚法律不限制 REITs 的公开募集，仅规定持有股份超过 20% 的投资者受到公司法的监督，单位信托必须以投资于能够产生租金收入的不动产为主要目的，以交易为目的的投资行为不能享受税收优惠。

3. 上市要求差别。我国现行法律对 REITs 上市设置了障碍。目前的

《公司法》尚不能通过设立特殊目的公司来发行 REITs 并上市，所以，我国只能通过募集基金或者信托的方式发行 REITs。

A-REITs 并没有强制性的上市要求，批准上市的 REITs 必须至少有 500 个单位信托持有人，而且每个持有人必须拥有价值 2 000 澳大利亚元以上的信托份额。

4. 税收优惠差异。我国没有相关的优惠政策，根据我国现行税法，会对一部分应税收入征收企业所得税，待这部分收入以股利分红的发式分给投资者后又征收个人所得税，造成双重征税。

澳大利亚法律对 REITs 规定了诸多优惠政策，如果希望在 REITs 层面享受所得税税收优惠，则必须 100% 的分配 REITs 的净受益。然而如果应征税的收入未被分配给信托单位持有人，那么这部分收入会在受托人的层面上被征税，税率为个人最高边缘税率（从 2006 年 7 月 1 日起，为 46.5%）。对合订结构（stapled structure）的 REITs 来说，没有强制性的最少分红要求。

5. 中国关于信托的法律法规有矛盾和欠妥之处。一是《信托公司集合资金信托计划管理办法》规定“参与信托计划的委托人为唯一受益人”。这种规定与信托最基本理念背道而驰，也与其上位法《信托法》的规定相佐。信托，是指委托人基于对受托人的信任，将其财产权委托给受托人，由受托人按委托人的意愿以自己的名义，为受益人的利益或者特定目的，进行管理或者处分的行为。受益人是在信托中享有信托受益权的人，可以是委托人、受托人或者其他自然人、法人或者依法成立的其他组织。因此受益人不必是委托人。该办法的规定，不利于投资者将 REITs 视为长期投资品种，不利于 REITs 业务的开展。二是《信托法》规定：“受托人必须将信托财产与其固有财产分别管理、分别记账，并将不同委托人的信托财产分别管理、分别记账。”REITs 运作的正是诸多投资者信托资金的集合，如果将不同的投资者的信托财产分别管理、分别记账，则会导致 REITs 丧失应具有的资金规模优势。《信托公司集合资金信托计划管理办法》虽规定了信托公司设立集合资金信托计划时可以“按照委托人意愿，为受益人的利益，将两个以上（含两个）委托人交付的资金进行集中管理、运用或处分”，但根据“上位法优于下位法”的法理来看，该规定的法律效力有待考证。三是《物权法》第 10 条规定了不动产统一登记制度，但是具体制度至今并未出台，《土地管理法》、《房地产管理法》仍然适用，登记制度并未统一。这造成房产和地产的登记机关不统一，这将大大增加运作成本。而 REITs 对流动性要求甚高，涉及众多物权变动登记，因此不统一的登记制度必然对 REITs 的发展造成阻碍。

因此，为了推动我国 REITs 市场发展，有效管理和控制 REITs 发展中的风险，保护投资者及相关当事人的合法权益，我国有必要尽快制定出符合我国国情的 REITs 专项法案，完善 REITs 发展的法律制度环境。

8. 借鉴纽约国际金融中心发展经验建设上海国际金融中心城市[1]

上海总部　陈晔

一、纽约成为全球金融中心的历史经验

纽约是世界金融中心，其形成具有历史必然性。

（一）纽约证券市场历史悠久，发展迅速，鼓励创新，纽约证券市场是全球最有效、最活跃的直接融资市场，纽约证券市场的突出地位对纽约金融中心建设起到了巨大的促进作用

早在1792年，通过《梧桐树协议》的规制，纽约设立了股票交易所，并创造了证券交易佣金制度，这是纽约证券市场最早的交易所雏形和最早的制度基础。虽然纽约证交所并非世界上最早的证券交易所，但其创新和发展的速度堪称世界之最，并成就了目前世界上最重要的直接融资场所。

纽约证券市场的创新和迅速发展首先体现在它为战争和经济发展提供了大量资金。如独立战争时期，华尔街成为美国为战争融资的重要场所，美国债券余额从4 500万美元翻番，达到1.23亿美元，而南北战争时期，华尔街通过向公众发售战争债券，为北方政府筹集了大量资金，也使华尔街一跃而成为当时全球第二大证券市场。因此，在当时以诚信和冒险为基础的美国金融市场上，证券市场功能发挥了极大的作用，奠定了美国以及纽约“执世界资本市场之牛耳”的基础地位。

纽约证券市场的创新精神和蓬勃发展还体现在金融制度创新和金融产品创新层出不穷。纽约证券交易所公正、公平、透明的市场机制是纽约证券市场问鼎世界证券市场的基础，20世纪初纽约成为世界上最重要的资本市场和证券交易中心，为全球投资者买卖公司普通股票和其他债券提供了一个可靠、有序、流动性强、高效率的市场。同时，美国的证券市场鼓励金融创新，养老基金、共同基金等机构投资者队伍力量不断壮大，金融期货、期权等各种金融产品创新蓬勃发展。2007年美国证券市场进一步向国际化拓展，

1　本文为上海总部综合管理部陈晔在美洲代表处短期调研期间完成的工作报告。

纽约证券交易所与泛欧证券交易所合并组成纽约泛欧证交所，纽约泛欧证交所成为世界上规模最大、组织最健全、设备最完善、管理最严密、对世界经济有着重大影响的证券交易所，无论规模还是股票成交量，都远远超过位居第二的东京股票交易所。

在两百多年的发展历史进程中，纽约完善、高效、创新的证券市场为纽约吸纳国内和国际资本、提高资金使用效率和盈利能力、提升市场活力、构建现代市场经济体制起到了无可替代的重要作用，纽约证券市场也是纽约成为世界金融中心地位的最重要内在实力基础。

（二）美国工业化经济大发展对建设纽约金融中心有极大的推动作用，良好的经济基础为纽约金融中心的形成提供了广阔的腹地

南北战争后美国工业迅速发展，工业化的历史进程在全国所有的工业、农业、交通运输业、商业等部门全面推进，全国各项产业都卷入这个过程。工业革命完成以后美国的经济基础完全建立在全新的大工业和大公司基础之上，并且最终使美国成为世界工业强国。在不到半个世纪的时间里，美国工业的产值和技术水平迅速赶上和超过了世界上最先进的工业国家——英国、法国和德国，后来居上。由于科学技术和工农业生产上的重大突破和跃进，美国终于在19世纪后半期，发展成为资本主义世界首屈一指的工业国。据统计，1860年美国工业生产占世界工业生产第四位，1894年工业生产总值较1860年增加四倍，打破了英国工业的垄断地位，跃居世界首位，凌驾英国、德国、法国之上。19世纪后半期，美国的工业革命给美国带来了令人震惊的划时代的巨大成果，这一历史性转变为20世纪初现代美国经济的基本模式奠定了基础。

便利的证券交易为美国工业的发展提供了丰富的资本，促进了经济结构调整、产业升级。经济发展又为纽约证券和银行的发展提出了更高的要求，助推了金融业发展和创新。随着美国铁路修建的开始，华尔街成为美国铁路公司筹集资本的最佳选择，建筑、铁路、桥梁等基础工业迅猛发展，对纽约直接金融和间接金融的发展起到巨大的支持和带动作用。工业化的深入发展也促使企业组织结构发生重大变化，出现集约化的联合生产体制，剧烈的竞争和企业合并，引起融资方式的革新以及金融资本的聚集。

（三）美国联邦储备体系的建立确立了纽约作为全美“银行之都”的地位，19世纪早期，纽约成为名副其实的美国国内金融中心，这为其未来发展成为国际金融中心扎下根基

19世纪早期，纽约已拥有全国最大的银行、证券交易所。1836年，纽

约已成为美国国内最主要的银行中心。南北战争期间，纽约被联邦政府指定为美国三个中央储备城市之一，47个其他储备城市的银行需要在中央储备城市的国民银行存款作为其储备，这样就将美国整个信贷体系完全置于纽约等三个中央储备城市的储备之上，确立了纽约维护和管理美国资本流动的关键地位。

1913年，银行制度史上划时代的创举《联邦储备法案》（*Federal Reserve Act*）获得通过，这为中央管理和地方管理相互平衡提供了成功的范例。纽约丰富的金融资源以及不可替代的金融地位令其成为最大的联储银行所在地。纽约联邦储备银行在美国货币政策、金融监管和支付体系中扮演领导者的角色。通过在货币市场中的交易行为，纽约联邦储备银行负责贯彻执行美国联邦公开市场委员会的货币政策决策。

美国财政部的账户开在纽约联邦储备银行，因此纽联储还充当着美国财政部银行的角色。受美国财政部之托，纽约联邦储备银行监视着美国联邦政府日常的资金周转活动以及重大的战略性资金周转活动，不但负责监视和控制美国银行的日常业务往来，而且还负责和世界各国的中央银行保持官方的支付业务关系，并且执行外汇交易。

美联储的货币政策，利率的上调下降，必须要通过纽约联邦储备银行买卖政府债券来得以具体操纵落实；财政部发行国债，也必须要通过纽约联储上传下达，最后行销世界各地；纽约联储所承担的交易清算额占整个联储系统的60%以上，证券交易清算额超过整个联储系统的90%。这为纽约联储及美联储带来可观收益，也体现了纽约联储举足轻重的作用。

但是纽约在当时只是美国的金融中心，直到第二次世界大战后，国际金融中心仍是英国伦敦而不是纽约，因为当时40%的国际贸易以英镑结算，英国的海外投资占西方对外总投资的一半以上。

（四）20世纪上半叶，两次世界大战打破了原来的国际政治和经济秩序。在从动荡走向平稳的关键时期，“布雷顿森林体系”确立了美元国际储备货币地位，纽约依此正式成为全球金融中心。可以说，美元的国际地位是纽约一跃成为国际金融中心的最重要驱动因素

第一次世界大战后，英国和法国虽然是战胜国，但是元气大伤。20世纪20年代和30年代的世界经济危机，国际货币体系分裂成几个相互竞争的货币集团——英镑、法郎、美元、马克、日元。此后，各国货币竞相贬值，金融秩序动荡不安，以牺牲他国利益为代价、解决自身的国际收支和就业问题日益突出。第二次世界大战后，各国的经济、政治实力发生了重大变化，

德国、意大利和日本战败国国民经济破坏殆尽。英国、法国经济在战争中遭到重创，实力大为削弱。相反，美国经济实力却急剧增长，并成为世界最大的债权国。

从1941年3月11日到1945年12月1日，美国根据"租借法案"向盟国提供了价值500多亿美元的货物和劳务。更为重要的是，黄金源源不断流入美国，美国的黄金储备从1938年的145.1亿美元增加到1945年的200.8亿美元，约占世界黄金储备的59%，登上了资本主义世界盟主地位。

但是此时，美元仍然未能动摇英镑的国际货币体系的中心地位。1943年，英镑仍是世界主要储备货币之一，国际贸易40%左右是用英镑结算，特惠制与英镑区依旧存在，英国在世界上还保持着相当重要的地位。

1944年7月，在美国布雷顿森林召开有44个国家参加的联合国与联盟国家国际货币金融会议，通过了"布雷顿森林协定"。"布雷顿森林协定"的主要内容有：美元与黄金挂钩，各国政府或中央银行可用美元按官价向美国兑换黄金，即美元黄金本位制。其他国家的货币与美元挂钩。各国货币与美元的汇率可按各国货币含金量与美元含金量之比来确定，这称为法定汇率。实行可调整的固定汇率制。即其他货币与美元保持的汇率，间接与黄金建立联系，进而决定各成员国货币与美元的汇率。通过国际货币基金组织调节国际收支。

通过"布雷顿森林协定"，美国以它的"经济实力+黄金储备"作为美元信用的基础，使美元获得成为黄金的"等价物"的独特地位。此外，美国趁战后英国亟待经济援助之机，向英国提供了以承认美元在资本主义世界霸权地位为前提的巨额贷款，进一步削弱了英镑的国际地位。同时，面对战后西欧国家经济困难重重的情况，美国大力推行马歇尔计划，从而把西欧国家纳入美元体系之内。

美国利用其控制的国际货币基金组织作为对外经济扩张的工具，操纵资本主义世界的国际金融体系，从而确立了美元在国际金融领域的硬通货地位。从此，美元就成了国际清算的支付手段和各国的主要储备货币，美国也正式取代大英帝国在国际货币体系和世界经济格局中的主导地位。

随着美元的强势，第二次世界大战之后纽约在金融市场的发展、金融环境和金融体系的培育上处于领先的地位。借着美元的优势，美国金融机构迅速走向了全世界，此时纽约已经超过伦敦，在国际金融中心中独占鳌头，纽约国际金融中心地位稳固确立。可以说，第二次世界大战美元世界货币的地位是成就纽约成为国际金融中心的重要条件。美元作为世界性的媒介货币，被广泛用于银行间交易，并成为各国政府稳定汇率的干预货币和各国中央银行的储备货币。

（五）70年代美国陷入国内通货膨胀、财政赤字，国际能源危机、国际贸易持续逆差的困境，“布雷顿森林体系”终于瓦解。但依赖着美元世界储备货币、清算货币的霸权地位，纽约仍然维持着其国际金融中心地位

20世纪70年代，美国的战事使得财政赤字不断扩大，同时美国对外贸易持续逆差，世界各国中央银行纷纷兑换、储备黄金，美国的黄金储备不断减少。到1970年，美国的黄金储备下降仅占资本主义世界黄金储备的15.5%。

布雷顿森林体系使得美国在全球经济金融中获得霸权地位，但由于其先天缺陷——“特里芬两难[2]”的存在，布雷顿森林体系最终还是走向瓦解。

“特里芬两难”从理论逻辑上指出美元与黄金挂钩、其他国家货币与美元挂钩是无法长期适应国际化发展的。1971年8月15日尼克松总统宣布停止承担美元兑换黄金的义务，从此以后美国不再自动地向外国中央银行出售黄金换回美元，并且，他宣布对所有美国进口的商品征收10%的附加税，直到美国的贸易伙伴同意其货币对美元升值为止。这个措施结束了美国黄金不断外流的局面，也切断了美元与黄金之间仅存的一点联系。

1976年，国际货币基金组织在牙买加首都金斯敦的会议上达成了新的国际货币制度协定——《牙买加协定》。1978年《牙买加协定》正式生效，标志着作为美元霸权制度支撑的布雷顿森林体系的解体，世界货币金融体系步入“牙买加体系”时代。

布雷顿森林体系的崩溃虽然使美元霸权失去了以往的制度保障，但是美元霸权并没有迅速瓦解。世界各国仍使用美元作为贸易结算、国际清算的主要货币，并根据贸易结算和国际清算的需要，将美元作为国际储备货币，在美国经济高速发展的20世纪80年代，美元的霸主地位仍在继续。

在美元作为最重要的国际储备的背景下，纽约作为全球金融中心起到配置全球储蓄的作用。纽约金融中心的形成路径是紧紧依靠美元的特殊地位展开的。首先，美国可以向其他各国中央银行推销债务产品作为国际储备，由

2　1960年，美国经济学家罗伯特·特里芬（Robert Triffin）指出，“由于美元与黄金挂钩，而其他国家的货币与美元挂钩，美元虽然因此而取得了国际核心货币的地位，但是各国为了发展国际贸易，必须用美元作为结算与储备货币，这样就会导致流出美国的货币在海外不断沉淀，对美国来说就会发生长期贸易逆差；而美元作为国际货币核心的前提是必须保持美元币值稳定与坚挺，这又要求美国必须是一个长期贸易顺差国。这两个要求互相矛盾，因此是一个悖论”。

此使得美国拥有庞大的美元国债市场，大规模的市场流动性，适合大资金进出。其次，在高流动性的基础上，美国的公共债券、公司债券很容易找到合适的投资者，有利于金融的“非中介化”，进而带动进一步的资产证券化和结构性产品的形成，反过来又进一步地增加了金融市场的流动性。最后，美国发达的金融市场重新配置了全球的储蓄，纽约作为金融中心，一方面吸引全球的资金，另一方面又为全球提供金融资产。

（六）在世界多极化发展的历史背景下，欧盟、亚洲地区经济体合作日益紧密，欧元的诞生影响了国际货币体系，伦敦、东京离岸金融市场迅速发展，纽约的国际地位受到冲击

随着布雷顿森林体系的解体以及国际贸易的繁荣，外汇交易和外汇市场在世界范围内迅速兴盛起来。美国金融市场过于严格的监管政策使得大量美元离开美国本土以逃避美国的监管，国际离岸金融市场开始发展起来，出现了伦敦、东京、香港、新加坡、法兰克福等新兴离岸市场，全球投资者可以根据自身对规则、时间、风险等因素的偏好自由选择金融市场。

欧元的建立对美元的国际地位也形成了冲击。从欧元诞生到2008年底，全球各国外汇储备中欧元占的比例由18%升至27%，同期美元比例则由71.2%跌至62.5%。若单论市场流通纸币的发行量，欧元在2006年更已超越了美元。欧元国的经济也保持了较好的发展，通货膨胀率在1999年后的10年内由3.5%减至2%，相比之下，美国通货膨胀率同期逆向增至逾4%。

事实上，欧元的诞生对国际货币体系带来了较大的影响，欧元成为国际货币体系中最重要的币种之一，并形成了崭新的汇率制度。欧元为现行国际货币体系改革创造了条件，为世界货币的发展起到了示范性的作用。欧元区的出现及其发展，大大加剧了全球的货币集团化趋势，标志着国际金融开始进入重大调整阶段。在这样的货币体系变革下，美元在国际金融格局中的主导地位受到重大挑战，纽约国际金融中心地位也受到削弱。

此外，伦敦、东京等金融中心城市的离岸金融市场不断壮大。尤其是英国伦敦，历史的积累使其具备良好的市场制度和商业文化，而欧元区各国狭小的金融市场无一能够与伦敦竞争，因此伦敦主导了离岸欧元的交易，对欧元的影响力甚至超过法兰克福。更重要的是，伦敦还夺取了国际市场美元和欧元的定价权。如欧洲美元3个月同业拆借利率（Libor）和美国3个月短期国债收益率（T－Bill）比较，前者反映的是欧洲货币市场美元供求关系，而后者反映的是美元在美国国内的供求关系，目前Libor是全球美元产品定价的“标杆利率”，全世界90%以上美元计价资产都利用Libor加风险溢价

确定收益率，原因在于伦敦市场美元的交易量和流动性比纽约更大更高。

根据21世纪初期麦肯锡对纽约金融中心的评估结论，纽约金融失势有四方面原因：第一，美国金融的监管体系，特别是《萨班斯—奥克斯利法案》，全都是一大堆繁复的条例，不利于吸引外来企业来纽约上市，英国及其他地方的有关法案则是简单易明的条款，两者有很大差别。第二，虽然纽约金融业人才济济，但在留住美国人才及吸引海外人员方面逐渐落后，海外技术人员的签证数目上限需要提高。第三，与美国相比，其他国家的法律环境更能有效避免无关紧要的法律诉讼。第四，亚欧经济增长理想以及企业并购活动频繁，在美国经济增长可能放缓的预期下，这些华尔街的投资银行继续放眼海外，以赚取最大利润。

（七）美国金融衍生品市场的蓬勃发展创造了巨大的市场流动性，但虚拟的繁荣破灭后，金融中心纽约未来之路混沌暗淡

美国作为世界金融衍生品市场的发源地，其衍生品的不断创新和发展也走在世界前列。除了传统的外汇、利率远期、掉期与期权交易外，美国还开辟了对这些基础场外衍生品进行组合嵌入的更为复杂的交易品种。其中，信用衍生品的产生与高速发展更加引人瞩目。根据国际清算银行的统计，2004～2007年三年，信用违约互换（Credit Default Swap，CDS）的承作金额（Notional amounts）增长了近10倍，而绝大多数合约的期限在1～5年，这也为此次金融危机的爆发埋下了伏笔。

由此可见，金融衍生品的复杂程度日益加深，以信用为代表的衍生品市场作为当代金融制度的重大创新，大大增强了市场流动性，并有效促进了资本的形成，但同时当这种衍生品缺乏必要的监管时，基于其杠杆效应，其内在的流动性风险、信用风险、市场风险、系统性风险对整个金融市场以及经济体的影响将百倍甚至千倍于普通金融产品。

这次的美国金融危机，人们经常提到债务抵押债券（Collateral Debt Obligation）。美国次级抵押贷款债券市场，其实并不局限于初级证券化产品，广义的次级抵押贷款债券市场可分为三个层级：第一层是初级证券化产品，即次级抵押贷款支持的证券市场，第二层是其衍生的证券市场，包括抵押担保债券（CMO）、房地产抵押贷款投资融资信托（REMIC）、剥离式抵押支持证券（SMBS）等，第三层是在上述基础上进一步衍生的CDO市场。这样的不断衍生，也将资产证券化过程中蕴涵的风险不断放大，并通过金融衍生品销售的国际化，把风险扩散到其他国家。

金融衍生品属于虚拟经济范畴，金融产品创新不能脱离实体经济的发

展，否则必然出现经济泡沫，最终危害实体经济的发展。毫不夸张地说，对金融产品缺乏必要的监管、金融衍生品泛滥，是这次金融危机之所以如此严重、波及范围如此广泛的直接原因之一。

总结纽约建设成为国际金融中心主要有如下几方面经验：

第一，美国工业化大发展和经济崛起为纽约金融业繁荣发展提供了强大动力和坚强后盾。

第二，纽约证券市场起步较早、发展迅速、鼓励创新，而且纽约银行体系健全，金融机构集聚，纽约充分发挥自身优势，确立了其国内金融中心的地位。

第三，两次世界大战后，国际金融秩序重新构建，布雷顿森林体系确立了美元国际霸权地位，纽约在这一历史机遇下成为国际金融中心。

二、对建设上海国际金融中心的启示

上海具有与纽约类似的较好的基础和条件，上海建设国际金融中心是历史和时代的选择。

（一）纽约首先稳固确立了国内金融中心地位，而后抓住机遇走上了国际舞台，上海历史上曾经是远东的贸易金融中心，目前也已基本确立了以金融市场中心为主要特征的国内领先金融中心地位，具有打造成为国际金融中心的良好基础

上海地处长江口的三角洲冲积平原，控长江咽喉，扼东海要冲，地理位置十分优越。清代中叶，上海逐步成为交汇中国长江流域内河航运和南北贸易海上运输的理想港口，被称为“江南之通津，东南之都会”。鸦片战争、上海开埠后，中外贸易体制发生了变化。伴随着上海港内、外贸易规模的扩大及其相关城市经济的发展，上海迅速崛起，既是中国最大的贸易中心，同时也是远东的国际商港，成为对内对外两个扇面的枢纽。1871 年，上海外贸占全国的比重已达到 63.6%。

国际化贸易带动经济金融迅速发展，上海聚集了大量的金融周转业务和金融机构，金融市场也跟着活跃起来。到 20 世纪 30 年代初，上海已成为全国的金融中心和远东地区的重要国际金融中心。主要表现在：（1）上海是金融总部的集中之地，当时的银行公会会员有 43 家，其中 35 家的总行设在上海。这些银行业巨头能决定拆息牌价、汇兑行市，全国各地据此作为本地行市的依据。（2）上海是外资银行的集中地，1936 年上海的外资银行有 27 家，超过东京的 11 家，孟买的 13 家和香港的 17 家。（3）上海是全国金银、

外汇市场的中心，货币发行的枢纽。1933 年上海银钱业的库存现银为 4.56 亿元，占全国资产总量的 76%。同时，上海黄金市场规模之大和交易量之巨，远远超过巴黎、东京、大阪和孟买。

然而，多年的战事严重阻碍了上海的金融业发展。20 世纪 30 年代以后，上海的金融业受到重创，一些规模较大的银行都加强和扩大了香港分行的业务，有的在香港新设机构，有的把总管理处从上海移至香港。在这种情况下，上海经济金融中心地位急剧下降。直到新中国成立，中国政治和经济逐渐恢复，并向沿海地区复归，上海才得以恢复其国内经济、贸易和金融中心地位。

20 世纪 90 年代以后，上海适时地提出了“以浦东开发为龙头，将上海建设成为国际经济、金融和贸易三个中心”的城市发展战略，浦东地区迅速形成全方位开发开放的态势。浦东的开发开放，大量地利用外资，明显加快了上海制度变迁的进程。浦东新区在体制创新、扩大开放、产业升级等方面走在全国的前面，强劲地发挥着示范、辐射、带动作用。

21 世纪前十年，在上海经济连续十年保持两位数增长的当年，党中央、国务院进一步明确把上海建设成为社会主义现代化国际大都市和国际经济、金融、贸易、航运中心之一。2009 年 3 月，国务院发布了“打造上海成为与中国经济实力和人民币国际地位相适应的国际金融中心和航运中心”的意见，上海又朝着建设国际金融中心的目标前进了一步。

目前上海已经建立了比较完整、辐射全国的金融市场体系，上海证券交易所、上海期货交易所、上海黄金交易所、中国外汇交易中心、中国金融期货交易所等关系到金融市场建设的机构都集中在上海，这既是政府推动的成果，也是金融市场发展的内在要求。遵循已有发展路径，上海仍然需要倾力打造以金融市场为核心的金融中心。

（二）美国 19 世纪中后期工业化的迅速发展带动了纽约金融体制革新，促进了金融中心城市建设；中国近几十年经济的发展、国际地位的提升为建设上海国际金融中心提供了必要条件；同时，建设上海国际金融中心也是国家经济发展战略的重要组成部分

经过了 12 年的高速发展，目前我国国际地位已明显提高，具有打造上海国际金融中心的强大经济基础和实力。

中国政治上稳定、经济上强大是上海建设国际金融中心的重要保障，在全球经历金融危机与经济衰退的背景下，中国仍能保持较高的经济增长速度。此外，随着经济总量的提升，我们金融市场本身的规模也在大幅地增

长，金融市场的规模上升和市场流动性的增强，为上海国际金融中心建设提供了直接的支持。可以说，中国国力的提高为建设上海国际金融中心提供了难得的历史机遇，国家经济实力的增长是金融中心城市发展的最好助推力。

从另一方面看，在当今经济全球化趋势加快的格局下，金融发展被放在更加突出的战略地位，从一定意义上说，金融中心能否形成，是一个国家是否有国际竞争力、国内金融服务效率能否大幅度提高的标尺。建设国家的金融中心是超越城市利益和区域利益的。因此，建设上海国际金融中心，已经不是上海的事情，而是我国加快现代化建设，维护国家经济金融安全，提高国际竞争力的必然要求。

（三）纽约的经验告诉我们，上海要建设国际金融中心必须首先培育强大而有效的金融市场和实力雄厚的金融机构。金融市场规模和效率是体现城市金融竞争能力的根本所在，金融机构的资产规模和多样性是城市提升金融竞争力的内在要求

在政府的推动和支持下，上海已经建立了比较完整、辐射全国的金融市场体系，但与纽约相比，上海金融市场发展的程度还远远不够，股票市场的容量还有待进一步提升，债券市场的发展更是大幅度落后。受制于基础金融市场的不足，相关的衍生品市场建设亦只能缓慢推进，上海还需要进一步打造具有更大规模和更高效率的金融市场。

与国际先进的金融市场相比，上海其实并非最短缺金融硬件设施，关键是缺乏一个开放、公平、创新、市场化的金融市场秩序和制度环境。从上海证券交易所到上海期货交易所，从外汇交易中心到中国金融期货交易所，关系到金融市场建设的机构已在上海建立，上海已经搭建了良好的硬件基础平台，但要想成为全球重要的融资场所、实现资金的充分流动和有效使用，树立创新、发展、规范、协调的金融市场，上海的金融市场体制改革以及营造鼓励创新、充分公平竞争的市场环境，是目前最大的挑战。

此外，上海的金融机构资产规模和多样性在近几年已经有所发展。目前，上海已经形成了包括银行、证券、保险、信托在内较为完备的金融机构体系，并集中了中资商业银行信用卡中心、资金营运中心、票据中心等各类营运中心，且外资法人银行、外资法人财产险公司、中外合资基金管理公司的数量都占到全国的一半以上。银行、证券、保险之间的业务交叉、跨业经营不断增加，部分商业银行等金融机构成功上市后也能有效发挥优势，促进信息公开透明，壮大自身实力，这些都促进了上海打造效率更高、业务更优、实力更强的综合经营金融机构。

但是，为真正建设国际金融中心，仅具有在国内具有领先地位的金融机构是远远不够的，上海还必须打造具有国际竞争力、行业影响力和综合经营能力的大型金融机构集团，成功培育能够代表上海国际金融中心地位的资产规模庞大、业务产品丰富、运作成熟高效的国际级“金融旗舰”机构。不可否认的是，微观层面的市场参与者的发展壮大和成长是任何国际金融中心活力和生命力的重要源泉。与具有汇丰、花旗等国际著名金融机构的国际金融中心城市相比，上海发展具有强大竞争力和坚强综合实力的国际级金融机构的经验非常贫乏，上海在这一方面仍然任重而道远。

（四）上海国际金融中心建设与人民币走出去之间具有紧密的关系，人民币走出去是上海真正成为国际的金融中心城市的必要条件，思考解决如何稳步推进人民币走出去将成为具有重大现实意义的研究课题

布雷顿森林体系明确了美元与黄金和其他国家货币双挂钩的地位，纽约从此一跃成为世界金融中心、全球资金的聚集地，由此可见，一国货币的国际地位与城市转变成为吸引资金和投资者的舞台具有相当大的作用。

首先，上海国际金融中心建设对人民币走出去有促进作用。

（1）上海外汇金融市场的发展，有助于建立合理的人民币汇率形成机制，形成市场定价的人民币汇率水平，促进人民币的计价被国际认可，进而成为国际可以接受的货币。

（2）上海金融中心建设，市场融资能力增强，便捷的融资工具和快速的融资方式有助于人民币币值稳定，从而为人民币作为国际结算、储备及市场干预工具提供必要条件。

（3）金融中心的建立，促进上海城市经济发展和国家竞争力提高，提高国际贸易竞争力，为人民币走出去创造条件。

（4）金融中心城市的建立吸引世界顶级的金融企业落户上海，带来直接的人民币结算和人民币金融产品的发展，提高人民币金融工具种类和人民币风险管理水平，强化了人民币的应用。

其次，人民币走出去对上海金融中心城市建设起到积极作用。

（1）人民币成为国际结算货币，降低了企业贸易风险和汇率风险，强化了企业竞争力，企业实力为上海城市发展及金融中心建设起到良好推动作用。

（2）人民币走出去带来了更广泛的国际贸易和国际业务，开放性和国际性可以促进城市竞争力的提高。

（3）人民币走出去促进国际贸易进出口以及国际财富的转移，与之配

合，上海将全面提升贸易性金融产品和理财金融服务，为金融市场的发展提供动力。

（4）人民币走出去同时也是中国的资产国际化的过程，人民币走向世界必然为上海走出国门、走向世界提供更多机遇。

目前的金融危机，影响了美国的国内经济发展，也迅速波及了欧洲等发达国家。在国际经济处于衰退的时期，上海金融中心吸引了世界的关注。但是，在没有做好充分准备的时候加速推进了人民币走出去，不仅上海国际金融中心建设将遇到很大的风险，国家经济金融稳定也有可能遭遇挑战。1997年亚洲金融危机及日本持续十余年的经济衰退就是泰国和日本外汇体制改革不利的教训。

实现人民币走出去必然是个渐进的过程。如何有序、稳妥地推进人民币走出去，是未来上海金融中心建设的重大课题，也是对国家经济金融稳定有巨大影响的历史课题。

9. 日本 Uridashi 澳大利亚元债券市场发展研究与思考

西安分行　赵阳

20 世纪六七十年代，日本储蓄率逐年上升；80 年代中期开始，经常项目盈余连年增加；1985 年"广场协议"之后，日元大幅升值。此背景下，伴随日本银行的低利率政策，大量剩余资金进入房地产和股票市场，日本经济极度"繁荣"，积累了大量的经济"泡沫"，而"泡沫"破裂之后，则陷入连续十几年的长期低迷。90 年中期开始，在市场缺乏有利投资机会、储蓄回报较低的情况下，日本投资者深感本地市场难以满足需求，纷纷寻找海外投资渠道。而当时的澳大利亚和新西兰经济表现转强，利率水平较高，以 Uridashi 命名的澳大利亚元债券，为日本个人投资者提供了良机，并颇受欢迎。

本文考察了 Uridashi 债券市场的起源、发展过程及特点，并在此基础上得出结论认为：有必要借鉴日本经验，在中国发行此类面向个人投资者的特殊澳大利亚元债券。只要按照规模可控、投资者认证、期限固定、锁定机构、试点发行等原则操作，可有助于疏导高额家庭储蓄，分流外汇储备不断增加压力；探索逐步开放资本项目的渠道，丰富人民币间接国际化内容；释放货币政策操作空间，推动中国金融改革和金融市场发展与深化。

一、Uridashi 债券的概念与起源

Uridashi 是日语"卖出"一词的英文拼写。Uridashi 债券是专门满足日本个人投资者需求的外币债券。1994 年，为进一步发展国内金融市场，日本政府实施 Uridashi 注册制度[1]，开始允许在国内发行外币债券。在此制度下，在海外市场发行并以主要国际货币计价的债券，通过在日本二级市场注册，并由海外承销商与日本国内代理机构签订合同后，即可在日本市场销售。1994 年第一只 Uridashi 债券开始发行，2000 年大量可交换[2] 的 Uridashi

1　Asian bond issues in Tokyo：history，structure and prospect，Fumiaki Nishi and Alex Vergus，BIS Papers No. 30.

2　Exchangeable Bond，与可转换债券相似，但与发行者的股票没有关系。

债券开始发行。2001 年之后，随着澳大利亚和新西兰经济表现转强，市场利率水平较高，以新西兰元和澳大利亚元计价的 Uridashi 债券开始盛行，日本个人投资者对澳大利亚元和新西兰元 Uridashi 债券的需求已超过对美元 Uridashi 债券的需求。截至 2009 年 9 月，参与澳大利亚元和新西兰元 Uridashi 债券发行的金融和非金融机构[3] 约 80 余家，发行总额为 2 698.54 亿美元，尚未到期的债券约 98.9 亿美元。

Uridashi 债券的出现，与全球及日本经济、金融市场的发展变化密不可分。归纳起来，其背景与原因有以下 10 个方面：

（1）较高的日本家庭储蓄率。日本是世界上储蓄率最高的国家之一，由于日本家庭借贷较为困难且房价极高，同时日本政府对资本收入的税率较低也鼓励了储蓄，因此日本家庭积累了大量的储蓄。在经济高速增长的60～70 年代，日本家庭储蓄率稳步上升，1975 年达 22.8% 的最高点，80 年代后期和 90 年代初也稳定在 10% 左右。虽然近年随着日本社会老龄化进程加快和人民生活方式的改变，日本家庭储蓄率有所下降，但其储蓄率仍然高于大部分发达国家。

（2）日本经常项目大量盈余。20 世纪 70 年代末，日本政府制订了 1979～1985 年的《新经济七年计划》，提出了强化“贸易立国”扩大出口的基本国策，旨在拉动日本经济发展。从此，日本进入了持续的经常项目盈余时代，1985～1988 年，经常项目盈余从 491.7 亿美元增至 796.3 亿美元，几乎翻了一番，在整个 80 年代，日本经常项目盈余平均占名义 GDP 的 2.1%，外贸盈余累计总额高达5 250 亿美元，经常项目盈余总额4 153 亿美元。此后的连年巨额外贸盈余状态，使日本成为世界上最大的债权国、外援国和外汇储备国。

（3）日本金融体系和资本市场发生重大变革。随着经济全球化步伐加快，1985 年日本政府发表了《关于金融自由化、日元国际化的现状与展望》公告，揭开了日本经济、金融全面自由化、国际化的序幕。从 80 年代中期日本政府对金融市场进行去监管化改革，金融市场也从分业经营向混业经营发展。日本于 1986 年 5 月设立了离岸金融市场，取消了对居民和非居民原有的资本流动限制措施。1998 年 4 月，日本正式施行新的外汇法，新外汇法打通了跨境资本、外汇、债券交易限制，真正实现了日元的完全自由兑

3　包括国际及区域性金融机构以及大公司。如 IFC、世界银行、亚洲开发行、丰田公司等。

换，这对提高日元的国际地位和实现日元国际化打下了良好基础。2000年底，日本中央银行完成RTGS网络清算系统，实施了DVP[4]清算方式。

（4）对日元升值实施干预。1985年9月“广场协议”[5]签订后，日元在3个月内就从1美元兑240日元升值到兑200日元，到1988年甚至攀升至120日元的高位，在短短不到两年半时间里，整整升值一倍。日本政府为抑制日元升值，经常干预外汇市场，日本银行大量买进美元卖出日元，造成日元供应量膨胀，日本的货币供应量在1986～1990年的增长远远超过名义GDP的增长幅度，造成市场流动性的急速扩张。同时，日本的外汇储备由1984年的263.1亿美元增加到1990年的770.5亿美元，截至2009年11月底日本的外汇储备已达1.0737万亿美元。

（5）实施低利率的扩张性货币政策。为抵消日元升值对本国出口贸易的负面效应，日本政府对“日元升值萧条”做出了错误判断，认为降低利率是遏制日元升值的有效工具，采取了错误的货币政策，从1986年1月到1987年2月，日本银行连续五次降低利率，最终将利率下调至2.5%。而过度扩张的货币政策，造成了大量过剩资金，1986～1990年广义货币供应量（M2+CD）年均增长率为10.4%，比1981～1985年高出2.1个百分点，比泡沫破灭后的1991～1995年高出8.3个百分点。货币供应量的增长超出了实际经济需求，表明有一部分货币供应量已游离于实体经济之外，成为房地产和股票投资的资金来源，在市场缺乏有利投资机会的情况下，造成资产价格的大幅上涨。

（6）股票市场崩溃。80年代后期的低利率政策向市场注入了大量流动性，同时由于银行的优质上市公司贷款客户减少和上市公司不断从证券市场融资归还贷款，造成银行大量闲置资金进入股票市场，这也成为推动股市上涨的主要动力之一。日本国内资产价格泡沫空前膨胀，日经平均股价在4年中上涨了2倍，1989年日经平均股指涨至38 916的历史最高水平。为抑制经济过热特别是股市泡沫，日本中央银行1989～1990年连续五次大幅加息，将官方利率提升至6%，迅速挤破股票市场泡沫。1990年开始，日本股市急

---

4 Delivery Versus Payment即债券对付，是指债券与资金同步进行交收并互为交收条件的清算方式，该方式可提高债券交易的效率和金融机构对资金的流动性管理。

5 1985年9月22日，在美国纽约广场饭店，美国、日本、英国、法国和西德5个工业发达国家财长和中央银行行长秘密会晤并签署了著名的“广场协议”，联合干预外汇市场，使美元对日元、德国马克等主要货币有秩序地下调，以解决美国巨额贸易赤字，从而导致日元大幅升值。

速下跌，日经指数一个月内就跌至低点的 20 000 点甚至到 2009 年 11 月日经指数也勉强维持在 9 800 点左右，只相当于历史最高点的零头。

（7）房地产市场繁荣后陷入低迷状态。日元升值和低利率产生的大量流动性也同时涌入了房地产市场，在低利率的刺激下，人们对土地的需求快速增长，推动土地价格快速上涨，1986～1989 年，日本的房价提高了两倍。但随着日元套利空间日益缩小，国际资本开始获利撤离，一定程度上由外来资本推动的日本房地产泡沫爆裂，到 1993 年房地产经济开始全面崩溃。日本 21 家主要银行宣告产生 1 100 亿美元的坏账，其中 1/3 与房地产有关，最终日本房价下跌 50%，日本房地产市场也由此陷入了长达数十年的萧条和低迷。

（8）国内市场投资机会匮乏。日本股市和房地产市场遭受重创后，经济陷入长达十几年的低迷，在市场缺乏有利投资机会且国内储蓄回报较低情况下，日本投资者对国内市场兴趣降低。由于 Uridashi 债券具有投资面额小、安全性高和收益率高等特点，日本个人投资者开始对 Uridashi 债券感兴趣，Uridashi 债券逐渐在日本家庭投资者中盛行。近年来，随着日本市场的开放与成熟，投资工具也越来越多，日本投资者对海外投资有其他的选择，因此 Uridashi 债券发行量开始有所减少和回落。

（9）日元债券市场评级风险阻碍个人投资。日本官方为了缓解 60 年代末开始的外部不平衡问题，1970 年 11 月允许亚洲开发银行在日本发行了第一只武士债券[6]。1994～1998 年是武士债券发行较活跃的一段时期，主要发行者都是信用评级为 AA 级或以上的机构。但是 1999～2001 年日本政府放松对发行者信用评级的限制，主要发行者的信用评级下降为 BBB 级，导致一些武士债券出现违约的情况，如 2001 年阿根廷主权债务危机导致了某些武士债券违约事件的发生，这使日本个人投资者产生厌恶信用评级风险的情绪。相对于武士债券发行者的信用评级，Uridashi 债券发行者的信用评级较高，因此日本人宁愿承受汇率风险也不愿意承担信用评级的风险，更加倾向投资于 Uridashi 债券市场。

（10）欧洲债券市场发展的影响与推动。60 年代，西欧各国经济实力迅速增长之后，欧洲债券市场开始发展，债券市场交易使资金剩余者获得了高于投资本国债券的收益，满足了投资和储蓄的双重需要。虽然日本个人投资

6　武士债券是日本以外的政府、金融机构、工商企业和国际组织在日本国内市场发行的以日元计价的债券。

者也可以购买欧元债券，但由于日本与欧洲的时区、操作和法规差距问题，欧元债券市场不能完全满足日本投资者的需求，因此债券发行者为了进一步满足日本投资者的需要，开始推广针对日本个人投资者在日本债券市场发行Uridashi债券，从此Uridashi债券逐渐被日本个人投资者所接受，日本家庭的资产投资组合也呈逐年上升趋势。

二、澳大利亚元Uridashi债券市场相对快速发展的原因

如上所述，2001年之后，以澳大利亚元和新西兰元计价的Uridashi债券受到日本个人投资者的青睐，其市场需求也很快超过美元Uridashi债券。

（一）日元与高收益货币（澳大利亚元和新西兰元）之间存在利差

90年代后期以来，澳大利亚经济持续18年增长。加上移民数量的不断增加带来的强劲需求，推动房地产市场需求旺盛，在全球金融危机前，澳大利亚和新西兰两国年平均信贷增长约15%。较强信贷需求拉动了银行融资需求，也使澳大利亚元和新西兰元的利率产生上行压力，通货膨胀压力加大，迫使两国中央银行实行从紧货币政策，将官方现金利率维持在相对较高的水平。金融危机之前，澳大利亚元和新西兰元的Uridashi债券票面利率达6%以上，即使在全球金融危机期间有政府担保发行的三年期澳大利亚元和二年期新西兰元的Uridashi债券票面利率也分别为3.47%和2.61%，这与日本长期持续的零利率水平相比，对日本投资者产生了很大吸引力。在已定评级风险下，日本个人投资者更愿意持有高收益的澳大利亚元或新西兰元资产。与此同时，澳大利亚和新西兰银行也以较低的成本，从日本市场融资。

（二）高收益货币（澳大利亚元和新西兰元）与替代投资货币之间存在利差

通常情况下，非居民若无澳大利亚元或新西兰元负债，也不会持有澳大利亚元或新西兰元资产。因此，只有澳大利亚元或新西兰元资产的预期收益高于国外投资者持有其他负债的货币收益，才会出现投资货币的替代效应。近年来，澳大利亚中央银行和新西兰中央银行一直保持高利率货币政策，因此澳大利亚元和新西兰元也成为了世界上为数不多的高息货币。即使在全球金融危机较严重的情况下，与美联储大举降息刺激经济的做法不同，2008年5月澳大利亚中央银行仍然将基准利率上调至7.25%，不但远远高于低息货币日元0.5%的利率，而且与全球通用货币美元2.0%的利率相比，利差也高达5.25个百分点。新西兰中央银行于2007年7月将官方现金利率升

至8.25%，新西兰元成为当时世界主要交易币种中利率最高的一种。即使到了2009年12月澳大利亚官方现金利率3.75%仍是工业国家中的最高水平，澳大利亚与日本官方利率之间的利差达3.65%，新西兰与日本官方现金利率之间的利差达2.4%。

（三）澳大利亚元和新西兰元具有稳定的高收益前景

具有商品货币特性的澳大利亚元长期保持坚挺。2008年下半年和2009年澳大利亚元一直保持升值，目前澳大利亚元的走势与全球股票市场和投资者风险偏好趋于一致，大宗商品价格向上和美元长期疲软的趋势，将支持澳大利亚元汇率的长期强势。

（四）澳大利亚和新西兰经济发展前景良好

澳大利亚已经连续18年保持了年经济正增长，且是发达经济体中唯一在全球经济危机中保持年经济正增长的国家，实际GDP平均增长率接近3.5%。近期随经济进入一个新的回升阶段，未来几年还将保持增势。截至2009年第三季度的穆迪评级数据显示，澳大利亚和新西兰两国的主权评级为AAA级。澳大利亚以其在全球经济危机中的经济活力、良好财政状况、公共债务情况和稳定的政治环境，获穆迪公司的高度评价。虽然新西兰经济在90年代末受到了亚洲金融危机的影响，但2004～2007年，新西兰GDP的增长率可以与其最大的两个贸易伙伴澳大利亚和美国齐平。

（五）澳大利亚和新西兰持续存在经常项目逆差

澳大利亚自60年代就出现经常项目逆差，根据澳大利亚统计局提供的数据，1993～2009年，澳大利亚经常项目逆差占GDP的比重从最高点7%到目前3%左右，政府预计2009/2010财年经常项目逆差将占GDP的5.25%。1973年前新西兰还出现过经常项目顺差，但从1990年后就一直出现经常项目逆差，目前经常项目逆差占GDP的8.5%。因此，两国持续出现的经常项目逆差就需要海外投资资金的补充，两国经济金融市场成功发挥着一个关键性的作用就是将资金从顺差国家转移到逆差国家，提高了两国生产及金融投资机会。

（六）澳大利亚中央银行对外汇市场的干预较少

1969年1月至2009年9月，澳大利亚外汇市场的历史数据中可以看出，澳大利亚中央银行除在1998年6月和2008年10月的两次金融危机期间，为防止澳大利亚元大幅贬值动用外汇储备干预市场外，几乎从未干预外汇市场的日常交易，正常的外汇市场流动性和交易机构的稳定性有利于各种外汇债券的正常发行和交易。

（七）低成本与高效率吸引市场参与者

粗略估计，按照常规债券的发行规则，3 年期的 Uridashi 债券的发行成本大约比武士债券便宜 10～20Libor 个基点。与武士债券不同，Uridashi 债券可结构化[7]发行，3 年期结构性 Uridashi 债券总体上节省成本 40Libor 个基点。例如，当澳洲联邦银行在高峰期间发行澳大利亚或新西兰 5 000 万澳大利亚元以上结构性 Uridashi 债券时，对于小规模交易定价可以低至 Libor185 个基点。对澳大利亚和新西兰银行来说，即使加上通过日本经纪人零售网络发行的额外成本，融资成本仍低很多，因此 Uridashi 债券对澳大利亚和新西兰国内债券市场起到了替代作用，这也长期吸引包括世界银行和亚洲开发银行等国际机构广泛参与 Uridashi 债券的发行。

（八）套息交易（carry trade）驱使日本个人投资者愿意长期持有澳大利亚元或新西兰元的 Uridashi 债券

在套息交易[8]策略基础上，日本个人投资者愿意持有澳大利亚元或新西兰元 Uridashi 债券的主要动力是被日元与澳大利亚元或新西兰元之间的利差所驱动，日元低利率使许多投资者可以利用日元进行套利交易，日本投资者可以享受利差与汇差的双重收益。从 2009 年初开始，澳大利亚元升值使澳大利亚元对日元套利交易（忽略交易成本）获得了 30% 的收益。

（九）澳大利亚政府对国债市场的支持，保证了融资渠道的畅通

2003 年，澳大利亚政府将国家电信公司 Telstra 分批上市后获得了收益，使财政出现盈余，当时有人提议将此部分收益全部用于弥补政府财政赤字，清偿全部的政府债务，减轻纳税人利息负担，关闭澳大利亚国债市场。但这种观点遭到了金融市场机构和专业人员的强烈反对，他们认为澳大利亚国债市场的存在不仅是国家财政平衡的需要，更为重要的是，显示了金融市场的成熟和发达程度，为国内和国际投资者（包括海外中央银行、退休基金和海外大型基金在内）提供参与到澳大利亚国债市场中的投资机会。从微观角度上，流动的国债市场为各种市场的利率定价提供标尺，只有国债市场回报利率曲线确定后，其他利率曲线（包括掉期和企业债券利率曲线）才能得以确定和延伸。关闭国债市场将严重阻碍澳金融市场发展。政府最终采纳了金融市场的意见。根据 2006 年 Future Fund 法案，将出售 Telstra 的大部分收益投入 Future Fund，作为联邦政府养老金负债的准备金。目前，澳大利

7 结构性债券是期权或者远期合约同债券混合的工具。

8 即投资者借入低息货币买入海外的高息货币从中套利的一种交易。

亚债券市场开放程度很高，不仅国际债券的发行数量居亚太前位，且企业债券的发行量也超过了联邦政府和地方政府债券的发行数量，从而使澳大利亚债券市场呈现多元化和纵深发展态势。

三、Uridashi 债券及其市场的特点

（1）高度的安全性。Uridashi 债券的发行者多为国际组织、地区性银行和大公司，它们一般都有很高的信用评级。以 2009 年 9 月未到期的 90 只 Uridashi 债券为例，其信用评级都在 AA 级或以上。所以债券发行者的高信用评级使 Uridashi 债券几乎未发生违约情况，投资风险较低。

（2）国际机构积极参与。债券的发行者大多为重要国际金融机构，如世界银行、亚洲开发银行、国际金融公司、国际复兴和发展银行和国际金融公司，地区性银行包括泛美开发银行、北欧投资银行和欧洲复兴和发展银行，大公司包括丰田和通用电气公司等。这些超级国际金融机构的参与，使市场更加稳定。

（3）日本投资者厌恶信用风险。日本个人投资者一直厌恶信用评级风险，出于对债券安全性的担忧，日本人宁愿承受汇率风险也不愿意承担信用评级风险，这一风险偏好更加倾向投资于较安全的 Uridashi 债券市场。

（4）债券的投资期限较长。95% 的 Uridashi 债券的期限为 2～3 年，基本上都由个人投资者持有，机构投资者持有 Uridashi 债券的期限相对较长些，可达 10 年期。

（5）澳大利亚元和新西兰元 Uridashi 债券的需求日益增长。近年来，由于日元与澳大利亚元、新西兰元间的利差较大，澳大利亚元、新西兰元 Uridashi 债券的收益较高，其发行量也不断增加，2009 年 6 月 Uridashi 债券的发行量 15.3 亿美元，其中 10.2 亿是澳大利亚元 Uridashi 债券，占全部新发行的 67%。

（6）债券的利润空间激励以日本证券公司为主的金融中介积极参与。Uridashi 债券在日本国内的承销和销售大部分都是由日本证券公司承担，目前尚未到期的 90 只 Uridashi 债券中，由日本证券公司或银行承销的就有 75 家。

四、Uridashi 澳大利亚元债券对债权债务双方的利好与风险

（一）对日本金融市场发展的三大利好

1. 成功引导日本国内储蓄投资的多元化。日本允许其居民通过各种渠道，开展跨国利差交易。如日本金融机构建立了所谓“零售聚合”机制，

帮助个人投资者通过网络参与较为复杂的外汇交易，在当地市场实现对Uridashi这种高收益的外币债券进行投资。2008年金融危机发生前，日本Uridashi债券投资者的收益持续增长[9]。这样，家庭投资Uridashi债券对国内股票市场和房地产市场产生挤出效应，一定程度上分流了日本国内家庭储蓄和外汇储备不断增加的压力。

2. 增加了国内国际外汇市场和债券市场的活力。过去几年，单个日本居民的外币头虽少，但其总量占外汇市场的份额却很大。2008年9月，日本个人投资者外汇交易量占到整个日本外汇市场交易量的20%。除参与本国外汇交易外，在全球外汇交易中的份额也很大。2008年9月，日本个人投资者日元对澳大利亚元、英镑和新西兰元的交易量占全球交易量的5%。

在二级市场，为增加收益并减少损失，日本个人投资者进行Uridashi债券买卖交易时，需要债券市场基础设施的支持及市场能力的配合，其中包括结算和清算系统、套期保值和货币市场对冲工具等，毫无疑问，频繁的Uridashi债券交易，增加了债券市场流动性和活力。

3. 强化了日本成为国际市场低成本资金的提供者的角色。在过去几十年里，日本作为一个主要的储蓄资金池，向包括主权国家、政府机构、公司和其他金融机构在内的国际实体以债务或股权的形式提供了融资机会，也让日本资金在国际资本市场中发挥重要的作用。如20世纪80年代，日本资金对美国国债市场产生过关键影响，所有市场参与者要密切关注日本投资者的动向。2008年尤其是在全球经济危机期间，当全球和澳大利亚资金市场收紧时，日本成为海外债券发行者的主要融资来源。2008年澳大利亚从日本债券市场的融资量占其总资金来源的13%，Uridashi债券市场成为将低成本资金输入国际资本市场的有效工具与渠道。

（二）对债务国澳大利亚和新西兰的利好

1. 有效补充了债务国的储蓄与投资缺口，弥补了经常项目逆差。Uridashi债券市场发展是资本市场一体化的过程，Uridashi债券向澳大利亚和新西兰国内市场提供了海外低成本资金，扩大了海外投资者基础。澳大利亚银行已将海外市场作为补充其国内储蓄不足的融资来源，海外市场融资降低了银行长期融资的总成本。20世纪90年代初主要大银行融资来自海外的比例大约在10%左右，现在已提升至25%。

9　但在2008年10月至2009年初全球金融市场大幅动荡期间，因澳大利亚元大幅贬值，持有大量澳大利亚元头寸的日本个人投资者损失较多。

作为开放经济体，澳大利亚和新西兰的储蓄和投资之间的差额，使其国内利率高于全球平均利率水平。这既是它们通过向非居民借款来弥补差额的原因，也是前提条件。因此，Uridashi 债券市场就成为减少经常项目逆差的有力工具。

从国际收支角度看，海外债券融资不能算做资本流入，而属于套期保值交易。因为潜在的交易往往使澳大利亚银行或新西兰银行得以借来海外资金，因此，Uridashi 债券的发行没有直接增加资本流入或资本项目逆差，却提高了信贷供给量。

2. 繁荣了澳大利亚和新西兰国内资本市场。因诸多国际机构参与到发行澳大利亚元和新西兰元 Uridashi 债券中，使澳大利亚和新西兰银行在此债券发行过程中，通过发达市场渠道熟悉和掌握了海外债券发行规则与清算安排，增加了掉期市场和外汇市场的活动和交易量，澳大利亚银行也在海外债券市场发行中获得了良好声誉，从而带动本国债券市场的发展。帮助澳大利亚成功提升了其全球成熟融资中心的地位与作用[10]。

3. 具有竞争力的发行定价可起稳定利率水平作用。通过对澳大利亚和新西兰掉期市场利率的观察，由于 Uridashi 债券的发行会增加澳大利亚元及新西兰元融资供给，给 2～3 年的掉期利率曲线提供了下行压力，从而对国内利率产生下行压力，使国内银行能够为购买房产者提供较低的贷款利率，有利于在信贷供给和需求趋于平衡下，将利率保持在较低水平。

4. 对双方汇率影响较小。理论上，海外投资者购买澳大利亚元或新西兰元债券，虽然增加澳大利亚元或新西兰元融资供给，但对汇率产生上行压力。然而历史数据表明，在 Uridashi 债券到期时，双方汇率波动很小，远见的市场投资者预期与市场变化大致同步。

5. 不影响澳大利亚或新西兰外债价值。非居民愿意承担持有澳大利亚元或新西兰元货币的风险在一定程度上对澳大利亚或新西兰经济提供了金融稳定性。在发生危机时，受汇率估值效果（exchange rate valuation effects）影响，新西兰元或澳大利亚元可能贬值，如果外债是以外币发行的，澳大利亚或新西兰负债将会增加。但是以 Uridashi 这种本币发行的外债，澳大利亚元或新西兰元的突然贬值不会影响澳大利亚元或新西兰元的外债价值。

6. 视市场情况会对货币政策产生一定影响。例如，当澳大利亚中央银

---

10 2009 年，澳大利亚被瑞士达沃斯《世界经济论坛》评为全球综合排名第二位的国际金融中心。

行和新西兰中央银行为了应对来自国内经济过热产生的通货膨胀压力而实施从紧货币政策时，大量Uridashi债券的发行在一定程度上会降低货币政策的有效性，延长官方现金利率加息传导的时滞。但如果将发行量限制在较小范围，此负面作用则会避免。

（三）Uridashi债券市场的风险

债权人需要承受汇率风险。对于日本投资者来说，因Uridashi债券的本金和利息是外币，购买Uridashi债券会面临一定的汇率风险。在债券到期日，澳大利亚元对日元的汇率变化，往往影响投资者的收益。但如果个人投资者选择继续持有澳大利亚元头寸，用于日后继续购买另一笔Uridashi债券，或将此笔澳大利亚元用于澳大利亚旅行消费，则可避免汇率风险。另外因Uridashi债券发行人的信用等级较高，截至目前，尚未发生Uridashi债券违约情况，所以发生信用风险的可能性非常小。

五、在中国发行类似Uridashi特殊澳大利亚元债券的思考

（一）作用与意义

1. 有利于疏导高额的家庭储蓄，减少股票与房地产市场泡沫，分流外汇储备的压力。随着中国经济的快速成长，中国家庭的金融资产额也显著增长，其增加幅度比之前的日本更快，这意味着个人潜在债券投资能力的增大。目前中国储蓄与投资的转化渠道欠缺，如果国内居民可在国内市场直接购买类似Uridashi这种安全高、收益高和面额小的澳大利亚元债券，可为个人投资者创造新的投资工具，疏导居民储蓄，实现个人投资者与国际市场的直接沟通。同时，有利于缓解国内房地产和股票市场的投资压力，平衡市场的投资需求，减少资产泡沫。另外，这种澳大利亚元债券的期限较长，基本上为国内居民资本投资的需要，而不是热钱所钟爱的"投资领域"，有利于分散市场风险和国际收支平衡，使部分外汇资金平稳流出，分流外汇储备的压力。

2. 有利于探索与增加资本项目逐步开放的渠道，并丰富人民币间接国际化的内容。中国与国际资本市场的双向开放和多层次开放是大方向，按照中国逐步实现资本项目可兑换、改善兼顾和防范风险的原则，这种澳大利亚元债券市场的开发，是逐步放宽资本流出限制，鼓励个人对外投资的有益探索。与此同时，中国居民可在国内市场，以场外交易方式，用人民币直接购买澳大利亚元债券，这不仅有利于改善中澳贸易与投资的双向交流，实现经常项目与资本项目的基本平衡，更是体现人民币成为国际投资工具的具体化手段，有利于人民币货币国际化大方向的发展。

3. 有利于释放货币政策的操作空间，增加宏观调控手段的灵活性，减轻通货膨胀压力，回收基础货币的投放。通过澳大利亚元债券引导资本流出，可以减少本币政策被动地受外汇储备政策的影响，解决外汇储备资金出口不畅的问题。有助于改善外汇市场的供求关系，增强中央银行外汇调控的主动性，制衡资本流动对货币政策独立性的冲击。

4. 有利于中国金融市场的深层次多元化发展。特殊澳大利亚元债券这种国内外金融市场与机构共同参与的发行及交易模式，既可鼓励中外金融市场与机构开展实质性合作，也可鼓励国内商业银行开展金融创新，积累和学习外国银行发行和管理债券的经验，并从汇率差价和佣金中增加银行收益，加快其参与国际金融市场的进程。当此类澳大利亚元债券发行量达到一定规模后，如果允许在二级市场交易，不仅可促进国内债券市场与国际市场的接轨，也可促进中国债券清算交易系统与国际市场的直接沟通，从而促进中国金融市场的深层次多元化发展。

（二）发行特殊澳大利亚元债券的指导原则

按照规模可控、投资者认证、期限固定、机构锁定和试点发行的原则，在中国国内市场发行特殊澳大利亚元债券。

规模可控——发行机构经过人民银行审批后在外汇管理局备案，由外汇管理局掌握发行机构的年度发行额、期限和票面利率等内容，将特殊澳大利亚元债券市场控制在安全的规模范围以内；

投资者认证——将澳大利亚元债券的投资者限定为国内个人投资者，且以目前情况看，可将投资额确定在1 000澳大利亚元至5万澳大利亚元等值的人民币以内；

期限固定——将这种澳大利亚元债券的期限固定在2～3年，以避免热钱炒作，并保证大多数投资者长期资金的正常利益；

机构锁定——为保证这种澳大利亚元债券市场的安全性，发行者的信用评级应在AA级以上，且以国际金融机构、地区性金融机构、澳大利亚主要大银行为主，待市场成熟后再考虑公司发行者；

试点发行——可在上海、深圳等金融市场较为发达的城市试点发行，并选择中国国内主要银行机构作为主承销商。

附件

Uridashi 债券发行过程和相关法律规定

Uridashi 债券通常隶属于发行方已定的欧洲中期债券（EMTN programme）计划，基本上由日本或国际金融机构承包，然后通过数家证券公司将债券出售给日本个人投资者。因为该类债券的购买者是数以万计的日本个人投资者，所以日本《金融工具与外汇交易法》将该类债券在日本的发行视为公募。

一、法律对发行材料、信息披露和尽责调查的规定

1. 有关发行材料的规定。法律规定发行方要向日本大藏省关东财务局提交的发行材料包括：

（1）信息披露文件（作为参考文件是募集说明书的一部分，所以是强制性的年度披露材料的组成部分）；

（2）储架注册[11]的证券注册声明；

（3）有关发行者及 Uridashi 债券条款和条件修正报告；

（4）在正式发行申请文件基础上形成募集说明书。该说明书作为 Uridashi 债券的发行公告，应同储架注册声明中的信息一致，在建账[12]之前提交。

2. 信息披露规定。法律要求 Uridashi 债券信息披露的目的，是为了保护投资者，尤其是个人投资者。发行方（和作为代理的日本法律顾问）有责任向日本投资者提供准确的信息，在披露材料中可能对投资者投资决定产生实质负面影响的错误声明和遗漏，是违法行为。

3. 尽责调查规定。法律规定，作为销售者的证券公司为向投资者提供更加准确的披露信息，要充分行使尽职调查责任。尽职调查将保护投资者和从事销售的工作人员，如果销售者不行使尽职调查责任，会因违法律受到惩罚。法律对尽职调查没有明确规定，但因安排方运作新债券发行过程，应该

---

11 储架注册制度（Shelf Registration System）允许发行人在注册说明书生效后，连续多次发行证券，简化了注册程序，提高了融资灵活性，降低了融资成本，提高了证券市场的效率。储架式注册允许发行人就拟发行的证券预先注册并公开招募书，但无须立即发行有关证券，可将公开招募书“储”于“架”上，在指定期间内等待市场环境配合时才正式发行。

12 建账（Book building），即建立投资者购股意愿档案，指承销商在促销活动结束后把所收集的初步购股订单一一记下，然后根据投资者愿意支付的价格水平订定最终发行价。

由安排方信用审评部门行使Uridashi尽职调查责任。

在定价和认购日截止之前，安排方通过写信或电子邮件方式行使尽职调查，以确认发行方是否发生重大的负面变化。安排方信用审评部门对发行方发出调查问卷[13]，内容包括：

（1）在发行方公共信息基础上提出问题（尤其是年度、半年证券报告和最近提交的文件）；

（2）自提交年度信息披露文件后，确认是否有重大变化；

（3）如果有重大变化，需要在相关的披露信息或适当对年度证券报告中进行补充。如在交易过程中发生收购或并购使所有权发生改变，就要向投资者宣布所发生的变化，并在提交文件或本金支付之前确保留出足够的时间。同时，发行方在其本国公布年度结果、年度报告及向日本提交年度或半年证券报告前后这段时间内，应避免交易。如果这些重大事件的宣布如同募集说明书中的信息相互冲突，对投资者的投资决定可能产生实质影响。

二、工作团队名单

1. 发行方（以发行债券准备材料的团队为主）。

2. 发行方的日本法律顾问，负责提交披露材料，并担当发行者在日本的代表。

3. 安排方，包括以下部门：

（1）信用审评部门检查发行者信息，负责尽职调查；

（2）交易管理部门检查发行方信息、募集说明书中债券的条款和条件，作为安排方代表与日本法律顾问联系；

（3）零售战略部门同分配组合财团（Syndicate）配合，确定发行者和协调其他产品的发行时间，同每个分部销售人员联系和促销；

（4）分配组合财团（Syndicate）同零售战略部门配合决定向哪个发行者提出发行建议和确定发行时间，草案发行条款和条件，确定票面利率和价格；

（5）债券资金部（DCM）配合整个过程，初级阶段与日本法律顾问联系，同承销信用审评部门行使尽职责任，代表安排方与发行方联系。

13 在首次填写uridashi储架注册证券注册声明之前要求发行者填写答案或双方举行电话会议。

三、需要准备的材料

1. 发行方需要准备的材料。

（1）欧洲中期债券计划和相关协议：欧洲中期债券计划、代理协议（代理协议需要日本法律顾问翻译并附在提交材料中）、经销协议、尽职责任问与答；

（2）欧洲中期债券计划的法律意见；

（3）欧洲中期债券计划的简要介绍；

（4）在提交材料 2 ~ 3 周前更新过的评级机构对欧洲中期债券计划（而不是发行方）评级确定信；

（5）年度报告（年度或半年证券报告，最近向包括财务披露信息的材料在美国证券交易委员会的存档材料）；

（6）由评级机构提供的信用报告；

（7）关于发行者的主要新闻。

2. 日本法律顾问配合发行方需要准备以下材料：

（1）发行方财政年度结束后 6 个月内向日本大藏省关东财务局提交年度证券报告，半年结束后 3 个月内提交半年证券报告；

（2）作为发行说明书的参考，年度披露信息需接受公众监督。

3. 安排方的信用审评部门和交易管理部门审核年度披露信息文件。同日本法律顾问商榷后，如果需要附年度信息披露补充材料。

四、具体执行过程

1. 安排方交易的法律团队需要确认的是。

（1）准备材料过程包括审核发行者年度披露信息，涵盖年度证券报告（年度披露材料作为参考材料包含在募集说明书内）、半年报告（大多数主权发行者免除提交半年报告）和特别报告；

（2）除非在规定时间内完成和提交必要的补充材料否则需要修改时间表；

（3）审核年度披露材料可能需要花费额外律师费和印刷费。

2. 确定时间表。

时间表 1：在交易 1 ~ 2 个月之前，工作重点是审核年度证券报告。具体流程是：发行方向安排方提供工作指令（包括融资目的、费用、从发行者得到确认允许安排方与日本律师联系）；发行方向安排方提供所有需要准备的材料和文件，然后安排方确定工作团队和起草时间表；最后审核年度或半年披露文件；

时间表2：双方起草定价补充和协议、起草募集说明书（包括证券的信息和发行者信息）和进行尽职调查（由安排方信用审评部门准备问题后，发行者通过写信或电话会议提交答案）；

时间表3：为建账和定价时间，这段时间需要做的工作包括：需要五个工作日建账、日本法律顾问向办理储架登记的部门提交证券登记声明和补充文件、在提交后立刻向投资者发送初步的募集说明书、在定价之前行使尽责调查以及定价，定价时需要确定的是在建账结果基础上确定总发行数量、票面利率以及签订定价补充材料和协议；

时间表4：日本法律顾问向储架注册管理部门提交证券登记声明和修正的补充材料，向投资者发送补充募集说明书（票面利率、发行数量等）、几方（主要是销售方）行使尽责调查和向投资者发行债券。

第三部分　金融稳定

10. 英国金融监管体制变革

支付结算司　张卫华

英国拥有世界上第一个金融中心，金融业的发展超过三百年的历史。在国际金融界，伦敦具有明显的，甚至是不可替代的竞争优势，现在全世界35%的外汇交易在伦敦进行，相当部分的场外衍生工具也在伦敦诞生并被国际金融业广泛采用。金融监管和金融业的发展相辅相成，作为全球性金融中心，英国在金融监管方面一直走在前列。1997 年，英国成为世界上第一个采用单一监管模式的国家，后来其监管模式被许多国家所效仿。2007 年次贷危机以来，英国所受到的冲击极其严重，政府出台多项措施大力改革金融监管体系。在我国经济金融以前所未有的水平高速发展并逐渐融入全球市场的背景下，借鉴金融业发达国家的监管经验，完善中国现有金融监管体制，提高金融监管能力成为刻不容缓的任务。

本文分为三部分：第一部分回顾英国近年来金融监管体制变革；第二部分从英国监管体制变革出发，对中央银行实施金融监管的利弊进行分析；第三部分就完善和健全中国金融监管体制提出建议。

一、英国金融监管体制变迁

金融监管理论建立在“市场失灵”和“信息不对称”基础之上，是指政府通过特定的机构（如中央银行）对金融交易行为主体进行某种限定。与金融体系的发展相适应，英国金融监管经历了自由放任、安全优先、效率优先以及安全和效率并重的过程，在监管体制上由最开始中央银行监管、到按机构分业监管又重新回归到 FSA 单一监管模式。在这一演变过程中，金融机构与金融监管机构相互博弈、共同改革、共同进步，金融监管理念、手段也不断更新。英国金融监管模式的发展大致可以分为三个阶段：

（一）20 世纪 80 年代之前

英国是现代金融的发源地，借助于第一次工业革命，伦敦逐渐成为全球生产中心和世界贸易中心，进而成为全球第一大国际金融中心。20 世纪 30 年代以前，自由市场经济处于鼎盛时期，金融监管主要集中在实施货币管理和防止银行挤提政策层面，对于金融机构行为的规制、监管和干预很少有人提及。

从第二次世界大战结束到 20 世纪 70 年代，英国经济在第二次世界大战中深受影响，金融也因为缺乏竞争活力而面临丧失全球领先地位的危机。70 年代以后，英国政府放松对银行业竞争的限制和对金融业的管制，英国各金融机构间竞争激烈，金融工具、金融交易手段不断创新，金融业务、金融品种不断交叉，逐渐呈现出混业经营的局面。一直以来，对整个金融业精密复杂和灵敏的监管框架是伦敦作为金融中心的主要的竞争优势之一。由于中央银行在金融市场上的操作使得它能够发现金融企业和市场出现问题的早期预警信息，因此，中央银行负责对银行体系进行监管。一些实施自我监管的主体，比如股票交易所和伦敦的劳埃德保险社，则有它们自己的规则，政府不对其多加干预。这些机制安排是俱乐部性质的，友善的道德准则，而不是强制性的管制。在英国，这种行业自律与政府监管相结合的模式具有很长的历史。

（二）20 世纪 80 年代至 1997 年

20 世纪 80 年代以来，金融业混业经营的程度不断加深。特别是 1986 年的英国伦敦证券交易所“大爆炸”式的改革，使银行业可以从事其他业务，如从事证券及其他投资等，更是加剧了这种趋势。以新型化、多样化、电子化为特征的金融创新，改变了英国传统的金融运作模式。发生在银行业、保险业、证券投资业之间的业务彼此渗透，使英国金融业多元化混业经营的趋势加强。20 世纪 90 年代以后一浪高过一浪的金融业并购浪潮，使银行、保险、证券、信托实现了跨行业的强强联合、优势互补，银行与非银行金融机构间的业务界限愈来愈模糊不清。越来越多的非金融机构也开始经营金融产品和业务，如英国的房屋建筑业协会通过开展住房信贷业务日益银行化，事实上已经成为金融业的有机组成部分。混业经营的日益发展，使英国成为全球金融业混业经营程度最高的国家之一。

英国的金融监管没有跟上混业经营的步伐，1998 年 6 月 1 日之前英国一直实行的是“按机构分业监管模式”，共有 9 家金融监管机构，分别是英格兰银行的审慎监管司（SSBE）、证券与投资管理局（SIB）、私人投资监管局（PIA）、投资监管局（IMRO）、证券与期货管理局（SFA）、房屋协会委员会（BSC）、财政部保险业董事会（IDT）、互助会委员会（FSC）和友好协会注册局（RFS）。这些监管机构分别行使对银行业、保险业、证券投资业、房屋协会等机构的监管职能。

（三）1997～2009 年

1988 年，英国国际贸易与信贷银行几乎同时破产，英格兰银行进行干预才使银行体系没有陷入混乱。1995 年英国的老字号银行巴林银行因为新加坡分行在亚洲投资失业，又陷入了破产边缘。事件发生后，英国舆论哗然，认为金融监管不力，监管机构应该检讨。从此，英国开始总结金融监管体系的问题，认为在银行越来越多介入金融活动时代，由中央银行监管银行，实施按机构分业监管的模式有一些固有的弊病，必须进行改革。

工党政府提出：一要让金融监管机构更加独立，不受政府更迭的影响；二要让中央银行只负责货币政策，控制通货膨胀，金融监管至负责金融市场稳定，互不干扰，责任明确；三要统一金融活动的标准，按风险分类，不论是银行、保险公司还是住房基金和证券公司，同类活动服从同类的法律与监督。1997 年布莱尔执政后，首批措施就包括金融监管机制改革，立法给予英格兰银行独立地位，规定其独立负责货币政策，同时把原来监管银行金融活动的权利收回，并把原来的各种监管金融机构合并在一起，成立了专门的金融监管局（FSA），形成单一监管模式。FSA 负责监管英国所有的批发和零售金融服务行为：银行系统，资产和投资管理，证券发行和交易，衍生品和交易，保险，住房和抵押，零售投资顾问以及 7 个投资交易所和伦敦的劳埃德保险社。

（四）英国金融监管改革最新进展

2007 年美国次贷危机以来，各国金融业遭受重创，英国在此次国际金融危机中所受到的冲击也极其严重。北岩银行的倒闭以及次贷危机的蔓延，进而引发的系统性风险，充分暴露了英国银行业的脆弱性以及金融监管的缺陷。这是促使英国政府决定大力改革金融监管体系。2009 年 2 月，英国议会通过了《2009 年银行法案》（*Banking Act* 2009）；2009 年 7 月，英国财政大臣达林公布了《改革金融市场》（*Reforming Financial Markets*）白皮书，随后保守党发布了“影子白皮书”与政府白皮书争锋相对。英国金融监管体制再度成为争论的焦点。

《2009年银行法案》明确规定了英格兰银行作为中央银行在金融稳定中的法定职责和所处的核心地位，并强化了相关的金融稳定政策工具和权限。主要内容包括：一是设立特别决议机制，完善金融服务赔偿计划，强化稳定金融目标，并规定银行出现危机后的处理办法；二是建立一个新的金融稳定委员会，与英格兰银行货币政策委员会（MPC）平级；三是授予中央银行在动荡市况中保持市场稳定的法定责任，以便在危机时及时做出反应。

2009年7月8日，英国财政大臣达林发布一份名为《改革金融市场》的白皮书，白皮书是英国政府对本国金融监管全面审查的一部分，就次贷危机的成因及今后英国金融监管体系的改革进行了阐述。其主要内容包括：一是改革监管机构。首先，设立新的金融稳定理事会，旨在分析和检查英国经济金融稳定中出现的风险，协调三方做出适当反应。其次，增强FSA的治理安排和法律框架，在原有授权的基础上，扩大FSA的权力，确保FSA能使用自己的主动许可变化和干预权。二是控制系统性风险。各监管者和英格兰银行合作，监控金融系统风险。三是加强金融消费者利益保护。四是培育竞争市场。五是加强国际和欧洲监管合作。

2009年7月20日，在大选中极有胜算的保守党的影子财政大臣奥斯本发表了一份“影子白皮书”（从危机到信心——健全的银行管理计划）。与工党政府金融白皮书截然相反，保守党的“影子白皮书”则称，获选之后将废止当前“三驾马车”的监管体系，赋予英格兰全面的金融监管权，对银行业、建房互助协会、保险公司等进行全面的审慎性监管；废除FSA，取而代之的是创建消费者保护局，以解决当前在消费者保护方面存在的FSA和公平贸易局交叉管理问题，确保消费者能够收到公平合理的对待。

虽然各方对于英国金融改革持有不同观点，但其最终目的是一致的，即加强金融监管，防止类似的金融危机再次发生。各方就采取更具干预性和更关注风险的监管模式，不仅关注单个机构，还在关注系统性风险、明确监管当局在危机银行处置中的权限和程序、改善金融监管部门之间的协调、加强金融消费者利益保护和强化国际和欧洲监管合作等达成了共识。

各方争论的最大分歧莫过于金融监管体制的变动，现任工党政府白皮书明确地将本次金融危机的爆发归咎于银行机构不负责任的经营活动而非政府监管不利。在此旨意主导下，政府全面维护现有“三驾马车”的体系，并对金融服务局委以重任。而保守党坚定地认为现有金融监管体系在过去十多年未能有效沟通以至于监管缺失，而负有金融监管重任的金融服务局未能预见、防范或降低金融危机的肆虐，其责难咎。因此保守党提议全面改革现有体制，废除现有的金融服务局（FSA），构建由中央银行独大、全面负责银行、保险、投行等几乎所有金融机构监督管理的模式。

二、对英国金融监管体制变革的分析

广义而言，金融监管体制是为实现金融监管目标服务的制度安排，包括金融监管法规体系、金融监管主体组织结构、金融监管主体的行为方式等。狭义而言，金融监管体制仅包括金融监管主体的组织结构。世界各国的金融监管体制并没有统一的模式。根据调查统计，在欧洲，比利时、丹麦、英国、德国、瑞典与奥地利6个国家实施的是单一金融监管部门负责监管的模式，而希腊、爱尔兰、意大利、法国、西班牙、葡萄牙和荷兰等仍然实行中央银行负责监管，尤其是负责监管银行的模式。中央银行实施金融监管是否有利于实现监管目标全球并无定论，但2007年以来，次贷危机的爆发让人们再一次对此展开激烈讨论。与英国现在的情况类似，另一个全球金融中心——美国目前最热门的金融监管改革的焦点也同样在于体制之争：大联储模式 vs 小联储模式，大联储模式即赋予联储除货币政策之外更多的银行监管权力，小联储模式则是联储更多集中精力于货币政策。那么中央银行实施金融监管，究竟有何利弊?

中央银行是否应该实施金融监管关键是看是否能够有利于实现金融监管的目标。近年来，各国对金融监管的目标已经达成共识：第一，金融监管要确保宏观稳定性和微观稳定性。宏观稳定性即要求对整个金融体系进行监管；微观稳定性要求对单个金融企业进行监管。第二个目标，是要保证金融市场的信息透明以及投资者保护。这与资源分配的公平性相关，宏观层面上，透明要求公平对待和信息公开；微观层面上，包括对所有的金融企业不歧视，一视同仁。第三，金融市场监管应该提高金融系统的效率，提高金融机构之间的竞争。这个目标要求控制市场的竞争结构，一方面防止出现垄断，另外一方面又要防止过度竞争。

从英国金融监管体制发展过程中可以看到，中央银行并不天然具有金融监管的职能。中央银行最先成立是由于货币稳定和银行间清算的职责。由于19世纪中叶以后，连续不断的经济动荡和金融危机促成了最后贷款人制度的诞生，中央银行才自然而然承担了最后贷款人的职责，从而具有了银行监管、进而金融监管的职责。世界上大多数国家金融监管的发展过程与英国类似，中央银行承担银行监管职责具有悠久的传统。

1998年之前，英国中央银行一直承担部分金融监管职责，适应了当时金融市场的发展。中央银行承担金融监管具有很多优势：首先，有利于货币政策的制定和执行。履行金融监管职能使得中央银行的信息更为全面，因而对整个金融市场有更好的判断，而且金融监管职责有助于货币政策朝着中央银行预计的方向执行。其次，有利于防范系统性风险，实现宏观稳定性。此次危机爆发后，无论是英国议会《改革金融市场》白皮书，还是保守党的“影子白皮书”都提出要加强英格兰银行作为中央银行在金融稳定中的法定职责和所处的核心地位，以防范系统性风险。由于宏观审慎与货币政策紧密结合，中央银行天然具备宏观审慎视角，从这个角度上说，中央银行监管模式是防止正常时期金融风险积聚的最有效的方式。再次，发生金融危机期间，由于中央银行是“最后贷款人”，中央银行对整个银行业状况了解的最为透彻。在此次金融危机过程中，当整个金融市场惊心动魄之时，只有中央银行可以挺身而出。因而，中央银行实施金融监管有利于危机的化解。最后，避免专门的金融监管机构与中央银行分别负责金融监管与货币政策造成的协调成本高问题。在英国，如果金融监管服务局决定何时针对正在出现的过度冒险行为进行控制，那么这种控制很难与货币政策协调，因为货币政策必须应对同样的事态发展，并且通过同样的信贷渠道进行操作。

虽然各界普遍对予中央银行承担宏观审慎监管职能给予支持，但中央银行承担金融监管职责也有弊端：首先，目标冲突问题。中央银行最关注的目标应该是宏观稳定性，而保护消费者利益和提高金融企业竞争效率和效益就显得不那么重要，但这些目标也是现代金融监管的重要内容。其次，英格兰银行可能会在货币政策上面临两难选择：一方面作为中央银行，英格兰银行要负责货币政策的稳定，要注意商业银行的贷款规模与通货膨胀指数；另一方面，又要注意商业银行的证券交易风险，保证银行充足的流动性，防止银行陷入流动性危机。因此中央银行负责金融监管客观上存在只注意货币政策的稳定性而忽视监管银行金融业务的可能，这个矛盾尤其当货币政策与银行流动性需求之间产生目标冲突时更为突出。再次，中央银行的权力越大，对部门间信贷分配的干预越多，就越需要受到更为严格的审查。最后，从公平、公正的角度来看，赋予中央银行过大的权力，容易造成角色冲突。决定货币政策是中央银行的首要职责，意味着中央银行是规则的制定者；赋予其监管权，无疑是让其承担裁判员的角色。让一个人同时身兼比赛规则制定者和裁判员的两重身份，那么公正则无从谈起。正式基于这些认识，1997年工党改革才坚决要将所有的监管权从英格兰银行分割出来，全权赋予金融监管局。

总体而言，如果中央银行承担金融监管职责那么最大的优势是可以有效化解系统性风险，但同时要注意保护消费者利益、提高金融机构竞争效率以及保证微观稳定性问题。

11.《巴塞尔协议Ⅱ》与银行信息披露

太原中支　刘巍

布雷顿森林体系崩溃之后，各国监管当局纷纷修改与完善金融立法，以提升本国金融机构的国际竞争力。与此同时，通过一套行之有效的统一监管标准来维护国际金融稳定也提上了议事日程。1974 年，以德国赫斯塔特银行与美国富兰克林银行倒闭为契机，美国、英国、德国、日本、比利时等国齐聚瑞士巴塞尔，商讨成立“巴塞尔银行监管委员会”（巴塞尔委员会），旨在交流金融监管信息，制定监管规则，完善和弥补各成员国监管机制的缺陷，维护国际银行体系的稳健运行。二十多年来，该委员会一直致力于银行监管规则的制定与实施，开展了许多卓有成效的工作。目前已拥有 100 多个协议成员国，其制定的规范也日益为世界各国所认可或接受。

一、巴塞尔协议的历史演进

迄今为止，巴塞尔委员会共颁布过三个重要协议。针对跨国银行监管主体缺位的状况，1975 年协议提出应由母国与东道国的监管机构共同承担监管责任的观点。此后历经 8 年的酝酿与实践，又颁布了《银行国外机构监管原则》，对 1975 年协议进行了修订和细化，提出了“股权原则为主，市场原则为辅；母国综合监管为主，东道国个别监管为辅”的总体思路。但当时提出的监管原则较为抽象，实用性不强，各国在执行监管时缺乏统一标准。于是在征求各方意见的基础上，1988 年巴塞尔委员会通过了《关于统一银行资本计量和资本标准的协议》，即通常所说的《巴塞尔协议Ⅰ》，该协议对银行监管特别是资本充足率、信息披露等环节进行了详细地规范，而且在实施效果方面也取得实质性进展。此后，为适应银行业务的不断创新，巴塞尔委员会对《巴塞尔协议Ⅰ》进行了局部完善，如 1995 年颁布的《表外业务风险评价指南》，1996 年颁布的《资本协议关于市场风险的补充规定》，1997 年为应对亚洲金融危机颁布的《有效银行监管的核心原则》等，上述规范尽管在一定范围内发挥了救急作用，但容易导致银行监管过分依赖资本充足指标，风险的评级与权重处理呈现模式化，统一有效的监管框架始终未能形成，监管套利行为屡见不鲜。巴塞尔委员会意识到这些问题，于 1999 年 6 月推出《巴塞尔协议Ⅱ》的第一个征求意见稿，明确提出以市场与风险为基础确立新资本标准，强调银行应对风险信息进行重点披露，并力求使市场约束成为监管机制的有益补充。此后，巴塞尔委员会连发数个征求意见稿，对《巴塞尔协议Ⅱ》进行了后续修改与完善。2004年6月26日，《巴塞尔协议Ⅱ》在十国中央银行行长会议正式通过，并于2007年初在十国集团首先适用。

在颁布两大资本协议的同时，巴塞尔委员会还陆续推出一系列与银行信息披露相关的调查研究报告，这些文件虽不具有强制性，但对国际银行业提高信息披露质量与完善国际银行市场约束具有十分重要的参考意义，表1列示了巴塞尔委员会颁布的与银行信息披露相关的重要文件及其主要贡献。

表1　相关文件及其主要贡献

发布时间	文件名称	主要贡献
1995－05	银行与证券公司衍生金融工具业务监管信息框架（与IOSCO技术指导委员会联合发布）	系巴塞尔委员会发布的关于信息披露的第一份文件，提出对银行衍生金融工具进行有效监管所必需的信息披露框架
1995－11	银行和证券公司衍生产品交易公开信息披露	通过考察国际活跃银行衍生工具披露情况，提出加强信息披露的相关建议
1996－01	关于市场风险的补充规定	强调了风险披露对于市场约束的重要意义
1997－09	有效银行监管的核心原则	首次提出信息披露是银行监管框架必不可少的组成部分
1998－09	提高银行透明度的报告	阐明了银行信息披露的重大意义，并提出“透明性”具体标准及应予以重点披露的内容
1998－10	关于确定贷款价值、计提呆账准备金、加强信用风险信息披露的指导原则	提出应按照公认原则编制财务报表以增强银行信息披露的充分性和真实性
1999－06	新资本充足率框架	首次提出银行监管的三大支柱，并对其内在相互关系进行了深入阐述
2001－04	银行公开信息披露：1999年调查结果	首次对13个国家57家活跃银行的信息披露状况进行了实际调查，为新资本协议的出台提供了依据
2001－04	最终报告	强调定量信息的披露，并指出应加大实时披露的比重
2004－06	巴塞尔协议Ⅱ	对银行业的信息披露做出系统完善的规范与指导，在国际银行业信息披露实务发展进程中起到划时代的作用

资料来源：www. bis. org.

二、市场约束的理论内涵

巴塞尔委员会通过信息披露强化市场约束的理念由来已久，这一理念随着协议的嬗变由外挂式逐渐转变为内嵌式。在旧协议中，信息披露与市场约束是作为监管机制的附属部分而出现的；在新协议中则被单列为一大支柱而进入基本框架。新资本协议以“公众利益理论”与“社会责任理论”为基础，提出了实现银行有效监管的三大支柱，即资本要求（Minimum Capital Requirement）、外部监管（Supervisory Review Process）与市场约束（Market Discipline），并将透明度视为银行信息的核心特征，从而确立了新巴塞尔协议关于信息披露的基本框架。在新框架中市场约束的地位得到了空前强化，这既是银行治理理论的重要发展，也是现代银行业发展的必然趋势。巴塞尔委员会认为建立银行信息披露统一框架，是将银行风险暴露于市场的重要途径，这不仅能够使来自外部的约束力量得以发挥作用，也为增强银行信息可比性提供了一致、合理的披露标准。

市场约束是指在现代金融市场中，借助股东、储户等各类金融产品持有者追求自身利益的动机，引导其持续关注目标银行的经营与风险状况，并在必要时采取相应措施，从而通过自身的行为对银行经营管理构成约束，促使银行管理当局维持风险收益的平衡。因此市场约束机制是客观存在的，而其赖以存在的根本基础则是利益驱动机制、信号传递机制与投票机制。吸收的社会存款是银行的第一资金来源，存款者理应成为最强大的约束力量，是否存在存款保险制度、政府的态度以及银行规模大小等都是存款人考虑的重要因素，政府的隐性担保与存款保险制度会削弱其监督愿望，但大存款人监督愿望较之中小存款人往往更为强烈[1]。由于求偿顺序排在存款者之后，次级债持有人的关注程度相对较高，该产品持有者考虑的主要因素为银行的经营风险。优先股与普通股股东关注银行经营状况的动机则更强烈，但在银行经营状况不佳时，股东存在承担更高风险以获取超额回报的愿望，因此股东对于风险的态度带有机会主义倾向。可见，在上述几种金融产品中，次级债持有者的态度最为坚定，对于风险的抑制作用也最强。新资本协议将银行定位为公众公司，并且假设其与外部利益主体之间存在严重的信息不对称，而消除信息不对称的最主要途径就是信息披露。科学有效的信息披露能够使利益

---

1 原因是大多数国家对银行破产债务进行清算时，大型存款人往往只能按照一定比例获得清偿，而中小存款人则可获得较高比例（有时甚至为全额）的清偿。

相关主体及时准确地把握银行的盈利性、流动性与安全性，因此信息披露是市场约束的基础。

在实践中，许多银行因担心信息披露的负面效应，对于风险等信息往往采取屏蔽的态度，但从宏观与长远的角度看，适时透明的信息披露无论对于银行个体还是对于行业整体都是非常必要的。银行外部利益主体如果能够及时得到信息（即使是负面信息），就会及早做好心理准备，采取的投票行动也不会过于激烈与突然，这就对银行经营风险的相关效应进行了缓释；而蓄意隐瞒、拖延披露或伪造信息则容易导致市场的过度反应，对微观安全与宏观稳定形成极大的冲击。强化信息披露可以帮助市场甄别银行的收益与风险及可持续发展程度，从而使银行的外部治理更加有效。市场约束始终是一把“双刃剑”，经营稳健且营利能力强的银行必然受到投资者、储户及客户等市场主体的支持，也会受到监管机构相对宽松的管制，从而获得良好的发展环境；而风险程度高的银行则不仅要支付更高的风险溢价，在市场竞争中处于劣势地位，还会受到监管者更为严厉的监管，或被勒令采取其他安全补救措施，双重惩罚机制在理论上能够有效保证市场约束的效果，促使银行坚持审慎经营原则，时刻警惕潜在风险，当然也对银行的信息披露提出更高要求。

资本要求与外部监管在 1988 年协议中就占据非常重要的位置，但随着银行业经营业务的日益复杂化与风险构成的日趋多元化，单凭以资本充足率为代表的资本要求体系不能有效发现和防范银行的全部风险；而外部监管也往往表现为被动式与事后式，即使存在事前审批与事中监控，也由于监管者与被监管者之间信息拥有量存在差距，多数都收效甚微。透明的信息披露可以使监管机构对银行经营进行全程监控，使被监管者的异化行为及时得到矫正，确保市场惩罚机制有据可依。正是认识到有效信息披露对于银行控制风险、健全经营的重要作用，巴塞尔委员会经过广泛地调研与征求意见，将以激励与惩戒为基本要点的市场约束确立为第三支柱。因此，新巴塞尔协议是一个“三位一体”的完善系统，资本要求、外部监管与市场约束从不同的角度和层面构筑了维护银行稳定的三道防线。信息披露不仅是第三支柱的核心内容，还可以为第一、第二支柱发挥补充作用。

三、《巴塞尔协议Ⅱ》的披露框架

（一）适用范围

新资本协议规定了对不同银行集团的不同要求及资本充足率指标涵盖的范围，并规定银行集团应披露全面并表的运用情况，以便信息使用者了解某些主体是否被并入表中及不同计算程序对银行资本充足情况的影响。还规定银行集团应披露全面并表要求实体和集团内部次并表要求实体的运行情况，使市场参与者了解某些实体没有被并入表中进行计算的原因以及不同计算方法对银行机构资本水平的影响。同时新协议建议银行集团对未并表子公司的一级资本和二级资本中扣减总额的相关信息予以披露，并将集团内部比例并表主体、贡献盈余实体、资本转移存在障碍实体等纳入披露范围。较之旧协议，新协议扩大了披露规范的适用范围，大大增强了信息的有用性。

（二）披露原则

新资本协议倡导理性披露，实用性、灵活性、可比性与适度性是其基本原则。首先，新协议重新明确了银行资本、核心资本与资产风险权重等关键概念；强调将表内项目披露与表外信息揭示并重，应如实评估与披露银行本身的综合实力；指出披露要面向信息使用者，定位于形成有效市场约束机制。其次，新协议将信息披露和风险管理程序设置与模型应用紧密结合起来，并将每类项目都划分为核心披露与补充披露，风险管理机制完善的银行可以只进行核心披露，以激励银行加强内部风险控制。再次，新协议注重披露的实质统一而非形式统一，新协议规定各国银行监管当局在披露要求、披露方式与惩戒机制方面可以适当自由裁定，并建议将第一支柱与第三支柱结合运用；同时强调信息披露的程度应与内部评级系统的应用程度成正比，即若银行自主采集数据、自行开发模型并建立评估框架，则应强化信息披露，这样对于分别采用标准法与内部评级法的银行来讲，内部信息的依存度不同，相应的披露标准也有所差异，既减轻了银行披露负担，为各国监管机构自行制定监管规则留有余地，又保证了披露信息的可比性。当然，新协议并不坚持“唯披露论”，银行业毕竟是一个特殊的行业，过度披露不仅会造成市场的混乱，影响金融秩序的稳定，也会为搭便车者复制优质银行资本结构、经营战略与经营理念提供机会，因此新协议所主张的披露是一种适度披露。

（三）披露要求

表2　　核心披露项目的细化（部分）

项目 说明	定性披露	定量披露
资本结构	• 资本工具的实质与特征 • 混合资本工具的内部构成及其他特别说明	• 一级资本的总量与结构 • 二级、三级资本的总量及其扣除额

续表

项目 说明	定性披露	定量披露
资本充足	• 资本充足率评估方法	• 信用风险调整后的资本要求 • IRB 下的资产组合、股权投资风险要求 • 市场风险调整后的资本要求 • 操作风险调整后的资本要求 • 总资本充足率以及主要分支机构资本充足情况
市场风险	• 市场风险的计量模型 • 资产组合压力测试的结果及分析	• IMA 法下在险价值的计量结果及其与实际结果之间的差异 • 标准法下资产的利率风险、汇率风险评估结果
信用风险	• 信用风险的管理政策与缓释技术 • 资产减值准备的提取技术及统计依据	• 信用风险的敞口总额 • 衍生金融工具所能够覆盖的风险暴露

新资本协议在资本结构、风险敞口与资本充足等关键披露领域制定了详尽的操作标准，提供了具体模式，将披露行为分为核心披露与补充披露，前者为必须披露的基本信息，后者为前者的补充，后者是否披露以及披露的程度要视风险的性质、资本充足状况等因素而定。其中核心披露内容包括资本结构、资本充足率、信用风险、市场风险、操作风险、资产证券化情况、风险化解措施，以及一级、二级、三级资本总额与一级、二级资本的扣减额等；补充披露的信息包括二级、三级资本的组成部分，各类风险的管理目标、策略、程序与组织机构，风险的计量模式，风险的对冲与缓解政策等。核心披露应半年进行一次，补充披露以及其他定性信息应进行年度披露，但国际活跃大银行对于风险与资本充足信息则应按季度进行披露，新协议还对披露的标准、评估等质量控制程序做出原则性要求。表 2 部分列示了新协议对核心披露项目的细化。

从上述分析可以看出，基于银行业的特殊经营对象及其先承担风险、后获得收益的储蓄—投资转化模式，围绕第一支柱的风险信息披露始终在新巴塞尔协议中居于核心地位。新协议要求银行既披露现实风险，也披露潜在风险；既披露风险信息本身，也披露风险控制情况及抵御风险能力，不仅丰富了风险披露的内涵，而且扩大了其外延，有助于“风险控制状况良好的银行能够获得市场竞争优势”局面的实现。

（四）存在缺陷

新资本协议的颁布尽管极大地促进了国际银行业信息披露效率的提高，但结合实际进行反思，其缺陷也是现实存在的，具体表现为：（1）按照新协议规定披露信息的可比性有待提高。巴塞尔委员会并未统一资本要素的定义，导致各国银行自行计算的资本充足率不具有可比性。（2）规范的制定带有明显的“规则导向”痕迹。如新协议中对贷款分类信息应用了许多复杂的模型，旨在涵盖所有监管环节，防止各种可能发生的错误，具体操作人员几乎没有职业判断与自由裁量的空间。出现这种情况的最主要原因是各国维护自身金融权益的激烈斗争导致在新协议起草与征求意见过程中进行了大量的谈判与争论，主要利益方争相将体现自己意志的条款列入新协议，从而使得协议的规定非常详尽。但银行创新日新月异、层出不穷，“规则导向”理念无法适应银行业长远发展的需要。（3）新协议与相关会计规则接轨程度不够。银行披露的大部分信息都源于会计数据系统，但目前世界各国的会计标准不统一，增加了新协议实行的难度。按照国际会计准则来统一成员国信息披露看似为一条较为简便的途径，但许多巴塞尔委员会成员国都没有执行国际会计准则，而且新协议的披露框架与国际会计准则也有出入[2]。（4）新协议主要考虑十国集团国际活跃银行的需要，而兼顾其他成员国利益较少。例如新协议较多地参考了美国大型银行的信息披露实践，并吸收了其市场分析人员的意见，将资产组合及其构成、违约产品的风险与期限分布等新内容都纳入披露范围。相比较而言，十国集团不需要进行太多变动，而非十国集团的成员国应用新协议的难度较大，其银行开发、应用新系统与人员培训等成本大大增加。又如新协议维持了原先的国别差异规定，对于本国货币国际化程度很高的十国集团就没有太大影响，但增加了非十国集团国家维持国家金融信誉与稳定的难度。

四、《巴塞尔协议Ⅱ》对国际银行业信息披露的影响

《巴塞尔协议Ⅱ》一经问世便得到国际社会的广泛关注，欧盟成员国、澳大利亚、新加坡等发达国家以及印度、俄罗斯等转型国家对其进行了积极

2　许多发展中国家认为新资本协议的披露框架实际上是按照国际会计准则委员会的相关准则而构建的，但国际金融研究院（巴塞尔委员会所倚重的高级咨询机构）的研究表明，两者的框架并不一致，新资本协议的框架复杂于国际会计准则委员会的要求。

响应。许多国家（包括许多发展中国家）都认为新协议将披露重点置于资本要求与风险监管，对国际活跃银行在风险监控方面的经验进行了很好地总结，相关披露要求能够更加精确地度量与揭示银行风险，均表示要在实践中更深入、更广泛地贯彻新资本协议的理念。重要国际组织如世界银行、国际货币基金组织等均认为《巴塞尔协议Ⅱ》更有助于提高银行业风险管理水平，完善市场约束机制，化解金融风险，较之1988年协议具有重大进步。国际货币基金组织非常赞同将市场约束纳入巴塞尔银行整体监管框架，认为市场约束可以提高市场参与者的积极性，共同形成对银行的监督合力，进而提高银行控制风险、稳健经营的意识。国际货币基金组织强调改进国际银行业信息披露的同时应改进各国会计与审计的规范与实务水平。为此，该组织建议新巴塞尔协议的第三支柱应当充分考虑各国现行会计、审计与统计标准，以使得信息能够最大限度发挥效用。世界银行也非常支持信息披露与市场约束的理念，认为这对于完善市场竞争，促进资源配置具有重要意义；主张巴塞尔委员会同国际会计准则委员会进行积极合作，最大程度发挥市场约束与会计信息披露的协同效应，并强调披露规范的设计应围绕提高透明度进行。欧洲中央银行一方面对新协议表示接受，但同时提出具体实施中存在的两个问题：一是欧盟各国对于信息披露监管标准的不统一会影响市场竞争的公平性；二是区域内各国应用的会计标准存在很大差异，对于资产减值准备的计提、资产质量的评估以及风险度量的适用模型等问题都存在不同看法。

针对新资本协议中客观存在的一些缺陷，巴塞尔委员会给予了正面回应，前主席麦克·唐纳表示新协议的发布并不具有绝对强制性，各国可以结合本国实际，选择性地实行新协议，也可继续采用旧协议；巴塞尔委员会今后将更加注重会计准则对于完善市场约束机制的作用，国际会计准则广泛而具有针对性的披露指南将促进新资本协议中披露规范质量的提高。巴塞尔委员会还发布补充公告，对信息披露的度及披露重点进行了定性说明，并将无法正常公开披露的信息分为专有信息与保密信息。当上述信息的披露危及披露主体的竞争地位或可能造成其他不利影响时，银行在说明原因的同时可以进行选择性披露。

新资本协议的实施使得银行业由片面强调外部监管转向内外监管相结合，由信用风险管理转向全面风险管理，由合规导向监管转向风险导向监管，由定性披露为主转向定性与定量相结合，实现了银行监管理念的历史性飞跃，同时也促进了国际监管的合作。但新资本协议毕竟是主要根据十国集团的国际活跃银行制定的，这些银行无论是资本充足还是披露实践都已基本符合 1988 年协议规定。但对于发展中国家与一些工业化国家，新协议显得有些超前。就我国而言，新协议对于银行及其监管机构提高识别、衡量与控制风险的能力产生了积极的影响，以内部风险评级法为核心的整套风险控制系统的应用促进了大型银行二维评估体系的建立与小银行贷款五级分类体系的完善。然而实事求是地讲，无论是新协议中的资本要求还是披露要求，都远远超越中国的现实，许多具体监管配套措施（如全面外部评级）目前在国内还不具备应用的可能性，应对大银行与中小银行在资本要求等方面进行区别对待，并将第二支柱与第三支柱中的大部分内容循序落实。

五、《巴塞尔协议Ⅱ》的发展趋势

当前金融危机表明，采取措施有效克服现有资本监管框架中顺周期因素已经刻不容缓。这就要求一方面加强对金融创新风险信息的揭示，另一方面强化各国监管机构之间的协调合作，尽量缩小监管套利空间。

巴塞尔委员会 2009 年 4 月份发布报告称：将从四个方面（充实监管资本、建立银行流动性稳健标准、完善银行风险管理、公司治理和监督、增强透明度）进一步完善现有的银行监管框架。

就信息披露而言，由于缺乏金融机构风险状况及结构性产品的透明信息，投资者和交易对手大量收缩活动，导致金融危机进一步放大。《巴塞尔协议 II》的支柱三——市场约束针对该情况制定了一系列信息披露的要求，以对其他两大支柱进行补充。应该允许市场参与方根据所披露的信息（如关于风险敞口、风险评估程序等）评估银行的资本充足程度。应重点关注证券化、表外风险敞口及交易活动的信息披露情况。各国监管当局应根据第三支柱的目标，建立稳健的内部控制制度和风险管理制度，并且辅之以有效的外部和内部审计。特别是针对银行风险管理战略与做法和风险暴露（包括信用风险、市场风险、流动性风险、操作风险、法律风险和其他风险），监管当局应与银行、投资者和其他财务信息的使用者开展积极对话。通过此种对话评估这些当事人的信息需求，评估提高市场约束有效性的工具，以及适当调整信息披露要求的标准。

12. 美国金融监管体系变革与启示

成都分行　陈艳丽

金融是把双刃剑，当虚拟经济与实体经济协调运行、匹配良好时，虚拟经济能为实体经济提高运行效率、社会资本配置效率和企业经营效率，转移市场风险，从而有效保障实体经济的发展。但另一方面，当金融发展过度，会给实体经济运行带来致命的打击。爆发于2007年的次贷危机，在2008年进一步恶化，迅速演变成为举世震惊、影响空前绝后的全球性金融危机。从雷曼兄弟的破产到花旗银行转化为商业银行，从美林证券被美国银行收购到高盛和摩根士丹利转为银行控股公司，投资银行及其高管头上的绚丽光环被一一清除。这场危机的破坏力如此盛大空前，使美国经济濒临崩溃边沿，美联储、财政部等部门被迫联手出击，采取非常的紧急救助措施，花费巨额资金，方使经济缓慢回升。鉴于金融危机的影响力与破坏力，很多人从不同角度去查找金融危机爆发的根本原因，并试图以此为鉴，从根本上清除危机根源。

一、美国金融监管体系制度变迁及特点

美国金融监管制度大体经历了以下几个阶段：

（一）制度雏形与形成阶段

1. 国民银行制度。国民银行法案旨在解决政府进行内战的融资需要以及改善银行体系的效益和健全性。1863年的《国民银行法》对于美国金融制度的发展至关重要，它标志着联邦政府开始全面和持续地介入金融制度领域，同时它将“两重性”这一概念引入美国金融制度。该法案主要有以下四方面内容：（1）在美国财政部内设立货币监理署（OCC），负责向私营银行颁发国民银行营业许可证；（2）新发行的国民银行纸币成为全国统一的货币，这种纸币只能由特许营业的国民银行发行；（3）国民银行的纸币以政府公债为发行储备，每家银行发行100美元国民银行纸币，应将90美元的联邦政府公债存于OCC；（4）国民银行应遵守最低资本和最低储备的规定。国民银行制度在诸多方面显著改善了美国银行业。发行统一纸币以取代类型众多的州立银行纸币提高了金融体系的效率；最低资本和最低储备要求在一定程度上保障了银行券的安全性。但国民银行制度存在严重的制度缺

陷，未能承担起建立稳定银行体系的任务。究其原因，大致有四点：（1）发行统一纸币虽是一项重大改进，但缺乏一种机制，可以根据公众因季节性或长期性的原因对货币需求量的变化，有条不紊地调整货币供应量。货币流通量不是随国家经济需要而调整，而是根据适用于国民银行纸币发行储备的政府债券供求情况而变化，显示出货币发行量缺乏弹性，不能对经济生活中的货币要求做出灵活反应与调整。（2）对国民银行存款准备金作统一规定和州政府对州立银行的不作统一规定相比较，是一大改进。但是，统一规定会形成“准备金尖塔式堆集”而发生金融不稳定的情况。（3）《国民银行法》未能制定制度，规定中央银行的“最后贷款人”职能，来促使货币供应量的长期稳定增长。结果，《国民银行法》不能胜任阻止银行危机。（4）国民银行制度低估了活期存款作为国家通货所起的作用，以至于国民银行面对州立银行对活期存款日益增加的使用而无可奈何。另外，《国民银行法》未能提供一种全国性的票据清算机制，严重影响了国民银行体系的效率，也极大地影响了资金的周转，不利于经济的发展。

2. 联邦储备体系制度。为了使通货发行富有弹性，提供商业票据的再贴现手段，并建立一个对美国银行业有效的监管机构，1913 年国会颁布了《联邦储备法》（*Federal Reserve Act*），该法规定了联邦储备体系的组织结构和功能。联邦储备法作为美国金融制度改革进程的一部分，在许多方面具有其特点。它标志着为了成立中央银行和解决货币管理问题的第一次重大变革；它同时也想解决金融制度的其他问题，并在一定程度上认识到金融体制和货币管理的相互关系。该法的主要目的是消除国民银行制度的低效率和不稳定，并建立一个能稳步调节现金流通量，起到“最后贷款人”作用的中央银行。《联邦储备法》在联邦储备体系的组织机构、联邦储备银行的股本金安排、联邦储备体系的职能等诸多方面具有详细规定，对于建立一个健全高效的美国银行体系而言，堪称是美国金融监管历史上的一块里程碑。虽然在 1913 年建立起了具有中央银行性质的联邦储备体系，但截至 20 世纪 20 年代后期的金融制度基本上是不受管制和自由竞争的。联邦储备体系在实际运作中面对银行倒闭破产显得软弱无力。1929 年到 1933 年的大危机更加表明了《联邦储备法》所进行的金融制度改革并没有从根本上解决这个国家银行业的“脆弱性”问题。

3. 银、证、保分业经营、分业监管格局。在美国经济“大萧条”以前，银行蜂拥买卖大公司的股票，期望从中获得暴利。由于滥用储蓄存款，造成银行资金不足，无法满足客户取款需求以及其他贷款要求，银行大批倒闭。

这种投资行为属非法利用大众存款。在这个背景下，出台了《格拉斯—斯蒂格尔法案》（《1933年银行法》），确立了证券、银行、保险严格的分业经营格局。一是对商业银行的投资活动严加限制。该法严格区分商业银行和投资银行，禁止美国商业银行从事证券投资业务；建立联邦保险制度；限制存款利息；规范银行控股公司；扩大联邦银行在其总部以外州的分行扩展权利；以及建立独立的储备和房屋贷款业法律制度。二是制定了证券监管的核心法律——1933年《证券法》和1934年《证券交易法》，成立了美国证券交易商协会（SEC），负责对全国的证券市场进行监管。

（二）发展和完善阶段：20世纪40年代至70年代末

20世纪30年代的金融监管制度改革确立了美国金融监管制度的初步框架，此后在40年代至70年代末，美国政府相继通过了一系列法律，以巩固和完善30年代确立的监管原则和监管方式。（1）强化对银行业监管的重要法律有：1956年《银行持股公司法》及1966年和1970年修正案、1960年《银行合并法》及1966年修正案、1966年《利息限制法》，1969年《消费者信贷保护法》，1974年《平等信贷机会法》、1977年《社会再投资法》，1978年《国际银行法》等。这些法律对银行业仍是加强监管，以安全性为重。（2）加强证券市场监管的法律主要有：1940年《投资顾问法》，1940年《投资公司法》，1964年《证券法修正案》，1970年《证券投资者保护法》及1975年《证券法修正案》等。这些法律对证券市场没有设置利率限制，只是制定公开、公平和公正交易的规则和有关监管措施，禁止欺诈、操纵和内部行为。基于上述法律体系，美国对金融业的监管逐步加强和完善，为降低金融业风险、维护金融业的稳定提供了有效保障。

（三）金融制度改革：20世纪80年代至90年代

20世纪80年代以来，随着金融创新的不断深化、国际金融一体化的加强，经济金融形势发生了巨大的变化，美国对传统金融监管制度进行了改革，美国国会相继颁布的重要法律有：1980年《存款机构放松管制和货币控制法》，1982年《加恩—圣杰曼存款机构法》、1989年《金融机构改革、复兴与促进法》，1991年《联邦存款保险公司改进法》、1991年《加强对外资银行监管法》、1994年《里格—尼尔银行跨州经营及设立分行效率法》和1999年《金融服务现代化法》等。这些法律法规分别针对传统金融监管制度中的金融服务定价限制、金融业务范围的限制、单一银行体制等几方面进行了金融监管制度的改革，对于打破利率管制、促进利率市场化，促进金融竞争自由化，实现各监管机构之间的协调安排等等方面实现了巨大突破。尤其是1999年《金融服务现代化法》改变了允许商业银行、投资公司和保险公司合法进入对方的业务领域，同时在相当程度上保留州具有的管辖权限，结束了银行和证券业分业经营的格局，允许通过设立金融控股公司的方式经营银行、证券、保险等广泛的金融业务。

二、现行监管体系架构、部门职能分工

（一）银行管理制度

1. 联邦银行监管体系。美国的银行包含不同实体，隶属银行范围的有商业银行、储蓄银行、储蓄和贷款协会，以及信用社等。联邦银行管理机构主要包括货币监理署、联邦储备体系、联邦存款保险公司、联邦储蓄银行管理局和国家信用社行政处。货币监理署、联邦储备局、联邦存款保险公司共同负责监管商业银行，而联邦储蓄银行管理局负责监管储蓄银行，国家信用社行政处负责监管信用社。具体分工为：各州和联邦监管机构分别对在州和联邦注册的银行进行监管，注册地成为界定银行监管部门的主要依据。对于在联邦注册的银行，成立于1870年的财政部下属OCC对非联邦储备银行的会员银行进行监管，其主要运行不是依靠财政资金，而通过特殊的制度安排，如通过支付服务和收取监管对象费用获得收入。而成立于1929年大危机中的联邦储备银行则对其会员银行、金融控股公司进行监管。它主要利用会员银行的资本金提供贷款获取利息，并从Fedwire的银行间大额支付及ACH零售支付服务中收取费用。上述两类银行大多是大银行。联邦存款保险公司（FDIC）为在各州注册的非FED会员银行提供存款保险，主要是一些中小银行。储蓄机构监管署则负责监管在联邦注册的储蓄机构和储蓄机构控股公司，国家信用合作社办公室（OTS）负责监管联邦注册和州注册且加入其保险系统的信用社。

2. 州银行管理体系。对于在各州注册的银行，则由各州的银行厅监管。美国50个州分别有各自的银行管理机制，负责审批州立银行的成立，规范在本州领域内分行的设立，制定银行存款利率以及监督银行的正常经营。

（二）证券监管体系

美国证券监管机构主要包含两个层次，具体情况如下。

1. 证券监督交易委员会（SEC）。SEC代表政府统一管理全国股票的交易活动。作为独立控制委员会，SEC不受总统和其他行政机构的控制，拥有广泛的监管权力，具有相应的行政立法权和行政司法权。其核心职能主要包括两个方面：根据国会通过的联邦证券法律，进行解释并制定相关的配套执

行细则；监督管理这些法律和规则的执行，对违法者进行行政处罚，直至提起刑事诉讼。美国证券监管立法的宗旨是在尽可能维持市场自身运行机制的前提下，确保市场诚信，保护广大公众的利益。立法的基本指导思想主要有两点：信息公开披露制度，即由政府立法，证券的发行者必须依法披露信息，投资者自行决定是否购买证券；惩罚制度，如果证券发行者进行证券欺诈或法律禁止的行为，将会受到法律的制裁。2002 年 7 月 30 日，美国总统布什签署了《萨班斯—奥克斯利法案》，又称《2002 年美国公司改革法案》，是自 1933 年以来对证券法规最大的一次改革，该法案成立独立的公众公司会计监察委员会（PCAOB），监管执行公众公司审计的会计师事务所及注册会计师；要求加强注册会计师的独立性；要求加大公司的财务报告责任；要求强化财务披露义务；加重了违法行为的处罚措施，体现出加大政府监管范围，对违法行为加重处罚的原则。

2. 联邦证券交易所和美国证券交易商协会。二者实行行业自律监管。美国证券自律管理属于法定自律模式。

（三）保险监管

与银行、证券不同，美国保险监管体系的独特之处在于，由州政府而非联邦政府主要负责监管，NAIC（全美保险监督官协会）负责协调跨州保险监管事务。一直以来，美国的保险监管体系内在的复杂性和低效率都饱受争议。在现行监管模式下，大部分保险公司发现要同时符合各个州不同的监管要求是非常困难的。只有少数的监管规则是被各州监管都采纳的，而即便是这些相同的制度，也面临着 51 种不同的监管解释和运用方式。除了经营许可要在各州重复申请外，新保险产品的销售许可也需要重复申请。

近年来，州监管体系的低效率引发了许多担忧，进而推进了一些监管改革，如允许特定保险产品一次性审查制度的《州际保险产品监管协议》等。美国人寿保险委员会一直致力于推动联邦保险监管。2007 年美国保险协会致信美国财政部部长保尔森，要求财政部考虑允许保险公司根据联邦宪章进行运营，而不再仅听命于各州的制度。也有相关提案建议参照美国银行业监管模式，创造两条平行的监管渠道。例如，《选择性联邦法规（草案）》和《2007 国家保险法（草案）》的基本思路是保险公司和保险从业人员有权选择服从联邦监管或是服从各州监管。同时，联邦国会通过立法逐步使联邦政府对一些保险市场和部分保险公司经营的控制合法化，联邦政府还推出一些不受州政府监管的保险项目，如医疗保险，以提高联邦政府在保险监管方面的话语权。但由于改革成本较高以及州监管的抵制，从根本上触及美国保险监管体系特征的改革并没有取得实质性突破，保险业仍处于有效监管的缝隙中，缺乏联邦层面的干预与控制。

（四）其他监管机构

1991年还设立独立、中立的总统金融工作委员会，由FED、财政部及各类专家组成，为行政当局的金融决策更好地理解金融行业，监督金融政策的制定，提供专业性的咨询意见。

三、当前监管体系存在的问题

（一）监管机构存在的问题

1. 监管层级繁杂且参差不齐。在对银行监管方面，有几家并列的联邦监管机构与州银行监管部门并存，各自履行监管职责；在证券监管方面，法定监管机构与行业自律管理同时并存；在保险监管方面，仅有州一级政府实施监管，尽管这与美国历史发展情况紧密相关，但各州政府各自为政，无统一的监管理念与监管规则，乱成一锅粥，难以想象其监管成效如何。另外，监管机构过于庞杂，也会出现协调和配合问题，更容易出现监管漏洞。

2. 混业经营与分业监管对立。1999年《金融服务现代化法》实施以来，各金融机构之间并购盛行，业务上相互关联，相互渗透。从金融危机中出现较大问题需要政府救助的金融机构，大都集银行、证券等业务于一身，很难区分其分类；即使从单一某项业务而言，也难以完全区分其业务归属，如次贷证券化过程中有众多不同类型的机构参与。这种业务上的混业经营，要求政府监管部门完整掌握各机构的业务经营状况。但美国到目前实际上仍实行分业监管，金融监管机构多达7家，存在混业经营与功能性监管的矛盾，各监管部门仅掌握相应信息，对经营主体风险敞口无整体把握，无法识别其潜在风险。

3. 多头监管，监管标准存在冲突。OCC 、FED之间的这种平行结构造成二者之间的监管竞争，从而争相讨好金融界，单方面给银行松绑，以吸引银行加入或不加入FED的会员。如FED按照《巴塞尔协议II》进行监管，而OCC和FDIC则按《巴塞尔协议I》监管。大通银行就曾因为FED的管制严格而脱离FED会员而转向OCC。FED与OCC在进一步紧缩还是开放银行管制上不断发生政策冲突。

4. 监管领域重叠与空白并存，监管效力不足。美国金融监管机构既有联邦的，也有州一级的，针对不同的业务领域，设立了不同的监管机构，他们之间存在着交叉和重复监管的现象，如对银行业的管理。另一方面还存在监管空白。对于飞速发展的对冲基金和私人股权投资基金，其对经济的冲击力可从亚洲金融危机中可见一斑。但监管部门无一家真正实施了监管：SEC仅掌握部分自愿登记的对冲基金情况，对于大多数以私人公司形式设立的对冲基金则毫无办法；而FED也只能基于稳定金融体系的考虑，要求对冲基金的交易对手方如银行等提供相应的数据。对一个功能复杂、影响全国甚至全世界经济、金融秩序的经营主体，有效监管缺失，监管机构掌握的相关信息支离破碎、监管要求低下，毫无监管效力可言。令人奇怪的是，对于国会一再试图监管对冲基金和私人股权基金的做法，FED内部中立的十人专家委员会在2007年6月最新的一次内部听证会上却不予以支持，至今仍无任何专门监管此类基金的法规。至于此类基金对新兴市场造成极大冲击，危及区域乃至全球金融稳定性的行为，无论是FED还是SEC或OCC都缺乏基本的国际间监管协调上的考虑。

5. 监管部门风险识别滞后。金融机构的杠杆率高，资金流向集中，但未受到任何监管机构的审慎监管。更意外的是，一个庞大的金融体系（包括投行和抵押贷款金融公司等）在正常的银行业网络之外发展起来，既不受监管又不透明，而且杠杆比例极高，其风险极高，但在美国几家相对独立并且很大程度上无效的金融监管机构眼皮底下，这些风险被忽略了，直到这个体系崩塌。同时，监管机构对风险的识别能力非常低下。在2007年初，当泡沫破裂迹象开始显现时候，许多人认为次级贷款仅对几家按揭贷款公司形成较大风险，本·伯南克在2007年3月在国会联合经济委员会前作证说，次贷市场现存问题对更广泛的经济与金融市场影响有限。监管层对市场存在的风险分析不透，识别不及时，估计不充分，更谈不上实施有效监管。

（二）宏观背景存在的问题

1. 金融行业发展过快，与实体经济严重脱节。到2007年，经济泡沫最严重的时金融服务行业成为巨大的财富制造机器，在全美企业利润中占据了40%以上的份额，包括一系列的证券在内的金融产品非常复杂，很多首席执政官、董事会董事都不能正确理解其内容，却成为促进经济增大的最大动力。按揭行业便是此金融体系中的重要部分，为华尔街的银行家精心炮制金融衍生品提供了源源不断的原料，这些按揭贷款业务经过重新包装并在全球兜售。

2. 社会信用缺失，投机心理严重。从国家层面来看，美国近年来大额财政赤字，进出口贸易大量逆差，全靠发达的金融体系融得海外投资者的资金，否则难以维系。锐联资产管理公司主席罗伯特·阿诺德（Robert

Arnott）表示，美国国家的整体债务，包括联邦债务、地方政府债务和政府支持企业（GSE）债务，占GDP的比例是140%，只有日本、黎巴嫩和津巴布韦这三个国家比美国高。如果再加上占GDP100%的居民负债、占GDP320%的公司债务，总体的负债超过了我们每年收入的550%。截至2009年底，美国的国家债务已超12万亿美元，人均超过4万美元。即从2007年9月底以来，美国国债基本上以每天约40亿美元的速度在增长，这个数字比21世纪初美国所有国债都要多。尽管如此，美国仍以高额负债维持超级大国的地位，预计截至9月的2010财年预算赤字将达1.556万亿美元，占当年国内生产总值（GDP）的10.6%，美国2009财年的预算赤字为1.413万亿美元，占当年GDP的9.9%。尽管捉襟见肘，美国依然维持在阿富汗、伊拉克的两场豪华战争，不停地开出促进就业、减少企业税负等药方试图拉动经济向前发展。如果经济增长不足应对内外债务，可以采取弱势美元的方式把外国投资者对美国的债权毁于无形，从某种程度上来说，是一种无赖的行径。从居民层面来看，部分金融机构唯利是图，不惜乱拉客户；部分居民个人诚信度较差，明知不具有购房能力，仍想从资本市场分得一杯羹。其不诚信心理在按揭市场最为明显。银行不顾贷款人的收入情况与支付能力，急于发放住房贷款，贷款申请人无须提供任何书面证明，即可以几十万年薪收入作保，贷得50万美元的按揭贷款。而大的经纪公司则以高额的债务下注，华尔街金融公司的债务与资产比例高达32∶1，当运转正常时，高杠杆战略为华尔街攫取高额利润。当运转出现问题时，便带来一场灾难。因此，全社会信用缺失，投机心理盛行，是这场金融危机产生的社会原因。

（三）金融主体存在的问题

1. 金融创新工具的潜在风险。20世纪80年代以来金融管制的放松，激化了金融业的竞争，也极大地推动了金融技术的应用和创新型金融工具的发展，金融机构经营的交易品种日趋多样化，衍生金融品不断涌现，银行表外业务迅速膨胀，导致金融领域异常脆弱。一旦某个环节出现问题，不仅危及一个金融机构，甚至会动摇整个金融体系的稳定。美国财政部部长盖特纳2009年7月10日表示，金融衍生品过度发展及缺乏有效监管是导致金融危机的重要原因之一，过去十年，美国金融衍生品市场过度发展，尤其是场外金融衍生品市场出现了“爆炸式”增长。以2008年为例，场外金融衍生品交易总额将近700万亿美元。尽管金融创新有利于一些企业控制风险，从而给美国经济带来好处，但同时也为美国经济带来了危险和挑战。由于场外衍生品交易缺乏透明性，以及美国缺乏有效监管，才使金融市场产生系统性风险，并成为金融危机爆发的重要原因之一。

2. 金融机构的道德风险。金融监管的放松，为金融机构从事广阔的金融业务提供了巨大的空间。同时，激烈的金融业竞争，也促使金融机构为获取丰厚的利润去经营有风险的金融资产，甚至违规开展金融业务。银行敢于进行高风险的投资，主要原因是存在存款保险制度。对金融机构来说，政府提供存款保险意味着即使收不回债权，也不会发生兑付危机。若风险投资成功，则银行受益，若蒙受损失，则由存款保险机构承担这就是金融机构的道德风险。也正是因为有存款保险制度，在政府提供存款保险的前提下，金融机构纷纷将经营重心转向投资业务，倾向于选择高风险、高收益的金融工具，从而助长了金融机构的道德风险。

从上述分析可以看出，美国在宏观经济、金融监管体系以及金融机构等方面存在一定的问题，未能引起有关部门的重视，导致信用风险累积，并进一步演变为金融危机。危机爆发后，美国政府一方面致力于危机救助，一方面采取措施修补金融监管法规、重构金融监管体系，防范类似风险的再次发生。

四、美国金融监管改革方案及进程

（一）萨默斯主张

萨默斯曾在克林顿执政期间1999～2001年担任美国财政部部长，并于2009年被奥巴马总统任命为美国国家经济委员会主席（National Economic Council，NEC）主席，负责金融危机后美国经济的复苏政策。他提出的五大建议被视为奥巴马政府推出金融监管改革方案的序曲。其主要内容是：

1. 应对系统性风险实施监管。这包含两个方面的内容：其一是要有“一家机构”对“规模特别大、关联性特别深、风险特别显著”的金融机构所可能产生的系统性风险进行监管；其二是将过去基本上未受监管的市场（如柜台交易金融衍生品市场）纳入监管体系，以减少市场操纵和舞弊，提高透明度，降低产生系统性风险的可能。

2. 确立监管职能。建立能够解决银行控股公司和非银行金融机构倒闭问题的监管者。

3. 确保金融机构有合适的资本充足率。杠杆率过高使金融机构处于更大的风险之下，不仅可能给自身，还会给其客户带来巨大损失。资本充足率是金融监管改革的重中之重。

4. 降低监管随意性。改变金融机构挑选监管机构，监管机构之间竞争并依靠金融机构支付管理费以维持运转的模式。

5. 维护消费者权益。必须将消费者利益置于监管对象之上。奥巴马近日签署的信用卡法案是迈出的第一步，此后还需要对“次贷”及其他消费者信贷领域加强监管。

（二）《金融监管改革方案》内容及其进展

1. 《金融监管改革方案》主要内容。6 月 21 日奥巴马政府向国会提交的《金融监管改革方案》来看，其监管立法改革主要涉及五个主要内容：一是系统性风险监管立法，二是场外衍生品市场监管立法，三是薪酬改革立法，四是消费者保护立法，五是信用评级机构监管立法。

2. 众议院立法进展。7 月 31 日，众议院通过了与金融机构薪酬改革有关的《2009 年公司及金融机构薪酬公平法案》（*the Corporate and Financial Institution Compensation Fairness Act of* 2009）。众议院金融服务委员会已分别于 10 月 15 日通过了《2009 年场外衍生品市场法案》（*the Over – the – Counter Derivatives Markets Act of* 2009），10 月 22 日通过了成立消费者金融保护署（CFPA）法案、《2009 年加速消费者信用卡改革法案》（*the Expedited CARD Reform for Consumers Act of* 2009），并于 10 月 28 日通过了加强对评级机构监管的《信用评级责任和透明度法案》（*the Accountability and Transparency in Rating Agencies Act*）。此外，该委员会还于 10 月 27 日与财政部共同发布了《金融稳定改进法案》（*the Financial Stability Improvement Act*）草案，旨在处理系统性风险和“太大而不能倒”机构。

尽管众议院在金融监管改革领域取得了多项突破，但在参议院方面，金融监管改革立法进展并不太大。据悉，虽有参议院议员就上述领域分别起草法案，但均未获得委员会的通过。

3. 立法程序。根据美国的立法程序，参、众两院通过各自的监管改革法案后，两院还需要在各自版本的基础之上进行协商和修改，最终形成的法案还需再次经由两院投票方可正式提交总统签字生效。

（三）近期众议院方面金融监管改革法案

1. 《金融稳定改进法案》主要内容。10 月 27 日，众议院金融服务委员会和财政部共同公布了《金融稳定改进法案》草案。该项法案是美国金融监管改革一揽子方案中最重要的一个。众议院金融服务委员会版本法案主要内容包括：

创立金融服务监管委员会（Financial Services Oversight Council），负责对系统性风险进行监测。

解除《格雷姆—里奇—比利雷法案》（*Gramm－Leach－Bliley Act*）对美联储的限制，美联储有权对所有系统性的机构实施审慎监管。此外，对美联储和其他联邦金融机构进行特别授权，使其可以以维护金融稳定为目的，为解决金融体系中存在的问题迅速采取行动。

联邦监管机构可采取不同方式对具有系统重要性机构实施监管，以应对具体风险。对此，将没有统一适用的监管标准。

成立银行资产处置资金（Resolution Fund），为资产规模在100亿美元以上的金融机构提供救助，并为其安排较为灵活的偿付期间。

大型、高度复杂金融公司的倒闭应该依据有序、可控的原则进行，以确保金融体系的全面稳定。

金融救援行动的成本将按照“污染者付费”模式（polluter pays model），由金融行业自身而非纳税人承担。

为控制信贷风险，要求资产证券发行商至少拥有5%以上、10%以下的所售证券。

2.《信用评级责任和透明度法案》。众议院金融服务委员会于10月28日下午在其网站上发布声明，称以49对14票通过了《信用评级责任和透明度法案》草案。该法案草案的起草人是国会议员、众议院金融服务委员会资本市场、保险及政府支持企业分委会主席保罗·堪乔斯基（Paul E. Kanjorski）。堪乔斯基表示，《信用评级责任和透明度法案》旨在抑制信用评级机构的不合适和不负责任的行为。这项法案建立在奥巴马政府提案基础之上，并且采取更为“严厉和有效的”措施以降低评级公司的利益冲突和道德风险。草案的主要内容包括：

阐明个人有权对全国性统计评级机构（NRSROs）提出诉讼。

赋予美国证券交易委员会（SEC）监管权。如发现评级机构对职员管理存在漏洞，可对机构专职监督责任人进行制裁。

要求NRSRO董事会中至少有三分之一以上为独立董事，这些董事将负责监管评级政策和程序，预防利益冲突以及改善内控。

为旨在减少由发行人付费模式（issuer－pays model）造成的利益冲突，法案纳入大量新的具体要求。此外，法案还将增强NRSRO合规官员的责任和可靠度。

加强信息披露力度。要求评级机构披露内部操作和运作程序以及有关收入的详细信息。

采取旋转门保护措施（Revolving－Door Protections）。若某NRSRO雇员

成为被评级公司雇员，则要求 NRSRO 对该职员过去一年的评级操作进行回顾，并报告 SEC。SEC 将公开该职员姓名和新公司名称。

（四）奥巴马总统近月来新主张

1. 开征金融危机责任费（financial crisis responsibly fee ，FCRF）。奥巴马总统于 2010 年 1 月 14 日公布向银行征收金融危机责任费的提案内容。在提案中，他提议利用至少十年时间向 50 家左右的金融机构征收 900 亿美元左右的费用，用来偿还救助金融机构给纳税人带来的损失，主要包括包括四个方面内容：

征收 FCRF 费，让金融体系回吐超常的既得利益。大型金融机构的冒险行为导致了金融危机，又在政府大规模的稳定金融系统救助行动中获取了诸多好处。政府要征收 FCRF 费，保证纳税人用于救助金融体系的损失得到偿付，从而避免抬高财政赤字规模。FCRF 费将分十年征收，但可视偿还 TARP 资金情况予以延长。这项收费预计从 2010 年 6 月 30 日开始，持续十年。如果十年后 TARP 资金的成本仍未回收，可延长收费。此外，政府会要求财政部在此提案生效五年后公布收费的政策效果及 TARP 成本的回收情况。总筹资额将达 1 170 亿美元。在审慎管理和金融系统稳定计划的作用下，TARP 的预计成本已大幅下调，2009 年 8 月原预计 TARP 成本会达3 410 亿美元，如今估计只需要花费 1 170 亿美元，下降了 2 240 亿美元。因此，奥巴马总统提议在 12 年内通过收费筹款 1 170 亿美元，其中前十年筹款金额为 900 亿美元。征收范围涵盖大型高杠杆公司。对综合资产超过 500 亿美元的金融机构，按其负债比例（0. 15%）进行收费，借此防止大公司过度举债。银行的一级资本包括普通股与优先股、披露的储备、留存收益以及银行已投保的储户存款均不在收费之列。预计从 10 家最大的金融机构征收的费用将超过总额的 60%。

2. 限制金融机构经营范围和规模。美国奥巴马总统与美联储前主席沃尔克（Paul Volcker）、证券交易委员会前主席唐纳德（Bill Donaldson）、众议院金融服务委员会主席弗兰克（Barney Frank）、参议院银行委员会主席多德（Chris Dodd）于 2010 年 1 月 22 日共同提议限制银行和其他金融机构规模与经营范围，以防止金融机构过度承担风险，切实保护纳税人利益。主要内容如下：

限制业务范围（limit the scope）。总统及其经济专家团队将与国会一道制定相关规定，确保银行或辖有银行的金融机构不得拥有、投资或发起（own, invest and sponsor）对冲基金和私募基金，不得从事无关客户服务的自营交易行为（Proprietary trading）并从中谋取利益。控制规模（limit the size）。建议限制金融行业的合并与整合，限制最大金融机构在市场的负债比例过快增长，以增加存款在市场的比例。

五、对有关改革措施的简要评价

尽管这些措施还未通过特定立法程序，在增强系统性风险管理、加强对衍生品和信用评级公司监管、促进金融机构有序倒闭、保护消费者和纳税人权益等方面已在一定范围内达成共识，但仍然存在下列问题。

（一）机构繁杂问题依然存在

应当进一步完善监管机构设置，一是维持现有的联邦和州政府两级监管，但需进一步清理整合联邦一级的银行监管机构，将功能相似的予以合并；二是新建联邦保险业监管机构，弥补对保险业监管层级太低、各自为政的缺陷。

（二）剥离金融机构自营业务在操作上非常困难，且对金融机构影响非常大

业务拆分并不能阻止金融机构大而不倒，且金融机构壮大是金融行业竞争的结果，让大企业在原地踏步等待小企业壮大，对大企业而言，有失公允，对大企业的限制会最终演变为对小企业的纵容。应当顺应当前混业经营的事实，终结分业监管的局面，开展以经营主体为对象的综合监管。

（三）监管法规有待统一

对同类行业与同类业务的监管，应当保持联邦和州政府的监管原则与要求一致，统一市场管理、统一交易法规、统一风险管理，以切实防范监管部门之间不必要的竞争，给金融机构提供可乘之机。

（四）对大型金融机构的管理缺少足够的威信

华尔街无论经济财力还是政治影响非常大，会影响监管改革内容与进程。以薪酬发放为例，奥巴马曾多次指责华尔街薪酬过高，但华尔街的大红包依然照发不误。因此，尽管奥巴马政府高调推行严厉监管，却大多是雷声大雨点小，打到华尔街身上的棒子轻之又轻。大量美国专家学者批评美国政府“被华尔街绑架”，《纽约时报》曾发表评论说，本轮金融危机已历时近两年，华尔街却依然左右着华盛顿。应当采取金融机构高管任职资格审批或备案制度，对有劣迹或不良记录，或在任期间其带领的公司经营活动对金融系统造成较大危害的，监管机构应当罢免其任职资格。

（五）金融行业过度私有化，对国家宏观政策执行形成一定阻碍

对美国而言，失业率高企是当前经济中最大的问题，而解决小企业借贷问题至关重要。目前金融机构贷款的对象主要集中于大企业，小企业贷款非常困难，对扩大就业，创造工作机会非常不利。但银行等金融机构均属私营企业，注定其必然以逐利为中心任务，难以寄希望于他们因金融危机期间受助于民众，从而大出援手，降低放贷门槛。因此，政府应当适当拥有一定数量的的金融机构作为政策性金融机构，作为维护国家整体利益的缓冲地带。

（六）缺乏责任追究机制

本次危机的累积与爆发，既有金融机构片面追求高额利润的原因，也有监管机构放松监管、监管不力的因素，以及美联储长期执行低利率政策，助推金融机构冒险心理极度膨胀。尽管如此，并无一家机构或个人承担相应责任，部分金融机构还从国家紧急救助中获得高额利润。

六、对中国金融监管体系的启示

根据以上调查研究内容，并结合我国目前监管体系架构、职能分工与监管对象业务发展趋势，得出促进我国金融监管体系进一步提高监管效力的相关启示和建议。

（一）产业布局应科学、合理，避免出现产业空心化

产业空心化是指以制造业为中心的物质生产和资本，大量地迅速地转移到国外，使物质生产在国民经济中的地位明显下降，造成国内物质生产与非物质生产之间的比例关系严重失衡。由于国内原材料、劳动力成本上涨，人民币汇率升值的趋势等因素，部分产业有转移到海外的需要；而我国高额的外汇储备能为产业转移的顺利实现提供足够的资金支持。在未来发展过程中，如果中国经济持续保持快速增长，会有越来越多的产业将转移到原材料和劳动力价格更加低廉的国家，促进中国企业在全球范围内配置资源，优化产业结构，降低生产成本，保持竞争优势。但也应吸取美国非物质部门——金融行业占比过高的教训，避免片面强调提高服务行业比例尤其是金融行业在 GDP 的占比，而形成事实上产业空心化现象。美国本次金融危机中，失业率达 10% 以上，是过去 26 年以来的最高水平，虽多种措施并举，就业情况仍不乐观，其原因在于许多工种已通过对外投资等方式输送到了国外，就业空间狭小，难以在短时间内形成新的行业来吸纳失业工人。

（二）客观看待金融一体化和金融自由化的利弊，不盲目追求放松管制

从本次危机来看，金融机构从金融自由化、一体化及混业经营中曾获得

过较快的发展，但从国家层面来看，这样的发展是不可持续的，是以牺牲金融稳定为代价，换取了少数机构、少数人的高额利益。应当坚持效率与稳定并重的原则，坚定不移地实施审慎监管，坚持分业经营原则，在各行业构建金融防火墙，防范金融风险在银、证、保三行业之间传递与相互感染。

（三）加强金融生态建设、提高全民信用意识至关重要

金融生态环境是金融业发展的基础和前提，金融生态环境的好坏直接制约着金融业发展水平的高低。培育由运作规范、操作稳健的金融机构，守法、守信的融资主体，诚信、合规的中介机构，完善、健全的法律规章，以及监管到位、运转高效的监管部门等组成的金融生态环境，能促进社会信用建设，推动中介机构合规操作，提高融资主体诚信意识，帮助金融机构防范和化解金融风险，降低金融机构不良贷款，壮大金融机构实力，实现金融业又好又快递发展，更好地服务实体经济。

（四）警惕房地产经济的两面性，应当严格区分政策行为与市场行为，加强对房地产行业融资情况的统计与监测

房地产上游可以拉动钢铁、建材、水泥，还可以一直拉动到家用电器，在促进就业、带动产业发展等方面发挥了不可替代的作用。因此，在经济不景气的时候，各国政府大多把房地产行业作为刺激经济增长的抓手，通过放宽土地供应、下调利率、减税、降低首付要求等一揽子支持措施刺激房地产供给与需求，带动其他行业走出低谷，美国政府甚至要求有关从事按揭抵押贷款业务的企业为无力还款者修改借贷合同，降低应付本金额度，避免更多的止赎房屋走向市场，压低房屋价格；但在资产价格上扬，经济过热迹象明显时，房地产行业又屡屡成为宏观调控对象，且调控效果非常不明显。就宏观经济和房地产市场稳定而言，该类做法着眼于微观、短期的经济问题，难以解决深层次的、长期的制度性问题和产业的全面重整，即无法取代经济金融体制改革、市场规律和产业政策。其存在的问题主要是：房地产行业与银行的捆绑过于紧密，对金融稳定影响较大。房地产业通过企业债券、股票、信托投资、房地产投资基金等渠道直接融资的数量较小，对银行的依赖程度则非常严重，银行信贷成为房地产融资的主渠道。同样，银行业在“政绩型”短期利益驱动下，争相进入房地产融资领域，通过银行—企业之间、银行—个人之间的借贷，满足房地产开发商以及购房者的绝大部分资金需求，同时房地产行业风险转嫁、积累并滞留于银行业体内。房地产业与银行业过于紧密地捆绑在了一起，互为挟持，这种“一荣俱荣、一损俱损”的关系，给金融体系的稳定带来极大的隐患。建议从两方面入手，长远地解决

这个问题。一是建立并发展政策性房地产供给机制，由政府向低收入者提供经济周转房、廉租房。其好处是，通过政府向低收入群体提供房屋使用权的方式，解决其住房问题，同时把具有潜在信用风险的贷款主体通过政府救济的方式排出融资体系之外，避免由此形成次级贷款。二是把房地产行业融资纳入监测体系，加强对银行贷款集中度，贷款主体贷款情况、主体之间关联情况等数据的收集、监测与预警，提高有关部门总体识别、把握风险的能力。

13. 美国影子银行及其系统性风险研究[1]

上海总部 顾颖

2007 年金融危机的爆发将影子银行体系推向了公众的视角。由于长期受到监管机构的忽视，游离于现有监管体系之外，影子银行超常规的发展最终引发了系统性金融危机。

20 世纪 90 年代以来，随着金融市场深化和金融创新的兴起，美国影子银行经历了膨胀式的发展。影子银行体系迅速壮大，增长速度大大高于传统银行体系，逐渐成为与传统银行平行的信用创造主体。影子银行的发展使美国金融体系的结构发生了根本变化，传统银行体系的作用不断下降而影子银行的系统重要性日益提高。但始于 2007 年的金融危机把影子银行体系推向破产边缘，由此引发的信心崩溃和系统性流动性危机，对金融市场产生了极大冲击，并逐步蔓延成为大萧条以来最为严重的全球金融危机。

一、影子银行的基本概念

所谓影子银行，是指与传统银行从事相同的信用创造业务，但游离于传统银行监管体系之外的市场型非银行机构，这些机构和相关产品形成的市场统称为影子银行体系。影子银行的概念最早由美国太平洋投资管理公司的执行董事麦考利于 2007 年在美联储年度会议上提出。2008 年，美国现财长、时任纽约联储银行行长的盖特纳在纽约经济俱乐部的一篇演讲中提出，“平行银行系统”是指独立于传统银行体系之外存在的“非银行”融资安排，尽管这些融资安排不是银行，但它们却发挥银行的功能，其规模和影响力非常巨大。国际货币基金组织在 2008 年 10 月的《全球金融稳定报告》中提出，影子银行的业务模式与传统银行类似，但其不能加入存款保险体系，不受中央银行的监管，缺乏最后贷款人支持，系统性风险很高。

影子银行涵盖范围广泛，基本包括金融市场上的大部分的非银行信用机构。以美国为例，属于影子银行范畴的有：一是“政府支持企业”，主要是指那些为贯彻政府某项政策而成立的信用机构。如分别成立于 20 世纪，旨在促进美国住房抵押市场发展的“两房”，即房利美和房地美公司。二是市场型金融公司，如货币市场共同基金、对冲基金、私募股权基金、独立金融公司、其他私人信用贷款机构等。三是证券经纪公司和投资银行，如危机爆发前美国五大独立投资银行。四是通过结构化投资实体、房地产信托基金和资产支持商业票据发行管道等方式涉足金融市场的大型金融控股公司，如花旗集团和AIG等。

影子银行的基本特征可以归纳为以下三点：一是影子银行与传统银行类似，通过管理资产与负债的期限错配进行获利，但不同的是影子银行创造信用的过程主要依赖批发交易模式，而非传统银行的零售模式；二是影子银行的产品结构设计非常复杂，信息公开披露的透明度差。影子银行体系衍生出的各类结构化衍生品大都在场外交易市场进行，信息披露制度很不完善；三是杠杆率非常高。由于影子银行不需要像商业银行那样受到严格的资本充足率监管，常大量利用财务杠杆举债经营。

二、影子银行的发展

影子银行的发展始于20世纪70年代，随着布雷顿森林体系的坍塌和美国资本市场的繁荣，直接融资模式取得竞争优势。其间，以商业银行、共同储蓄银行及保险公司为首的传统银行体系持有的金融资产的份额持续下降，而货币市场基金、保险基金和共同基金等与金融市场高度关联的金融机构不断壮大。20世纪80~90年代美国资本市场的创新为影子银行发展提供了历史性机遇。金融部门广泛兴起的证券化热潮改变了传统银行体系的经营模式，大量非银行金融机构在金融体系中的重要性大大提升。住房抵押贷款、消费贷款和信用卡应收账款等信贷资产被大量证券化，并在二级市场上进行交易。尤其是在20世纪90年代末《格拉斯—斯蒂格尔法案》取消后，商业银行出于应对非银行金融机构的竞争及追逐利润的动机，也大举进入资产证券化市场的各个环节。

21世纪以来，美联储为挽救科技泡沫破灭后的美国经济，实施了过度宽松的货币政策。长时期的低利率政策刺激了美国房地产市场快速发展，与之相关的证券化市场规模急剧增长。同时，金融创新的发展引发新的金融工具、金融机构和金融子市场层出不穷，金融体系脱媒化程度进一步提高。在这个发展过程中，影子银行逐渐成为可与传统银行相匹敌的市场主体，影子银行体系的系统重要性也急剧提高。

根据美联储的统计，截至次贷危机爆发前的2007年第二季度，美国传统银行业的资产总额为12.8万亿美元，但由“政府支持企业”、资产证券化发行人和投资银行等组成的影子银行体系的总资产高达16.6万亿美元。从增长速度上来看，影子银行体系大大高于传统银行业、企业部门和家庭部门的资产增速。截至2008年，由美国私人部门及“政府支持企业”发行的住房按揭支持证券（RMBS）市场规模高达6.7万亿美元，资产支持证券市场总规模达1.2万亿美元，商业票据市场达到了8 000亿美元的规模。场外衍生品市场的合约名义价值更是高达684万亿美元，约为当期全球GDP的15倍。在次贷危机期间广受诟病的信贷衍生品，比如信用违约掉期（CDS），据国际清算银行统计，截至2007年底，CDS全球市值在45万亿～62万亿美元。

三、影子银行的脆弱性及对金融稳定的影响

（一）影子银行自身的脆弱性

影子银行体系自身的脆弱性主要表现在：

（1）高杠杆率。尽管通过金融杠杆提高营利能力是金融机构获利的模式之一，但过高的杠杆率是金融机构在面临重大的非预期损失时丧失清偿能力的主要原因。基于这个原因，传统银行体系的杠杆率受到金融监管机构的严格监管。但对处于监管真空的影子银行来说，杠杆率非常高。危机爆发前，美国大型投资银行的杠杆率普遍在30～40倍以上，而为资产证券化设立的特殊目的实体的杠杆率普遍接近100倍。随着次贷危机的爆发，美国住房抵押市场的违约率不断攀升，过高的杠杆率导致这些机构缺乏足够的资本来吸收由此带来的非预期损失，造成这些机构发生信用违约和破产的概率大大上升。

（2）过度依赖短期融资市场。与传统银行体系不同的是，影子银行主要依靠短期批发融资市场，如回购市场、商业票据市场及融资融券市场等。由于短期批发融资市场的特性，大部分融资期限仅为1天，但作为投资标的的资产证券化产品期限却较长，因此影子银行资产负债期限错配的情况更加严重。当信用违约事件开始爆发时，为规避损失，投资者纷纷从短期批发融资市场撤出资金。市场上大量的抛售加剧了恐慌气氛，造成抵押品价格进一步下跌，迫使金融机构继续减记资产损失，严重时甚至会产生流动性“黑洞”，最终使影子银行体系遭受螺旋式的打击。

（3）缺乏外部支持。与影子银行相比，政府及监管机构通过两种方式向传统银行体系提供支持，即存款保险制度和最后贷款人职能。截至2007年底，美国商业银行和储蓄机构总存款中有51%受到联邦存款保险公司

（FDIC）的保险，大大减轻了这些金融机构的挤兑压力。而为影子银行提供融资的投资者来说，并不存在这样的保险制度，这也是造成在面临不利的市场局面时，为挽回损失而采取一致性撤资的重要原因。此外，影子银行不能像商业银行一样通过美联储的贴现窗口进行融资。美联储的贴现窗口是商业银行在金融市场遭受极大压力情况下获取短期流动性支持的重要手段。但一直处于监管空白状态的影子银行体系无法依靠中央银行的最后贷款人职能获取流动性。

（二）影子银行与系统性金融风险

首先，影子银行体系存在难以克服的期限错配。影子银行的负债主要是从短期融资市场获得融资，是期限较短的负债；在资产方是期限更长的资产。在这个过程中，随着金融市场的创新和高利润驱动，影子银行体系持有的资产组成从高流动性的国债等逐步转变为结构化资产。因而，对于整个金融体系而言，信用的期限结构进一步演化，形成了影子银行体系的期限错配。如果市场出现不稳定因素，比如市场预期转变而出现了资金溃逃，那么投资银行、对冲基金和私募基金等影子金融机构就出现了类似商业银行的“挤兑”，而此时的影子银行并无法将其长期资产立即变现，就出现了流动性不足的局面。更重要的是，影子银行在出现了“挤兑”和去杠杆化之后，由于影子银行具有系统重要性，那可能就产生了系统性的流动性危机。影子银行体系存在一个流动性自我加强的资产抛售循环机制，在市场危机条件下，流动性萎缩，影子银行必须抛售资产，资产抛售之后就导致资产价格下降，由于采取以市定价会计原则，必须获得新的流动性以计提，这样影子银行又必须抛售资产，最终导致影子银行体系崩溃。

14. 金融稳定在英国的发展

济南分行　张光涛

1997 年的亚洲金融危机使得国际社会对于金融稳定的重要性有了普遍的认识。1999 年，根据七国集团（G7）财长和中央银行行长的倡议，国际清算银行发起了“金融稳定论坛”（Financial Stability Forum），来促进国际金融稳定的发展。国际货币基金组织和世界银行制定了所谓的“金融部门评估规划”（FSAP）。2008 年全球金融危机再次给世界经济和金融带来巨大冲击，危机也使得各国政府及中央银行采取了许多措施，金融稳定的发展进入一个新的阶段。本文通过介绍英国的金融稳定基本框架，描述英格兰银行维护金融稳定的实践和启示以及分析后金融危机时期金融稳定的新发展，进而对完善我国的金融稳定框架提出见解。

一、金融稳定在英国的基本框架及其发展

（一）金融稳定在英国的基本框架

1997 年，英国将英格兰银行的银行监管职能分离出来，与原有的 9 个金融监管机构合并成立了独立于中央银行的综合性金融监管机构——金融服务管理局（Financial Service Authority ，FSA），专门负责英国的金融监管。为了给英格兰银行、金融服务管理局和财政部在维护金融稳定方面的分工和合作提供一个制度性的框架，英国在 1997 年 10 月发布了《财政部、英格兰银行和金融服务管理局之间的谅解备忘录》[1]（以下简称《备忘录》），由中央银行、监管当局和财政部三者共同承担维护金融稳定的职责，并按照责任明确（clear accountability）、充分透明（transparency）、避免重叠（avoidance of duplication）、信息共享（regular information exchange）的总体要求对三方在维护金融稳定的职责分工、日常的金融稳定协调机制以及金融危机管理等内容进行了界定。

（1）英格兰银行的职责。根据 1998 年《英格兰银行法》的规定，英格兰银行的首要职责是制定和实施货币政策，同时对英国金融体系的总体稳定

1　Memorandum of Understanding betweenHM Treasury, the Bank of England and the Financial Services Authority。

负责。在英格兰银行内部，成立负责金融体系稳定工作的金融稳定委员会，由行长、副行长、三位执行董事和二名金融专家组成。具体工作主要由金融稳定评估司等五个具体部门承担。

英格兰银行的职责具体包括：第一，作为货币政策职能的一部分，英格兰银行应确保货币体系的稳定，在市场上有效应对流动性的波动。第二，系统监测对英国具有重要影响的金融体系基础设施，特别是在英国本土或国外的支付体系。同时，英格兰银行还应负责开发和完善支付体系基础，以增强其应对系统性风险的能力。第三，独立承担维护宏观金融稳定的职责。英格兰银行负责货币稳定，并在金融服务管理局派驻代表（负责金融稳定的副行长）。英格兰银行应对国内、国际市场以及支付体系发展对英国金融稳定的影响做出判断，并评估其对金融部门状况的影响。第四，在特定情况下，为了避免风险扩散，英格兰银行可以实施正式的金融操作（Official Financial Operation），例如，发挥最后贷款人职能，为个别正常融资渠道受阻的银行提供流动性支持，以有效处置金融风险。

（2）金融服务管理局的职能。金融服务管理局主要是微观金融稳定的主体监管者。第一，负责银行、建房互助协会、投资公司、保险公司和保险经纪人、信用合作社以及互助保险协会的准入管理和审慎监管。第二，负责金融市场、证券上市以及相应的支付清算系统的监管。第三，在其职责范围内，处置影响公司、市场和清算体系的问题，包括但不限于资本和监管要求的改变，利用市场化方式解决存在的问题。第四，为上述领域制定监管政策。

（3）财政部的职责。一是负责监管制度设计，以及提出影响制度基础的立法建议。二是向议会汇报对金融体系存在的严重问题进行管理的情况，以及任何用于解决金融问题的举措，包括财政部根据备忘录第 13 条和第 14 条做出的特殊的正式操作规定。三是对于金融服务管理局和英格兰银行的行动不承担操作责任，也不参与这些操作。但是在特定情况下，金融服务管理局和英格兰银行应及时通知财政部可能发生的问题。例如，当出现的问题可能导致范围更广泛的金融或经济危机时；需要财政部支持时；涉及外交或涉外事务时；可能需要修正法律法规时。在每一种情况下，是否需要向财政提醒由金融服务管理局和英格兰银行决定。

（二）金融稳定的三方协调机制

1. 信息收集和交流机制安排。金融服务管理局根据其法定职责，收集范围广泛的被监管金融机构的数据和信息，而英格兰银行收集履行职责所需的数据和信息。同时，为减轻金融机构的负担，两家机构应就由谁收集及如何向另一方传递信息达成协议，建立信息共享制度，一方可以全面、自由地共享另一方所收集的与其职责有关的信息。为了保证信息交流的顺畅，英格兰银行负责金融稳定的副行长成为金融服务管理局董事会的成员，而金融服务管理局的主席是英格兰银行的非执行董事，工作人员之间设有互相借调的安排。

2. 设立三方常务委员会（Tripartite Standing Committee）加强信息沟通和政策协调。财政部、英格兰银行和金融服务管理局成立三方常务委员会，协调有关金融事务和政策举措。该委员会每月定期召开会议讨论与金融稳定有关的重大问题，由财政部高级官员主持，英格兰银行行长、副行长、执行董事和金融服务管理局高级官员出席，讨论重要的个案及其他有关金融发展的态势。如果英格兰银行或金融服务管理局认为存在采取支持性操作的需要时，双方应立即相互通知和征询意见。任何一方都应作为牵头机构，与另两方协调解决发生在其职责范围内的问题。

3. 金融危机的管理协调机制。《备忘录》对危机的管理进行了特殊的规定，具体分为金融危机管理和操作性危机管理两个方面。在金融危机管理方面，当局救助的主要目标是降低可能引起大范围金融或经济动荡所带来的风险。为达到这一目标，它们的任何救助措施都要努力最小化私人部门的道德风险以及纳税人的金融风险。当英格兰银行或金融监管局认为金融稳定受到确实存在的威胁并有必要采取救援行动时，应立即通知其他两个部门并启动联合行动框架。最后，由财政部部长来批准危机中的援助行动，并对其负责。而其他两方需要及时向财政部通报情况，确保财政部对事态发展了如指掌。

在操作性危机管理方面。三部门在日常的操作危机管理中也需要在联合行动框架内采取行动。首先，财政部应确保财政部部长对事件发展的了解，以便其迅速做出决策，同时确保金融部门采取的行动和公共部门行动的一致性。财政部的特定职责是与政府其他部门和法律执行部门保持联系和沟通。其次，英格兰银行应确保金融市场有序运行，包括保持市场充足的流动性。英格兰银行的特定职责是通过市场操作或最后贷款人的角色与市场参与者保持业务联系以加强监督和促进金融市场运行，其中包括为市场参与者提供流动性援助或其他支持手段。除此之外，在必要的条件下，英格兰银行需要监督并便利支付体系的运行，通过操作手段为大额实时清算系统提供清算便利。最后，金融服务管理局在法定的授权范围内负责监管金融机构的稳健性。

4. 其他方面的协商机制。任何一方在有重大的政策变化时，应当及时通知另外两家机构。如果一项政策的变化可能影响到其他机构承担的职责，任何一家应事先就政策的变化向其他机构进行咨询。此外《备忘录》对三方在对外交往合作、监管记录和使用以及相互提供服务等方面进行了规定。

二、英国中央银行维护金融稳定的实践分析及启示

（一）北岩银行危机处置、现状及启示

1. 北岩银行[2]（Northern Rock）危机的来龙去脉。为了保证资产业务的高速增长，北岩银行改变以往的负债策略，从全球金融批发市场上大量融资。从1999年起，北岩银行跟随国际从“发起到分散”（Originate to Distribute）的潮流，不再将贷款持有到期，而是将抵押贷款打包出售给投资人，并以此为抵押进一步融资。其负债结构也相应发生了很大变化，零售存款和零售贷款实际资金的比例从1997年的62.7%下降到了2006年末的22.4%，这一比例比其他很多与北岩银行性质类似的银行都要低。北岩银行的这种融资策略一旦遇到批发市场出现流动性不足就会暴露出巨大的风险，为该银行日后发生挤兑事件埋下了巨大的隐患。但是在2007年7月以前，没有任何明显迹象表明该行将面临重大困难。随着美国金融危机在全球的扩散，英国金融市场出现了流动性不断下降，银行间同业拆借大幅减少，货币市场利率不断攀升的情况。尽管北岩银行不良贷款比率不高，但其在货币市场融资的利率已经高于贷款利率，同时难以顺利出售抵押贷款证券，因此出现了流动性严重不足、盈利水平骤降的局面。8月9日，北岩银行首次向英格兰银行提出紧急援助的申请。英国财政部、英格兰银行和英国金融监管局随后与北岩银行达成了解决问题的三种方案：依靠自身融资渠道解决其流动性压力、被另外一家金融机构兼并、由中央银行提供紧急流动性支持。然而，事实证明前两种方案实施起来难度较大。为了确保英国金融稳定，英国政府最后决定授权英格兰银行提供紧急资金援助。9月14日，英格兰银行和金融服务管理局联合发布声明，认为北岩银行资本充足、贷款质量良好、具有偿付能力，表示“愿意向其提供流动性支持”，这是英格兰银行自1997年以来第一次直接援助商业金融机构。

2　北岩银行成立于1965年，总部设在英格兰西北部城市纽卡斯尔，是英国第五大住房抵押贷款机构，其资产业务主要集中于英国的住房抵押贷款。2007年上半年，其新增房屋抵押贷款额在英国排名第一，向80万购房者提供住房抵押贷款。

但是，英格兰银行注资的消息并没有发挥安抚储户的作用，反而引起了市场的普遍恐慌，大批储户涌向该银行各网点或通过网络提取存款。16日当天大约有20亿英镑的存款被提走，相当于北岩银行存款总额的8%。但在挤兑的情况下，北岩银行一方面推脱现金运输环节出现问题，另一方面又抱怨银行之间缺乏信任。而英格兰银行也没有及时做出行使最后贷款人的正式承诺，这使得挤兑事件进一步恶化。17日，北岩银行各营业网点再次出现挤兑的人群，公司的股价一天就跌去近38%。为了防止事态恶化，英国财政大臣达林当日公开表示，英国政府将为北岩银行提供担保，保障储户在该行的存款安全，英格兰银行和金融服务管理局也将联合保证该行“正常运行”。北岩银行以7%的惩罚性利率从英格兰银行借入近30亿英镑的紧急贷款，部分缓解了其流动性压力，挤兑现象逐步消失。

9月20日，英国财政部明确了对北岩银行储户的存款担保安排，担保范围包括：截至9月19日午夜所有现有账户、现有账户的新存入款项、现有账户之间的利息和资金往来，9月13日至9月19日之间要求关闭而后重新开立的账户。但是，出于公平方面的考虑，9月19日之后新开的北岩银行账户不包括在上述保障条款内，而是按照原有的存款保障条款（金融服务补偿办法“Financial Services Compensation Scheme，FSCS”）[3] 给予保障。这种有所保留的条款反而加剧了市场的担忧，再加上北岩银行坚持在危机期间向优先股持有者支付4 000万英镑股息的做法，这些都沉重打击了投资者的信心。北岩银行的股价从9月13日的639便士下降到9月25日的163便士，价值严重低估的北岩银行开始成为其他金融机构和私募基金收购的对象，多家机构表达了收购的意愿。10月1日，英国金融服务管理局针对北岩银行危机的新存款保障安排正式生效。根据这份新的安排，北岩银行的客户在3.5万英镑以内的存款将得到100%的保障。但此后北岩银行在9月底向英格兰银行再次借入50亿英镑的内部消息被市场获知，引发市场对危机恶化的担心。随后几日，北岩银行向英格兰银行申请的紧急贷款累计上升到110亿英镑。10月9日，英国财政部宣布，政府为北岩银行零售客户提供存款保障的范围扩展到2007年9月19日以后的存款，同时将可接受的抵押品范围从国债等最高评级的证券扩大到所有资产，北岩银行可以从英格兰银行

3　如果银行倒闭，存款人账户2 000英镑以内全额赔付，2 000英镑至35 000英镑赔付90%，超过35 000英镑以外的则只能按照公司破产法的规定，等金融机构破产处理财产后的分割清偿。

获得更多的资金支持。政府的举措一方面有助于北岩银行稳定储户的情绪，另一方面也增强了北岩银行对潜在收购者的吸引力。

就在市场期待北岩银行重组方案取得重大突破的时候，2008 年 2 月 17 日，英国财政大臣对外发布公告宣称，政府全面地比较了维珍集团和北岩银行管理层提出的收购方案，认为在当时的市场情况下，两家机构的收购报价和重组方案都不能满足政府保护存款人和纳税人利益的标准。因此，为了确保英国金融体系的稳定，英国政府决定通过特别银行立法，对北岩银行实施临时性的国有化。2008 年 2 月 22 日，英国议会批准特别银行立法，财政部向北岩银行派驻了新的执行主席和首席财务官，北岩银行正式被国有化。至此，北岩银行成为美国金融危机爆发以来第一家被国有化的银行。

2. 目前北岩银行的情况。2009 年 2 月 23 日英国财政部宣布在 2009 年 5 月 24 日取消国有北岩银行存款 100% 安全保障的承诺。所有北岩银行的储户将和其他银行一样，仅适用“金融服务补偿办法”（Financial Services Compensation Scheme，FSCS）中 5 万英镑个人储蓄赔偿办法，对联合账户（Joint Account）则为 10 万英镑的补偿。此举将使国有的北岩银行向私有化和市场竞争更加迈进。

随后，在 2010 年，英国政府将北岩银行一拆为二，分为北岩银行资金管理公司（Northern Rock Asset Management，NRAM）和北岩银行上市公司（Northern Rock Plc）。NRAM 是老北岩银行的“不良资产”部分，它持有大部分北岩银行旧的房屋抵押贷款和无担保的信用贷款，是老北岩银行的“坏”的部分。而北岩银行上市公司是老北岩银行“好”的部分，持有储蓄存款和新贷款等“良性资产”。

2010 年上半年 NRAM 税前利润为 3.497 亿英镑，而 2009 年同期为亏损 7.242 亿英镑。北岩银行上市公司同期却出现了 1.426 亿英镑的亏损。NRAM 的盈利得益于归还贷款人数的增加，不良贷款费用的下降。而北岩银行上市公司亏损的部分原因是分拆产生的成本和裁员的支出，此外政府宣布结束对存款无限制担保后该行存款大幅下降了 10%。

英国政府为解决财政赤字问题，一直打算出售北岩银行上市公司。该公司未能实现盈利也许是英国政府计划未能兑现的原因之一。但根据最新公布的数据显示，北岩银行 2010 财年亏损达到了 2.32 亿英镑。

3. 北岩银行危机处置的反响。诚然，北岩银行国有化事件的发生是由多方面因素造成的。该银行自身存在的冒进的业务扩张计划、过于激进的贷款政策以及资产负债期限的严重错配等问题，是北岩银行国有化事件发生的内在原因，美国金融危机的爆发和不断恶化则加速了这一事件的进程。但是北岩银行事件也充分暴露了英国实行的金融稳定机制存在重大的缺陷和漏洞，现行的框架并不是很有效。机制的不足，促使英国金融当局痛定思痛。2007 年 10 月，英国金融监管三方就公布了一份银行改革讨论文稿，向社会征求银行改革与存款者保护的建议。2008 年 3 月，英国议会在《北岩银行挤兑研究报告》中提出了改革存款保险和金融监管制度的具体建议。

（二）金融危机中英格兰银行等的表现

金融危机中，英格兰银行向多家银行提供了隔夜贷款，并提高了商业银行向中央银行借款的灵活性、降低了借款成本，同时还向北岩银行提供了紧急资金援助，并放宽了抵押品条件，允许更广泛的证券作为抵押物取得资金等。2007 年 12 月，美联储、欧洲中央银行、英格兰银行、加拿大银行以及瑞士国民银行对本次危机采取第一次国际联手救助行动，向问题严重化的金融市场注入流动性。英格兰银行于 2008 年 10 月 8 日紧急宣布，降低利率至 0.5%，以挽救不断恶化的金融市场。

2008 年 10 月，英国政府提出高达 5 000 亿英镑的救市方案，分三步来恢复银行体系的信心：提供足够的流动性、补充银行机构的资本金、为银行间借贷市场提供担保。政府以购买优先股和担保的途径推动银行间的资金流通，对银行实行“部分国有化”，一旦情况好转，纳税人有可能从优先股中获利。具体地讲，主要内容是：“银行资本调整基金”总额五百亿英镑，其中 250 亿英镑将入股已经和政府达成协议的 8 家主要银行，另外 250 亿英镑将提供给任何有意参与这一方案的银行；英格兰银行把短期融资贷款从 1 000亿英镑提高到 2 000 亿英镑；政府以商业利率提供 2 500 亿英镑信贷担保，鼓励银行相互拆借；参加救市计划的银行必须与金融服务监管局签署协议，对高级管理层的薪水及派息做出明文规定等。

三、英国的金融稳定框架是否有效？

金融服务业约占英国国内生产总值的 7%，对英国经济至关重要。本次全球金融危机中几家英国最大的金融机构几乎破产，政府被迫出资救助，对经济产生了巨大的影响，朝野对金融服务业政策进行反思的呼声很高。当时在野的保守党在危机发生不久即提出要重新评估、检查英国现行的三驾马车金融监管制度。尤其是北岩银行事件充分暴露了英国实行的金融稳定机制存在重大的缺陷和漏洞，现行的框架并不是很有效。

时任影子内阁财政大臣、现任财政大臣的 George Osborne 当时委托前财政部的高级官员 James Sassoon 爵士对三驾马车制度进行了评估，并随后发布了保守党关于银行体系的政策白皮书。报告中，保守党完全否定了前首相布朗建立的三驾马车制度，认为该制度的缺陷使英国在危机面前比其他国家更加脆弱。保守党声称，一旦当选即废除 FSA，英格兰银行的职权将被强化，负责宏观审慎监管，监管所有的银行和包括保险公司在内的其他金融机构。

首先，当前的三驾马车监管制度存在监管真空和漏洞，金融稳定的三方协调制度框架远没有完善。

Osborne 在 2009 年曾指出，“过去两年的金融危机表明布朗建立的三驾马车监管制度是失败的，我们不能允许构想拙劣、设计错误的监管制度危害英国金融服务业的未来”。他认为，当前的三驾马车监管制度是混乱的和破碎的，监管机构之间的责任、权力和能力分离，存在监管真空和漏洞。没有机构在风险累积时候识别问题，也没有机构在问题出现时有足够的权力和权威立刻采取行动。

缺乏关于三方维护金融稳定方面作用与职责的详细而切实可行的法律法规。尽管三方签署了有关金融稳定的《备忘录》，然而这个备忘录条款过于粗糙，并且法律层次也偏低。由于这些缺点，使得一旦发生严重的金融危机，三方很难充分、及时、紧密地开展合作，甚至出现互相推诿的现象。北岩银行早在 2007 年 8 月 9 日就向英格兰银行提出紧急援助申请，而金融监管当局在 9 月 14 日才发布联合声明。更为严重的是，当北岩银行连续 3 天遭到储户挤兑的时候，没有一家金融监管当局出面声援或采取实质性的救援措施，而是任由事态发展。如果当危机出现端倪的时候，英国金融监管当局能采取迅速一致的行为，那么北岩银行很可能不会遭受长时间的挤兑风潮。

维护金融稳定的职责划分还不够明确。根据《备忘录》，英格兰银行负责宏观金融稳定，而金融服务局负责金融机构微观层面上的稳定。从这个角度来看，两者分工是明确的。但是，危机中，银行的日常经营受到货币市场紧缩的严重影响，出现流动性危机。从宏观层面上看，货币市场的信贷紧缩造成了流动性紧张，影响到了部分金融机构的正常经营；从微观层面上看，北岩银行严重依赖货币市场融资。英格兰银行从防范金融机构道德风险的角度出发，事前拒绝向货币市场注资，而金融服务局则从该行经营符合监管要求的角度出发，也未对问题加以足够重视。结果，在危机爆发前，英格兰银行和金融服务管理局都“无动于衷”。而现实的情况是，北岩银行的问题既有英国宏观金融环境变化所造成的不利影响，也与银行自身经营不善、风险控制不够的因素有关，在没有得到及时救助的情况下，银行的流动性紧张引发了储户的挤兑危机，进而引发银行体系的恐慌。这也从侧面说明，英国的金融稳定体系在处理那些由多种因素（既有系统性因素，又有非系统性因素）引发的风险事件时职责划分不清。

各监管部门间的沟通协作需要细化和强化。尽管在《备忘录》中就各方的职责以及合作框架进行了详细的说明和制度安排，但是在实际情况中各部门之间的合作仍然是不够充分的，尤其是英格兰银行与金融服务管理局之间。

缺乏有效的危机处理领导机制。三家机构的职责与权力分配不够清晰，缺少一家在危机时统领全局、通盘考虑的机构。尽管《备忘录》对于领导力与牵头方有过规定，然而那样粗略的规定在危机时刻根本不起作用。缺乏领导者的明确规定，就导致三方负责等于无人负责。北岩银行危机恰好暴露了现行三方安排中的这一缺陷，没有明确的领导者，导致危机没有及时被遏制住。

其次，现有的监管框架将宏观审慎监管和微观审慎监管分离的做法是失败的。财政大臣 Osborne 认为，"只有独立的中央银行才有对宏观经济的广泛理解、权威和知识做出宏观审慎决策"，同时本次危机表明，中央银行作为最后贷款人，需要全面了解其要支持的金融机构。因此，中央银行也应负责日常的微观审慎监管。在银行体系高度集中的英国尤需如此，因为微观和宏观审慎监管的界限很模糊。

曾任英格兰银行货币政策委员会成员的伦敦经济学院教授古德哈特也认为，宏观审慎监管是中央银行当然职责。中央银行的本质在于其通过调整自身的资产负债表而创造流动性，而流动性管理又是金融稳定的关键。如果全权负责流动性管理的中央银行没有宏观审慎监管权，局面将会非常复杂。

再次，金融服务监管局教条式监管是不完整的，在保护金融消费者等方面是失败的。FSA 完全以规则为基础（rule - based）的教条式监管，难免被被监管对象滥用，不利于真正的金融稳定，也不利于消费者保护。以规则为基础的监管方式是不完整的，没有能够维护金融稳定，损害了金融消费者权益。英国议会在北岩银行国有化后做出的《北岩银行挤兑研究报告》显示，金融服务管理局存在严重的监管失误：缺乏对北岩银行采取持续性的监管行动、在日常监管中存在监管宽容的现象以及低估了北岩银行的经营风险。ARROW 工作组在对北岩银行进行所谓的"关闭与持续"监管时，对该银行的冒险业务战略视而不见，反而认可其合理性。在这样的条件下，即使在北岩银行 2007 年出现了超乎寻常的扩张速度以及自 2007 年 2 月以来股价大幅下跌等明显的危险信号时，也不能引起金融服务管理局的重视。

四、金融危机后英国金融稳定框架的发展

（一）金融监管新框架的初步形成

英国联合政府最近的改革是在对当前金融监管体系在本次金融危机中的缺陷与失败教训的基础上推出的。英国财政部的《金融监管新方式：判断、焦点和稳定》以及《金融监管的新模式：建立一个更强大监管体系》的咨询书对英国金融监管体系改革的细节问题进行了描述，并明确了各监管机构的具体目标和相互之间的协调机制。

英国计划在未来两年内取消 FSA，赋予英格兰银行宏观及微观金融监管权——英格兰银行内设金融政策委员会和审慎监管局，分别负责宏观审慎监管和金融机构的微观审慎监管（取消 FSA 的法案将在 2012 年 4 月之前出台）。英国的金融监管模式将从统一监管模式，转变成双峰监管模型（Twin Peak Model），即一个机构负责监管稳定性，另一个负责投资者保护。具体改革措施和方案如下：

1. 格兰银行内设金融政策委员会（Financial Policy Committee），负责制定宏观审慎监管政策。该委员会将被赋予一定的政策手段以防范和处置风险。英格兰银行行长担任委员会主席，委员会成员还包括负责货币政策和金融稳定的副行长，新设的负责审慎监管的副行长，新设的消费者保护和市场管理局局长，以及外部成员和一位财政部代表。该委员会的工作将接受英国议会下属财政委员会的检查及评估。在立法审批程序完成之前，成立过渡时期的金融政策委员会。金融政策委员会将跟踪英国金融监管体制改革进程，并发表中期报告。

2. 在英格兰银行下面设立审慎监管局（Prudential Regulatory Authority），负责对金融机构的稳健运营进行日常审慎监管，监管范围包括商业银行、投资银行、住房互助协会、保险公司、证券经营机构等。审慎监管局要向金融政策委员会汇报。作为英格兰银行的“子机构”（subsidiary），相对于英格兰银行的内设部门，审慎监管局具有一定的独立性，透明度要求较高，每年需对外发布年报和会计报告。审慎监管局设立董事会，定期向英格兰银行行长汇报。FSA 目前的工作人员将有一部分划转至新设的审慎监管局。

3. 设立消费者保护及市场管理局，承接 FSA 的消费者保护职能，对金融机构向消费者提供服务的活动进行监管，并对英国金融市场实施监管，包括证券市场和期货市场。它的监管对象，包括所有零售和批发金融企业的业

务活动，也包括那些在金融审慎监管局监管下的企业。凡是涉及消费者和投资者保护的活动以及有关金融业各个市场的活动，均由其监管。消费者保护及市场管理局将与审慎监管局密切合作，并相互沟通信息。

（二）宏观审慎监管在英国的发展

加强宏观审慎管理、构建宏观审慎性政策框架，是本次金融危机以来国际社会反思危机教训过程中取得的最重要的共识，并成为危机后国际金融管理制度改革的核心内容。英国率先对传统宏观与微观分离的监管模式进行变革，融宏观与微观监管于一体，赋予中央银行微观与宏观完整的监管权力。英国监管方式的变革开启了金融监管方式的新变革，弥补了传统货币政策框架和微观审慎监管之间的管理空白，有利于中央银行逆经济周期政策工具的有效发挥，有利于货币政策的制定和传导，更有利于中央银行金融稳定职能的履行。

1. 金融政策委员会（FPC）的监管范围和目标。金融政策委员会（FPC）的监管范围包括整个英国的金融系统。其总体目标是通过识别和处理金融系统总体的风险和漏洞、解决不平衡问题如抑制信贷周期促进宏观经济稳定来维护金融稳定。其职责是识别、监测并采取行动消除或减少系统性金融风险，增强英国金融体系的弹性，维护整个金融系统稳定。

2. 英格兰银行的角色定位。英格兰银行在整个金融系统中处于核心的地位[4]。通过主持金融政策委员会（FPC）以及成员占大多数英格兰银行在整个审慎监管中扮演重要角色[5]。审慎监管局（PRA）是英格兰银行的“子机构”，英格兰银行可以通过审慎监管局并通过金融政策委员会对金融系统进行直接的审慎介入和监管。英格兰银行还负责监管支付系统、清算系统。

3. 危机管理。英格兰银行行长将每次公布金融稳定报告后，向财政大臣报告审慎监管和金融稳定的最新进展，包括 FPC 采取的任何行动、PRA 采取的重大监管行动及 CPMA 采取的与金融稳定相关的行动。英格兰银行行长必须在出现可能需要动用公共资金的情况时立即通知财政大臣。财政大臣在任何涉及使用公共资金的行动上有最终决策权。

PRA 将制定恢复与解决方案（RRPs）的规则及方案的批准，保证系统重要公司的有序破产。

4　A new approach to financial regulation：building a stronger system.

5　European Central Bank：Financial stability review December 2010.

表 1　　从和平到危机时期各机构的职能

机构		"和平"时期	风险显现	危机管理
财政部		经济金融政策	应急计划	涉及公共资金使用和国际责任的问题上负最终责任
英格兰银行	英格兰银行	货币政策、中央银行和关键基础设施	流动性保险	紧急流动性
	FPC	监测风险、脆弱性和失衡；宏观审慎政策工具的运用	可能采取宏观审慎政策工具应对出现的风险	
	PRA	日常审慎监管	强化监管和干预	启动 SRR 和危机干预
	SRU		应急计划	操作 SRR

在正式成立 FPC 之前，将设立金融政策委员会（FPC）过渡委员会，为成立正式金融政策委员会开展前期准备工作，包括与英格兰银行和财政部共同研究宏观审慎监管的"政策工具包"等。

参考文献

［1］英国财政部咨询文件，《金融监管的新模式：建立一个更强大监管体系》（*A new approach to financial regulation: building a stronger system*）。

［2］European Central Bank: Financial stability review December 2010.

［3］《财政部、英格兰银行和金融服务局之间的谅解备忘录》（*Memorandum of Understanding between HM Treasury, the Bank of England and the Financial Services Authority*）。

［4］英国财政部咨询文件，《金融监管新方式：判断、焦点和稳定》（*A new approach to financial regulation: judgement, focus and stability*）。

［5］英格兰银行：《金融稳定报告》（*The Financial Stability Report*），www. bankofengland. co. uk.

［6］英格兰银行网站、英国财政部网站。

15. 美联储的退出策略：时机、模式与难题

海口中支　鄢斗

金融危机带给中央银行的挑战是双重的：在市场最困难的阶段需要及时伸出纾困之手，而当市场逐渐恢复之时则需平稳有效地退出。本次危机的广度和深度使美联储一度采取了相对激进的救助举措，包括将联邦基准利率降至接近零的水平、创设短期流动性供应机制、直接购买金融机构资产以及实施定量宽松政策等。在这一过程中，美联储的资产负债表急剧膨胀，在最高点时曾达到2.3万亿美元，比危机前翻了一倍。从一开始，这些政策措施就面临这样的质疑，在完成了金融危机的救助使命后，这些措施是否会产生通货膨胀等负面效应？在退出过程中美联储是否有足够的工具加以选择？政策退出是否会对市场形成新的冲击？各方在时机选择上的不同研判、对措施效果理解的偏差、货币政策多重目标之间的矛盾以及全球化背景下各国的利益考量等都很大程度加大了中央银行退出的难度。

一、美联储退出时机的选择：基于对美国经济形式的整体判断

从主要宏观经济指标和产业发展现状来看，当前美国整体经济处于复苏阶段，制造业产出已经有企稳迹象，金融市场的风险厌恶指标也有所改善，库存周期调整可能拉动经济继续反弹。但当前美国消费模式仍处于调整之中，房地产市场尚未完全走出衰退，美国银行业继续低迷，产能利用率相对较低，这些都为经济复苏带来不小压力。

1. 经济增长：增长模式仍面临较大调整压力。

自2007年12月以来，美国经历了七十多年来最严重的经济衰退。根据美国商务部公布的数据[1]，从2008年第三季度开始，美国GDP连续出现四个季度环比负增长；2009年第三季度GDP按年率计算环比增长2.8%。经济学家普遍认为，这一“久违”的增长显示美国经济可能已告别衰退，开始步入复苏阶段。而进一步分析，美国经济的短期增长很大程度是由于财政刺激计划以及企业库存调整的结果，经济持续强劲增长的前景并不明朗。

1　BEA, Gross Domestic Product: Third Quarter 2009 (Second Estimate), www.bea.gov.

从占美国 GDP 比重逾 70% 的消费指标来看，当前美国的整体消费水平仍处于调整和波动之中。2009 年，美国居民实际可支配收入在 4 月和 5 月环比反弹后[2]，6 月又创下 2005 年 1 月以来最大降幅，并直到 9 月仍未扭转下降态势。居民实际消费支出在连续几个月微弱增长后，2009 年 9 月再次出现下降。居民储蓄水平正从历史低位开始调整为上升态势，第二季度美国居民储蓄率一度高达 5.2%，比前一季度上升了 1.2 个百分点。消费者信心指数[3]2009 年 5 月以来一直在 50 左右徘徊，10 月较上月下降 5.7；现状指数降至 20.7，为 1983 年 2 月以来的最低；消费者对未来 6 个月经济活动的领先指数降至 65.7，比上月下降 8.0。此外，美联储公布的数据显示，美国包括从信用卡债务到购买住房和汽车的贷款等消费贷款总余额 9 月减少了 148 亿美元，经季节性因素调整后折合成年率下降 7.2%，这已是美国消费贷款余额连续第 8 个月下降，持续下降的时间为 1991 年以来最长。

数据表明，拉动美国经济最主要的消费引擎未全面启动。面对不景气的就业市场和价值缩水的资产，美国居民普遍不愿意背负巨额债务，并通过减少贷款在进行着去杠杆化过程。从长期看，增长模式的调整有利于经济的健康运行，但短期内可能不利于美国经济的快速复苏，这也将进一步影响美联储退出时机的选择。

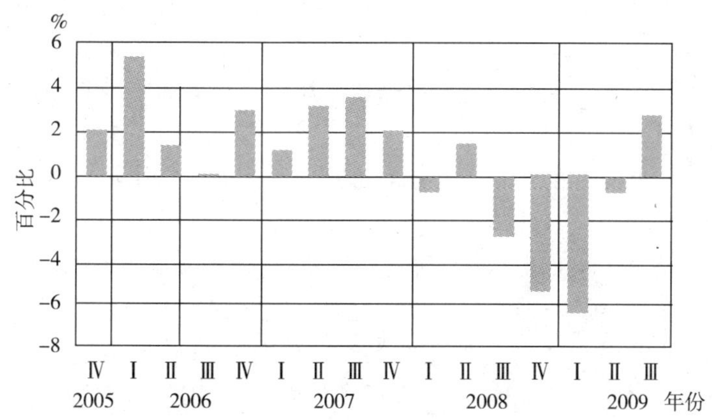

图 1　美国实际 GDP 环比增速（经季节调整按年率折算）

资料来源：美国商务部。

2　BEA, Overview of the U. S. Economy: Perspective from the BEA Accounts, www. bea. gov.

3　The Conference Board, Consumer Confidence Survey Press Release, www. conference－board. org.

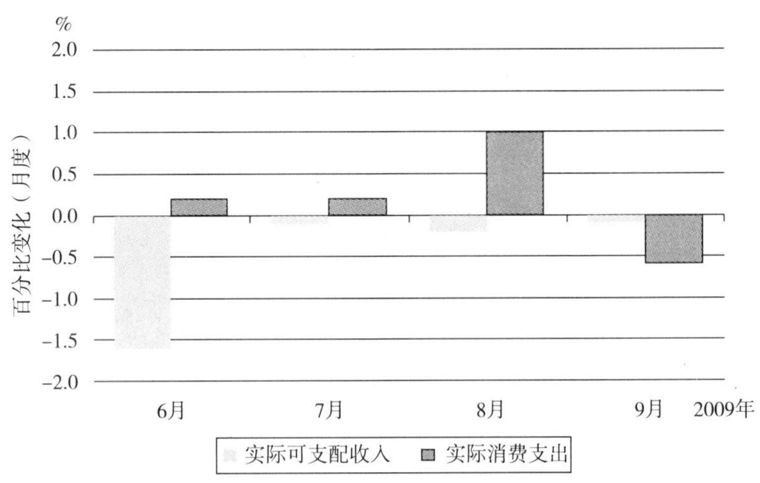

图2　美国居民2009年实际可支配收入和实际消费支出情况

资料来源：美国商务部。

2. 物价：通货膨胀压力尚未出现。

在决定何时退出时，通货膨胀是美联储密切关注的指标。2009年10月，美国CPI经季节性因素调整后较前月上升0.3%；剔除食品及能源价格的核心CPI上升0.2%。美联储在2009年9月的货币政策声明中删除了8月对于通货膨胀上升表示的担忧，并认为未来一段时间通货膨胀形势处于可控区间，原因是产能利用率较低会降低成本压力，长期通货膨胀预期平稳。这种预期同样体现在10月和11月美联储货币政策会议中。由于市场充裕的流动性在经济缓慢复苏的背景下并没有推高美国的通货膨胀水平，因此，短期内美联储将不会改变其政策取向。

部分经济学家也提出当前不必过度担心通货膨胀问题[4]，其主要理由在于：其一，全球经济产能大量过剩。经合组织（OECD）估计，2009年其成员国实际产出与潜在产出之差超过了潜在产出的5%。要想收窄差距，2010年经济至少要增长2%～3%。根据最新的普遍预测，实现这种增长速度有较大不确定性。其二，公共部门债务是可以承受的。美国政府为其债务支付的实际利率低于2%，即使净公债与GDP的比率高达100%，为此支付的利息也只是GDP的2%。对于一个每年名义增长率为4%（基于对美国长期经济增长率的预期）的经济体而言，只需要相当于GDP的4%的财政赤字，

4　Martin Wolf, Why It Is Still Too Early To Withdrawing Stimulus?, www. finance. com.

就可以将净公债稳定在与 GDP 相当的水平。其三，提前退出刺激政策不但不会降低通货膨胀风险，相反甚至可能增加通货膨胀风险，因为它很有可能会引发另一轮更为激进的干预。其四，美联储资产负债表的扩张，包括商业银行储备金的大幅上升，只有在信贷和支出开始增长的时候才会产生通货膨胀，但这可能需要等待较长时间。鉴于通货膨胀率仍在偏离政策目标方向，当前还不是美联储解除宽松货币政策的机会。

3. 就业：失业水平居高不下成为经济复苏最大障碍。

危机以来美国失业率持续攀高，并成为影响消费者信心水平的主要原因。根据美国劳工部公布的数据显示，尽管美国失业率自 2009 年 5 月以来上升的速度在减缓，但其总量却是在不断上升中。美国劳工部最新公布的数据显示，2009 年 10 月美国失业率上升至 10.2%，首次触及两位数大关，攀上 27 年来的最高峰。从历史数据来看，10.2% 的失业率为基本趋势水平的两倍。自 2007 年 12 月美国经济陷入衰退以来，失业人数已经增加 820 万人，失业率提高了 5.3 个百分点。美国要实现充分就业的均衡状态，其当周首次申请失业金人数一般保持在 30 万人左右，而近期数据显示，虽然美国当周初次申请失业金人数有所下滑，但仍处于 50 万人之上。

尽管就业是一项滞后指标，但在第二次世界大战至 1982 年的 8 次经济衰退中，美国非农就业人数降至最低、失业率升至最高水平的情况平均出现在经济衰退结束后不到一两个月。本轮经济衰退中，美国经济增长和就业出现了脱钩现象。在美国 NABE 2009 年 10 月的一项调查中，61% 的成员认为美国就业市场要到 2012 年才会完全复苏。对此，美联储主席伯南克发出警告，美国可能面临“失业型复苏”风险，即产出增长而就业未增长。

二、行业运行状况

（一）制造业：新订单和生产增加，呈现持续复苏态势

制造业一直是美国经济的支柱型产业。制造业指数中包括新订单、生产、就业、库存、价格以及进出口订单等都是衡量经济的“硬指标”。制造业活动指数以 50 为分界线，低于 50 代表收缩，高于 50 代表增长。美国供应管理协会（ISM）最新发布的制造业报告显示，2009 年 10 月，PMI 指数达到 55.7，较上月上升 3.1 个百分点，为连续第 3 个月增长，并创下 2006 年 4 月以来的新高。PMI 中生产和订单两项成分指标持续几个月实现扩张，成为制造业持续复苏的有力信号。10 月制造业库存指数为连续 42 个月下调，市场普遍预期供应链需要重新增加库存才能满足经济所需，而新的库存

调整将有利于进一步拉动经济增长。

从 PMI 和总体经济的历史关系推算，按年率计算，2009 年 1～10 月 44.6% 的 PMI 平均值对应于实际 GDP 增长 1.1%，而 10 月 55.7% 的 PMI 则对应于实际 GDP 按年率计算增长 4.5%。以 ISM 制造业指标衡量的美国总体经济活动连续第 6 个月有所增长。从当前奥巴马政府的政策思路来看，美国经济要从过去的债务推动型增长转向出口推动型的后泡沫增长模式，制造业必将在其中发挥重要作用。当前制造业指标的改善也使管理部门更为确信前期推出刺激政策的必要性，并在退出过程中综合考虑政策对其产生的影响。

（二）房地产：市场出现企稳迹象但信心依然低迷

2007 年夏季美国房地产泡沫破裂引发危机，房地产的稳定和复苏对美国经济的发展起到关键作用。根据美国建筑商协会数据，自 2009 年初以来，美国房屋销售价格、建筑开支以及房屋销售扭转了上年年中开始的快速下滑态势，2009 年 9 月住房市场销售信心指数连续三个月升至一年多来最高水平，为该指数 2009 年以来第六次上升。由于住房抵押贷款利率处于相对低位以及美国政府对初次购房人的税收优惠政策，美国住房购买力指数（HAI）也处于历史高位。总体来看，美国房地产市场出现缓慢复苏迹象。

与此同时，当前美国房地产市场仍存在许多不确定因素导致市场信心缺乏。住房空置率和房地产库存总量等指标的水平仍然是 1992 年以来的历史高位；房屋价格恢复缓慢，截至 2009 年 11 月，美国房地产建筑商协会（NAHB）公布的房屋价格指数已连续 19 个月低于 20，连续 43 个月低于标志乐观和悲观情绪信心持平的 50；近期国债利率的攀升导致按揭利率显著上扬，增加了居民的购房成本；许多大型放贷机构加速清除累积的不良房贷，美国屋主拖欠贷款以及丧失房屋赎回权（止赎）的比例不断升高，这将可能导致新一波的止赎浪潮。

（三）金融业：金融市场仍处于恢复调整阶段

危机爆发后，在美联储和财政部的大规模注资和资产购买计划的刺激下，金融机构信用紧张状况相对得到缓解。银行压力测试也有助于稳定市场预期，使投资者担忧情绪逐步消退，放贷意愿与各类贷款需求逐步处于底部企稳阶段。随着市场信心的逐步恢复和救市举措的生效，金融市场大规模系统性风险发生的概率显著降低。

但值得关注的是，私人部门的信贷需求仍在萎缩，美国经济以居民消费部门为核心的"去杠杆化"长期趋势和储蓄率的持续攀升将从需求方面降低贷款增速，并抑制经济通过再杠杆化进行恢复的能力。银行破产风潮还在继续，尤其美国中小银行处境依然艰难。据联邦储蓄保险公司统计，2009年以来美国倒闭的银行数量达到124家（截至2009年11月20日），而在2008年美国倒闭银行数量为25家，2007年仅为3家。联邦储蓄保险公司主席希拉·贝尔表示，2009年底前美国银行破产案还将增加，并将在2010年达到顶峰。

虽然部分银行提交了盈利报告，但其盈利质量和可持续性受到质疑[5]。一方面，新的公允价值指南的引入可能给上市公司在确定资产合理价值时赋予更大的灵活性，即便在市场不活跃或者价格问题导致销售不畅的情况下也可以在短期内提升业绩。另一方面，美国部分银行在2008年下半年将部分资产从交易类型调整为持有到期型，从而避免了在2009年第一季度全额计提减值损失。未来信贷损失规模仍可能扩大的预期仍是投资者担心的主要问题之一。

综上所述，在新的增长动力明显出现之前，美国经济复苏进程可能是缓慢和艰难的。美联储在危机中政策和措施的退出应以经济基本状况的改善为前提。当前只是复苏的开端，经济形势依然比较严峻。正因如此，美联储对退出时机的抉择一直持谨慎态度。目前美联储政策未有政策转向和大规模退出的意向，联邦基金利率目标区间仍保持在历史低位，并继续维持机构按揭贷款支持债券的收购规模。

三、美联储退出的模式：成本及效应分析

美联储一再向外界传达这样的信息，即当时机成熟时，美联储有办法从经济刺激措施中退出。2009年6月24日，美联储公开市场委员会在会议声明中表示："关注自身资产负债表构成和规模，在必要时将对相关信贷项目和流动性计划进行调整。"7月21日，伯南克也向外界明确阐述了美联储可能采取的退出模式[6]。在资产负债表规模大大高于危机前水平的情况下退出，美联储重点要解决的问题是逐步恢复到过去以联邦基金利率为主要调控手段的状态，同时又不至于对市场造成太大冲击。

5　国际清算银行季度报告，《全球银行业和金融市场的最新发展》，2009-08。

6　Ben Bernanke, *The Fed's Exit Strategy*, *Wall Street Journal*, July 21, 2009.

（一）退出工具与手段

从美联储的声明和市场分析可以看出，美联储可能考虑的退出工具与手段主要包括：

一是向准备金支付利率。为应对本轮金融危机，2008 年 12 月，美国国会同意让美联储拥有对存款准备金加息的权力，这被美联储视为退出过程中一项十分有效的政策工具。美联储可以通过为超额准备金支付利息，令更多流动性沉淀在美联储的资产负债表上，而非进入货币流通环节。美联储可保持准备金利率作为利率下限的调节功能，保证其基准利率不会低于该下限。但实施这种方式的问题在于，首先，该模式存在一些制度性障碍，仅仅存款类金融机构能够获得准备金利息。其次，向银行支付准备金利息将减弱银行的放贷动机，但从长期看，美联储应该引导资金合理有序地流动而非完全不进入信贷流通体系。最后，美联储要为此付出高昂的资金成本，如果按照7 500亿美元的超额准备金额度估算，其利率水平每上升 1 个百分点，总的利息支付就会增加 70 多亿美元。

二是为银行设立定期存款账户。这相当于向银行提供类似于其向客户提供的大额存单，不过在操作流程上这种定期存款不会如大额定期存单一样在货币市场上流通，这实际上也是为超额准备金支付利息的“变形”。这种操作方式的好处是可以协助美联储更好地规划流动性收回的节奏和期限。但不难分析，高昂的资金成本也是该种模式的最大弱点。

三是通过公开市场进行逆回购协议操作。美联储可以通过实施大规模逆回购操作来削减银行准备金和回笼过剩流动性。在逆回购交易中，美联储出售国债等资产给交易商换取现金，并以更高的价格买回，这种程序帮助美联储将短期利率维持在一定水平。从 2009 年 3 月开始，美联储开始在三方回购市场进行逆回购交易测试，这被市场理解为美联储为退出宽松货币政策做准备，但美联储表示并没有进行实际操作。逆回购操作的特点是对于非存款类机构，如“两房”等政府支持企业、货币共同基金、养老基金等同样适用，但这些逆回购操作只能暂时回笼部分流动性。

四是直接出售资产。美联储可以通过在公开市场出售其持有的部分长期证券来吸纳流动性，以此来减少银行准备金。直接出售资产可以有效降低资产负债表规模，削减准备金水平，紧缩金融市场。但与次贷危机爆发前相比，高等级的美国国债在美联储总资产中的比重已经明显下降，目前美联储账面上的主要资产是从金融机构处收购过来的 ABS、MBS 等潜在风险较大的“有毒资产”，一旦美联储开始大量减持上述资产，这对于刚刚有所恢复的美国住房抵押贷款市场将造成严重冲击。

五是发行央行票据。降低准备金水平还有一个可能途径是把准备金转为另外一种负债，如发行央行票据。发行短期计息央行票据可以吸收准备金，英格兰银行也曾采取这种方法来有效吸收因数量宽松货币政策所创造的大量准备金。但问题是，美联储发行央行票据必须得到国会批准。由于央行票据有美联储的信用作担保，因此信用等级较高，短期内回收流动性的效果要比出售 ABS 与 MBS 更强。如果美联储依靠大量发行央票来回收流动性，依然面临两方面的问题[7]：要吸引金融机构购买，就必须提高央票收益率，而这会显著增加美联储的财政成本；如果维持较低的央行收益率而强行向金融机构摊派，会降低金融机构自身的收益率。总之，大量发行央票，会迫使美联储在自身财政压力与金融机构的低收益之间进行选择。

六是与财政政策配合。财政部可以出售债券，然后将收益存放在美联储。当购买者支付证券购买款项时，财政部在美联储的账户规模增加，银行准备金余额下降。但这种调整措施很难保证流动性只是从金融体系回收到中央银行，很难确保不通过财政刺激计划再次发放出去。还有一种方法就是美联储与美国财政部进行资产互换，用账面上的 ABS 与 MBS 交换财政部发行的国债，然后用国债进行公开市场操作。这种机制会面临两个难题：第一个难题是美联储的 ABS 与 MBS 如何定价。如果定价过高，相当于包袱转移给财政部；如果定价过低，美联储将遭受严重亏损。第二个难题是，一旦财政部大量增发国债，则国债规模上限突破又会引来外部压力。

（二）退出路径与机制

从日本的经验看，日本新世纪初为应对经济增长乏力的状况，一度推出定量宽松的货币政策。随着宏观经济指标的逐步改善，2006 年 3 月，日本宣布结束达五年之久的超宽松货币政策。在结束超宽松货币政策并将货币政策操作目标转回到有担保的隔夜拆借利率过程中，为了保证货币政策平稳过渡，日本银行采取了相应的配套措施。针对市场对利率上升的强烈预期，日本银行宣布在停止“定量宽松”政策的一段时间里，市场利率仍将控制在接近零利率的水平（低于 0.1%）。同时，中央银行还将继续实行每月买进 1.2 万亿日元长期国债的政策以控制长期利率水平。从实际效果看，日本“定量宽松”货币政策的退出并未引起市场的太大波动。

7　张军：《美联储没有低成本的退出》，载《环球财经》，2009－06－30。

关于退出机制的问题，伯南克曾指出，事实上这种宽松政策一定程度上将被自动终止。因为当融资环境正常化后，美联储曾经设定的贷款利率和边界对借款人不再具有吸引力，市场将减少对联储提供的这些融资工具的需求。而依据《联邦储备法》第13（3）条授权的只有在“非正常时期”才能推出一些融资工具，在市场条件逐步正常化后也将依法退出。如果用于定量宽松的贷款工具被削减，美联储的资产负债和金融系统的超额准备金规模都会降低，美联储将再次回归到传统的货币政策制定方式，即以联邦基金利率为操作目标。

为了保证将来这些政策的平稳退出，美联储也提出了相应的思路：一是基于货币政策委员会对信贷市场和经济形势的评估和判断，来决定定量宽松政策退出的时机和节奏；二是美联储密切监测资产组合中的期限配置情况，以便在合适的时候将资产负债表降低到合适的规模而不会出现大的问题；三是国会批准美联储向准备金支付利息将使得美联储管理资产负债表和执行货币政策变得更为容易，在融资条件正常化后，准备金利率将成为影响联邦基金利率的有效工具；四是在退出过程中，可以通过多种工具来配合，以降低银行体系的超额准备金水平。总之，美联储将谨慎权衡当前宽松政策退出可能产生的效应，确保各项政策能及时且平稳地退出，使之与美联储促进就业和保持物价稳定的目标相一致。

从退出的路径看，美联储有可能先逐步退出定量宽松政策和停止投入到金融体系的大量流动性工具，然后在金融体系运行状况改善的情况下将资产逐步出售，并在整个经济形势改观的条件下逐步调高利率。整个退出速度最终取决于市场的承受能力。美联储在前两次危机中，都是在危机结束后两年才开始加息，这次美联储也强调将在相当长时间里保持低利率政策，外界普遍预期低利率时期将维持到2012年。

四、美联储退出过程面临的主要难题

（一）美联储曾在“退出战略”方面犯下错误[8]

1973年前，由于担心银行利用其在美联储累积的巨额准备金发放贷款，从而导致“未来的信贷扩张不可控制”，美联储提高了准备金率以吸收这部分资金。这种大幅收紧货币政策的做法断送了自1933年开始的强劲复苏，

8　Randall Kroszner，“*Central banks must get their timing right for a ‘good exit’*”，*www.ft.com*，Aug. 18，2009.

并导致了 1937 ~ 1938 年的“双谷”衰退（double-dip）。米尔顿·弗里德曼（Milton Friedman）和安娜·施瓦茨（Anna Schwartz）在他们合著的《美国货币史：1867 ~ 1960》一书中将其称为“有史以来最严重的一次衰退”。白宫经济顾问罗默也在其《1937 年的教训》一文中指出，决策者应充分吸收 20 世纪 30 年代大萧条的教训，必须谨慎对待紧缩政策，不要让紧缩性宏观经济政策扼杀了经济复苏的“嫩芽”。作为“大萧条”的研究学者，伯南克也一再警示通货紧缩的危害作用。但不管外界和美联储内部，对于通货膨胀和通货紧缩的看法就一直存在争议。当前美联储仍面临着历次危机中同样的难题，作为中央银行，美联储既要及时消除人们对于其资产负债表上累积上千亿美元的超额准备金可能引发通货膨胀的担心，同时又不能重复 1936 ~ 1937 年过早“退出”的错误。

（二）财政刺激政策对正确判断经济走势形成干扰

无论是 20 世纪 30 年代还是现在，财政政策都让美国中央银行的退出战略变得更复杂。根据美国财政部的报告，在截至 9 月 30 日的 2009 财年，美国财政赤字达创纪录的 1.42 万亿美元，约相当于美国国内生产总值的 10%，为第二次世界大战以来的最高水平。奥巴马政府此前估计，在未来十年内，美国财政赤字总规模将达到 9.1 万亿美元。在大规模财政刺激政策的推动下，美国经济有可能在短期内出现较快增长。但美联储在退出的过程中面临的一大难题是，经济复苏是财政刺激的短期结果，还是自我复苏机制已经改善？如果在经济自我增长机制得到改善前退出过早，复苏可能功亏一篑；而退出过晚又会引发令人不安的通货膨胀。从 2009 年前三个季度的情况看，美国经济基本面尚未恢复到依靠内在机制来改善需求和提高产能的状况，未来财政刺激作用仍将持续一段时间，这无疑增大了美联储对经济形势判断的难度。

（三）危机中政策效果不理想使美联储进退维谷

伯南克曾指出，如果为抵制通货紧缩有必要采取一定的措施，那么足够果断的美联储可以盯住长期国债。伯南克还一度援引了过去美联储的事例，在第二次世界大战期间（1941 ~ 1945 年），美联储成功地将国债收益率控制在 2.5% 这一美联储决定的水平上。但本次危机中的政策反应并不理想。由于受金融机构去杠杆化进程基本结束影响，大量资金从美国国债市场撤出重新进入风险资产市场，同时加上美元贬值预期，导致美国长期国债收益率水平显著上升。在政府宣布购买计划的 3 个月后，美国 30 年期国债利率仍从约 3.50% 升至 4.40%，10 年期国债利率从约 2.50% 升至 3.47%。2 年期国债与30年期国债、5年期国债与30年期国债、10年期国债与30年期国债的利差全都大幅扩大。作为金融产品定价的基准，国债利率特别是长期国债利率的快速上升，无疑会提高银行信贷、企业债券和房地产融资等各项中长期金融工具的融资成本。为避免长期基准利率上升引致企业贷款利率以及居民住房抵押贷款利率上升，从而打压投资与消费，美国政府不得不继续直接购买长期国债，而此举蕴涵着中长期内的更高的退出成本并可能进一步加重通货膨胀预期。

（四）中央银行退出过程中独立性面临考验

在本轮危机中，当美联储给包括传统银行和那些复杂且不受监管的"投资银行"注入了上千亿美元的流动性支持而使其资产负债快速膨胀后，巨大的压力就一直伴随其从进入到退出的整个过程。根据历史的经验，改善中央银行的资产负债表从来不是一件愉快的事情[9]。美联储的独立性将受到两方面的压力：一方面，政府当局通常鼓励推行宽松货币政策以在短期内降低失业率，但这在长期内无法解决失业并将可能造成更严重的通货膨胀和利率上涨。另一方面，美联储在危机中的救助和退出行动由于涉及公平和效率等问题而受到公众以及立法者的关注。危机爆发后，美国众议院赋予联邦监管部门大量新的权力用以对美联储实施审计，审计者可进入美联储资产负债表所有项目，这也意味着今后美联储在退出方面面临更多约束。

（五）全球协同行动的难度加大

在危机最严重的时候，全球中央银行的协同行动对恢复全球金融市场的信心起到了关键性作用。随着全球渐渐走出经济危机，各大中央银行也开始逐步收紧危机期间的宽松政策。在澳储备银行、挪威中央银行等拉开升息帷幕之后，市场对其他中央银行升息步伐的讨论也日益激烈。即便在一些仍处在衰退中的经济体，对于适时启动退出策略的声音也开始多了起来。对于上述倾向，国际货币基金组织警告在2009年6月警告主要经济体还不是撤出刺激措施的时候，否则可能危及明年的经济增长。美国经济学家、诺贝尔奖获得者克鲁格曼在2009年10月也指出，由于全球经济复苏的脆弱性和长期性，对一些国家来说讨论退出战略为时尚早，草率的退出可能会给全球经济带来"失去的10年"的恶果。当经济危机的压力逐步减小时，各国可能会因为政治压力和各自的利益考量，会推迟或加快从各项危机政策中退出。而

9 Kenneth Rogoff, "*Do Central Banks Have An Exit Strategy*", *Project Syndicate*, September, 2008.

如果各国政策出现较大的不一致性，全球监管套利和投机资金流动的机会又会提升，这对全球经济的稳定复苏极为不利。美联储在此过程中的作用尤为关键，那就是既要适当给予市场收紧货币政策的预期，从而提升全球对于美元的信心，同时又不让这种预期过早地影响美国的基础利率水平，从而打压微观经济体的活动和经济恢复。

五、政策启示

1. 危机中政策的退出应该系统有序地进行，防止对市场造成太大冲击。尽管金融市场的紧缩是整个退出战略的关键点，但应充分考虑这类举措对于基础尚不稳定的金融市场可能造成的干扰，节奏和总量的把握尤为关键。2008 年雷曼兄弟公司倒闭风波一定程度上反映了政策突然扭转对市场形成的巨大冲击。为了维持金融系统信心，决策者应该为最终的退出政策进行一定的铺垫。公共金融政策应具备一定的持续性，以合理引导市场预期。系统高效的退出计划可以将公共政策如何顺利从金融系统中退出清晰地呈现出来，这有利于证明决策者执行退出政策的能力，避免引起市场混乱，排除对于通货膨胀的忧虑，并有条不紊地实现政策的中长期目标。

2. 单个国家追求宏观经济目标的效果是相对较弱的，全球经济恢复和增长需要合力。经济全球化的时代，金融一体化程度越来越强，一国宏观经济的波动会导致另一国宏观经济的不均衡。从全球金融危机开始爆发，就体现了全球宏观经济政策协调一致的重要性。同样为了全球经济的平稳恢复和发展，宏观经济政策退出同样需要各国加强协调合作。在开放经济的条件下，各国应充分考虑国内宏观经济政策对国外经济的溢出效应，避免全球层面上过度的、冒失的退出状况。

3. 退出策略应结合考虑金融业整体调整趋势。要恢复市场的长期正常运转，最终需要形成一个更加稳定、杠杆率更低的金融系统。后危机时期，全球金融业的格局将出现很大调整，其中一点就是由于危机前实体经济和虚拟经济出现严重背离，未来金融业的“瘦身”将不可避免[10]。为保证中央银行能走出巨额救助的无底洞，中央银行必须鼓励金融业整合而非不加选择地提供信贷支持。中央银行在退出过程中应考虑暂时性的救助措施和金融体系长期调整的方向不相冲突，应逐步退出一些高成本、过度偏离常规和可能诱

---

10 朱民：《危机后的全球金融格局呈现十大变化》，新华网，2009 - 11 - 13。

发新的风险的措施，鼓励那些已经恢复健康的银行主动逐步脱离政府的救助，防止由于过度的流动性支持举措而扭曲市场机制。同时，中央银行对救助对象应强化监管，在此过程中引导其加快业务调整和纠正自己机制，通过退出的压力和更多的激励机制促使金融业更好地为实体经济服务，并实现营利模式的转变。

4. 退出过程中责任约束的增加不应以破坏中央银行独立性为代价。中央银行的独立性对于维持其可信性至关重要。经济危机期间，正是这种可信性使得美联储采取了特别行动并避免了一场可能到来的经济大萧条，但美联储终将不得不缩减这一前所未有的宽松货币政策。伯南克强调，近期国会讨论赋予政府问责办公室（Government Accountability Office）对美联储进行审计的权力，这将有助于实现公共问责需要与保持中央银行独立性之间的平衡，但不能以牺牲货币政策独立性为代价[11]。美国政府问责局的设立是为了增加了美联储的责任感，美联储与国会合作并提供有助于有效监控美联储行为的信息，提高中央银行操作过程的透明度。但经济理论和大量经验证据都为维护中央银行的独立性提供了强有力的理由。尽管退出过程可以接受会计工作、内部控制及损失防护等操作的监督，但中央银行正常的货币政策制定和执行行为应减少外界干扰，当中央银行在危机后期恢复紧缩贸币政策时，它必须能够在没有政治干预的情况下独立决定[12]。

11　Ben S. Bernanke, Testimony "*Semiannual Monetary Policy to the Congress Before the Committee on Financial Service, U. S. House of Representative, Washington, D. C.*", *Board of Governors of the federal Reserve of System*, July 21, 2009.

12　Anil K. Kashyap and Frederic S. Mishkin, *The Fed Is Already Transparent*, the wall srreet journal, NOV 9, 2009.

16. 美国信用评级监管体系改革

中国人民银行营业管理部　武逸

一、金融危机前的美国评级监管体系

目前，美国主要监管评级机构有联邦贸易委员会、联邦储备委员会、财政部货币监理局和证券交易委员会。对外部评级机构的监管主要由证券交易委员会（SEC）负责。

表 1　　美国评级监管机构及职责

监管机构	职责分工
联邦贸易委员会	下设消费者保护局和其下属的信用实务科具体负责。管辖与规范对象主要有征信行业、全国零售业、融资公司、不动产经销商、信用卡公司等。通过调查、制订标准，对个人征信业务从业者和消费者进行宣传教育等方式，保证法律的执行和消费者权益
联邦储备委员会	负责对该系统中的成员银行（非联邦银行）的行为进行检查，对其违法行为进行督促改正
财政部货币监理局	负责对联邦银行遵守有关法律的情况进行检查，发现违法行为加以纠正
证券交易委员会	主要负责对注册的 NRSRO 评级机构进行监管

1975 年，SEC 开始实施 NRSRO（Nationally Recognized Statistical Rating Organization）评级机构认可制度，并颁布《对注册为 NRSRO 的信用评级机构监管》的法案。该制度的原则是：在法律框架的约束下，被认可机构的评级结果被认为具有较高的可信度和公信力，并将 NRSRO 评级结果纳入美国证券监管法律体系，应用于经纪商和自营商的净资本计算，初步形成以核定评级机构的资格并以自律监管作为主导模式。2007 年 6 月，SEC 根据 2006 年的《信用评级机构改革法案》，发布了《对注册为 NRSRO 的信用评级机构监管——最终规章》。该法案明确了 NRSRO 的定义、信用评级机构申请注册要求、档案管理、年度财务报表报送、利益冲突、不公平竞争和信息滥用等方面的规定。SEC 被正式授权监管评级机构，监管模式由行业自律转变为 NRSRO 框架下的直接监管。

表2 **NRSRO制度的相关规定**

监管主体及职责	SEC负责对NRSRO注册和资格的认定
	SEC通过检查和强化活动来对注册的NRSRO进行监管，但是SEC无权干涉NRSRO具体的评级方法、评级程序
	SEC发布有关利益冲突以及NRSRO不恰当使用非公开信息的规则
	SEC向参议院提交年度监管报告
注册认定标准	足够的从业人员、金融资源和结构、确保能够对债券评级进行可靠的评级，能够独立于经济压力或者来自被信用评级机构的压力运作，并且拥有一定教育和专业背景的、能够胜任债券评级的评级人员
	运用系统性的评级程序、确保可靠、准确地进行评级
	与债券发行方的管理者加强联系，包括接触发行方的高管人员
	通过内部程序控制非公开信息的误用，遵守内部控制程序
不公平竞争	禁止要求客户评级客户购买附加服务作为评级服务的前提
	禁止反托拉斯行为
	禁止诱导、强制进行主动评级的行为（如寄送主动评级账单、寄送费用表及奖励性报酬，告知客户评级级别可能通过与之合作而提高）
利益冲突	SEC要求信用评级机构建立、维护并加强合理设计的书面政策和程序来解决和管理可能来自经营业务中的利益冲突
	SEC要求信用评级机构付给评级分析项目师的酬劳与发行者支付的费用没有关系，信用评级机构的单个项目收入比重应控制在一定程度内，保证其可以不受单个客户影响
	信用评级机构必须拥有足够的财务资源，以降低其对被评级机构的依赖。限制信用评级机构在发行商间可能造成的影响往来，如禁止评级人员参与新业务的拓展，不能将收入与业务发展挂钩
	信用评级机构在评级业务和辅助业务之间应建立严格的防火墙，严禁评级人员收入受服务收入的影响

目前，SEC共认可了9家机构NRSRO资格，其中包括Moody Investors Service，Inc.、Standard & Poor Ratings Services、IncFitch，Inc.、A. M. Best Company，Inc.、Egan－Jones Rating Company、LACE Financial Corp.，1家加拿大公司（DBRS Ltd.）和2家日本公司（Japan Credit Rating Agency，Ltd.、Rating and Investment Information）。

二、信用评级与次贷危机

（一）信用评级助推次贷危机

次贷危机中评级机构依赖所谓的历史违约率数据，参与次贷衍生品的设计，给予了次贷证券（CDO、RMAS 等）较高的评级，使得次贷产品评级结果明显高于传统的金融工具评级。根据人民银行发布的《国际金融市场报告》显示，大约75%的次贷证券被评为 AAA 级，10%被评为 AA 级，8%被评为 A 级，仅有 7%被评为 BBB（含以下）级。根据标准普尔发布的报告显示，2005～2007 年，85%的 CDO 被评为 AAA 级。根据惠誉发布的报告显示，截至 2007 年 7 月 18 日，74.1%的高级 CDO 被评为 AAA 级，73.7%的中级 CDO 被评为 AAA 级。AAA 级债券风险在理论上几乎没有违约的可能，等同于美国国债，由此可见评级机构未能正确评估相关证券的风险状况。

危机爆发后，三大国际评级机构不断调降次贷相关证券的评级，并表示将调整次贷相关证券的评级方法，评级机构的独立性、透明度、公信力受到市场质疑。2007 年 7 月，标准普尔和穆迪分别下调了 612 种和 399 种次贷证券的信用等级。2008 年 1 月，标准普尔宣布对 2006 年 1 月至 2007 年 6 月 6 389 个美国 RMBS 交易评级列入负面观察名单或下调评级，同时还将全球 572 个 ABS 及 1 953 个 CDO 列入负面观察名单[1]。

（二）评级监管体系漏洞及评级机构失误

危机暴露出评级机构存在失误及评级监管体系的漏洞。由于直接参与衍生品的设计并为其提供评级，评级机构面临明显的利益冲突，丧失了独立性。

一是将 NRSRO 评级结果作为监管准则，赋予信用评级机构的监管特许，扩大了评级机构在市场上的作用。随着金融市场结构的改变，金融证券产品日益复杂化，投资者、银行和监管者对复杂金融产品的风险判断没有选择依据，导致依赖 NRSRO 的评级结果的程度不断加深。另一方面，由于监管措施和政策对评级的支持使投资者在一定程度上将评级视为权威和法定判断，缺乏多元化的风险判断机制，评级体系的缺乏竞争性，评级结果存在系统性偏倚。

二是评级机构没有基本的能力应对 RMBS 和 CDO 日益增长的复杂，监

1　姜浩端、米建国：《信用评级助推金融危机》，国务院发展研究中心信息网，2009。

管当局没有及时采取相应措施。根据 SEC 对三大评级机构（标准普尔、穆迪和惠誉）的调查报告显示，2002 年以来，RMBS 和 CDO 评级的复杂性和业务量与日俱增，三大评级机构评级依据的历史数据不充分，不能验证其评级模型是否准确，也没有相应增加评级人员。

三是评级机构都存在违反内部程序的行为，并且都未能避免利益冲突问题。SEC 的调查报告显示，在给 RMBS 和 CDO 进行评级时，一些评级工作人员甚至直接参与评级费用的商谈。由于评级费用由债券承销商支付，评级越高越利于债券销售，评级费用也越高。因此，评级机构无法保证评级的独立性。

三、金融危机后美国评级监管体系改革

美国信用评级市场已形成了寡头垄断的格局，再加上各种监管法规将 NRSRO 的评级结果不断用于监管，客观上造成了市场对三大评级机构的深度依赖，抑制了信用评级市场的正常竞争，也给三大评级机构滥用市场垄断提供了机会。金融危机的爆发暴露了美国评级监管体系的漏洞，同时也促使美国加快了信用评级监管制度改革的步伐。目前，美国信用评级监管制度改革的基本原则和特点如下：

一是强化竞争机制，调整信用评级现有市场结构，减少市场对 NRSRO 评级结果的依赖。2009 年 6 月 17 日，美国公布了《金融监管改革方案》，该方案包括了信用评级监管改革方案，要求监管当局在监管活动中尽可能减少使用 NRSRO 评级结果。2009 年 10 月 5 日 SEC 颁布了《NRSRO 评级指引》，旨在避免投资者对 NRSRO 评级的过度依赖。

二是加强信息披露，提高评级活动的可审核性。2009 年 10 月 8 日，SEC 公布的《2010～2015 财政年度战略计划》（征求意见稿）中特别强调要加强信用评级方法和评级行为透明度方面的监管。

三是强化对利益冲突的约束，保证评级活动的独立性，确保评级结果的公正与客观。2009 年 4 月 10 日，SEC 修订了《信用评级机构改革法案》，旨在改善对利益冲突的管理。2009 年 9 月 17 日，SEC 通过了关于减少信用评级机构评级寻销行为的一系列措施，鼓励多评级，提高评级结果的可信度。

表 3 **美国评级监管改革法案及措施**

改革法案		具体改革内容
修订《信用评级机构改革法案》		改善对利益冲突的管理，进一步提高评级透明度，强化评级责任，增强评级的可比性，促进行业竞争
《金融监管改革方案》（信用评级监管改革方案）	市场准入	持续从事信用评级业务至少 3 年
		其所发布的评级业已得到债券发行人以及合格机构投资者认可
		已完成相关的注册程序
	内部控制	制定、维持和实施合理的书面规章和程序，以防止自身以及关联方对重大非公开信息的滥用
		制定、维持和实施合理的书面规章和程序以解决和管理评级过程中可能产生的利益冲突问题
		任命专人担任合规主管并负责公司规章和程序的执行，以及确保合规要求得到履行
	利益冲突	禁止 NRSRO 为那些其提供结构建议的金融工具进行评级
		禁止那些负责评定信用等级的 NRSRO 的职员参与评级费用协议的讨论和拟定
		禁止那些负责等级评定的信用分析师从发行人处收受价值超过 25 美元的礼物（包括娱乐项目），商务会议等有限情形除外
	披露实践	分别按 1 年期、3 年期和 10 年期提供任一资产类别信用等级迁移情况的统计量
		增进如下披露：①信用等级在何种程度上决定于标的资产的评估；②信用等级的确定是否考虑了标的资产发起人的信用品质；③跟踪评级流程，包括适用于当下受评证券的评级模型的任何变动
		要求 NRSRO 以 excel 文件格式公开披露其所有发行人付费评级业务的评级历史信息
		禁止 NRSRO 在有关产品的信息未向其他 NRSRO 披露之前为那些由发行人、发起人或承销商付费的结构化产品评级
	记录存档	制作并保存有关当下评级的所有评级行动的记录
		记录最终评级实质性区别于定量模型结果的评级原理（若该模型是信用评级过程的重要组成部分的话）
		记录任何针对信用分析师于确定和维持信用等级过程当中的表现的申诉

续表

改革法案	具体改革内容
SEC 减少信用评级机构寻租行为的一系列措施	要求公司发行债券必须公开评级机构在实际被选择进场评级之前进行的预评级结果
	要求评级机构公开同行业竞争者给予评级结果的相关数据和评级过程
《NRSRO 评级指引》	取消《证券交易法》3a1－1、300、301（b）－5、301（b）、－（6）等五个条款中关于参考 NRSRO 评级结果的要求
	取消《投资公司法》中有关 NRSRO 评级的四项法案其中的两项参考 NRSRO 评级结果的非强制性要求
《2010～2015 财政年度战略计划》（征求意见稿）	建立包括更强有力的信用评级机构监管在内的有效金融市场监管体系
	支持信用评级机构监管框架方面做出的改进
	继续加强对 NRSRO 的注册和管理重点放在增强信用评级方法和评级行为的透明度以便于更好揭示信用评级行业相关各方的利益冲突

第四部分　内部审计

17. 英格兰银行内部控制管理模式

济南分行　陈震宇

20世纪80年代以来，一些大的企业和银行因内部控制、尤其是风险管理出现问题而造成了巨额损失，甚至破产。例如1995年英国巴林银行破产事件，主要是由于内部控制不严密，未能及时发现新加坡交易员里森的违规期货投机造成的；最近瑞银集团则由于内部控制薄弱，一名部门负责人和三名员工在两年的时间里，每天进行最多50笔未经授权的外汇和贵金属交易，从而给客户带来4 200万美元的损失；英国金融服务管理局于2009年11月据此对瑞银处以历史上第三次大规模的罚款（800万英镑，合1 320万美元）。因此，内部控制和风险管理越来越受到重视。

中国人民银行作为国家重要的经济管理部门，承担着执行货币政策、防范金融风险、维护金融稳定等重要任务。因此，建立健全内部控制机制建设就成为人民银行的客观需要，研究如何构建我国中央银行内部控制系统，建立健全内部控制机制，是一项具有现实意义的研究课题。目前，在人民银行内控建设中，尚未形成完善的风险管理模式。

一、内部控制理论的发展

（一）内部控制的构成要素

内部控制是指由组织的管理层和所有员工实施的，为组织运转的效率效果、资金财产的安全可靠、规章制度的遵循性等目标的达成而提供合理保证的过程。世界上公认的内部控制理论是COSO委员会（The Committee of

Sponsoring Organizations of the Treadway Commission）提出。COSO 委员会是由美国注册会计师协会（AICPA）、美国会计学会（AAA）、财务经理协会（FEI）、国际内部审计师协会（IIA）及管理会计师协会（IMA）共同成立的专门研究内部控制问题的委员会。1992 年，COSO 提出报告——《内部控制——整体框架》，这一报告迅速被英国国内外理论和实务界广泛认可和采用。COSO 报告认为内部控制的构成要素包括控制环境、风险评估、控制活动、信息与交流、内部监督五个方面。COSO 报告被理论界和实务界所认可，但也对内部控制框架提出了一些改进建议，强调内部控制框架的建立应与风险管理相结合。这主要是由于所有的组织，无论是营利组织还是非营利组织，都是为了其利益相关者的利益而存在。对风险的持续确认和处理，与确定抓住什么机遇一样，对保护和提高组织利益相关者的价值是至关重要的。面对日趋激烈的生存竞争环境，一个大型组织在重大问题上的决策稍有不慎，便可能有灭顶之灾。风险管理相对于日常工作中的资产安全性及其记录正确性而言，显得更加重要。因为真正的风险一旦来临，无论资产和记录的质量如何，可能都在瞬间荡然无存。面对这种情况，不但是财务人员和审计人员，而且是高层管理人员；不但是执行人员，而且是决策人员，都将内部控制的重点由资产安全及其记录正确性逐渐向风险管理转移。风险管理要求内部控制不应仅仅局限于单个岗位、单项职责、单项业务、单项流程，而是要包括组织活动的全过程；控制视角不仅仅要放在某几个关键控制点上，而是要包括凡是可能诱发和产生风险的所有活动上。

2004 年 4 月，COSO 委员会在 1992 年《内部控制框架》报告的基础上，结合《萨班斯—奥克斯利法案》（*Sarbanes – Oxley Act*）在报告方面的要求，进行扩展研究得到了《风险管理框架》（*Enterprise Risk Management Framework*）。风险管理框架建立在内部控制框架的基础上，将原有的内部控制与风险管理进行了融合。风险管理包括八个相互关联的要素，各要素贯穿在企业的管理过程之中，分为内部环境、目标制订、事项识别、风险评估、风险反应、控制活动、信息和沟通、监控等。

1. 内部环境。包含的内容很多，主要包括企业员工的价值观、人员的胜任能力和发展计划、管理者的经营模式、权限和职责的分配方式等。

2. 目标制订。根据组织确定的任务或预期，管理者制订组织的战略目标，选择战略并确定其他与之相关的目标并在企业内层层分解和落实。

3. 事项识别。管理者不能确切地知道某一事项是否会发生、何时发生或者事项的结果，使得企业的管理者需要对这些事项进行识别。

4. 风险评估。管理者应从两个方面对风险进行评估—风险发生的可能性和影响。

5. 风险反应。风险反应可以分为规避风险、减少风险、共担风险和接受风险四类。规避风险是指采取措施退出会给组织带来风险的活动。减少风险是指减少风险发生的可能性、减少风险的影响或两者同时减少。共担风险是指通过转嫁风险或与他人共担风险，降低风险发生的可能性或降低风险对企业的影响。接受风险则是不采取任何行动而接受可能发生的风险及其影响。

6. 控制活动。控制活动是帮助保证风险反应方案得到正确执行的相关政策和程序。

7. 信息和沟通。来自于组织内部和外部的相关信息必须以一定的格式和时间间隔进行确认、捕捉和传递，以保证员工能够执行各自的职责。

8. 监控。对风险管理的监控是指评估风险管理要素的内容和运行以及一段时期的执行质量的一个过程。

（二）内部控制特点

1. 组织内部所有成员均对内部控制负有责任。不仅仅是管理人员、内部审计或董事会，组织中的每一个人都对内部控制负有责任。组织的所有员工均应团结一致，主动地维护及改善组织的内部控制。

2. 内部控制应该与组织管理过程相结合。内部控制是组织经营管理过程的一部分，与经营管理过程结合在一起，而不是凌驾于组织的基本活动之上，内部控制是管理的一种工具，并不能取代管理。

3. 强调内部控制是一个“动态过程”。内部控制是对组织的整个经营管理活动进行监督与控制的过程，组织活动是不停止的，组织的内部控制过程也因此不会停止。

4. 强调风险管理。当今社会是一个充满激烈竞争的社会，每一个企业或组织都面临着成功的挑战和失败的风险，对风险的管理是现代管理的主旋律之一，风险影响着组织生存和发展的能力。

二、英格兰银行的内部控制管理模式

通过内部控制理论的发展，我们可以看到，现代内部控制的重心在于风险管理，内部控制不是简单的规章制度，而是蕴涵在组织管理的全过程，包含在组织的机构和职能设置中。如果要了解英格兰银行的内部控制管理模式，我们首先要了解其组织结构。

（一）英格兰银行的组织结构

一个单位的组织体系对于内部控制作用的发挥起着至关重要的作用，同时其所承担职责的重要性和风险程度也对内部控制有着不同程度的要求。

1. 总行的组织体系。1997 年机构改革后，英格兰银行的职能由原来货币政策与金融监管的双重职能，调整为制定与实施货币政策和维护宏观金融稳定，英格兰银行的内设机构也随之进行了调整。

英格兰银行实行行长领导下的分级负责制，行长下设 2 名副行长。英格兰银行的内设机构主要由货币政策分析与统计、金融市场、金融稳定、银行业服务、服务中心、财务、内部审计、信息交流、研究中心 9 个部门组成。其中，金融市场部门负责金融市场管理、英镑市场管理、外汇储备管理等业务；银行业服务部门主要负责支付清算管理和货币发行业务；服务中心是内部管理部门，主要负责人事、科技、法律管理以及履行办公室职责；信息交流部门主要负责国际交流、对外信息披露如中央银行的出版物、网站、英格兰银行博物馆等。

2. 分支机构。目前，英格兰银行按照经济区域，在全英具有代表性的主要城市分设了 12 个办事处（Agencies）。作为英格兰银行的分支机构，这 12 个办事处共有 60 多名工作人员。

英格兰银行分支机构的主要职责包括：一是与属地各行业企业和机构保持经常联系，将英格兰银行对英国、欧洲及国际经济的看法传达给企业部门。二是定期向总行提供报告，评价其辖内经济状况，以便于货币政策委员会据以判断和评估英国经济运行的整体情况。三是积极参与英国商会和英国工商联合会在当地分支机构的活动，并与商业服务部门和高校保持密切关系，收集它们对英格兰银行的作用及现行货币政策的意见。四是代表英格兰银行宣传解释该行的职能和政策。英格兰银行通过这些办事处的职能，实现了它与实体经济之间的密切联系。

英格兰银行 12 个办事处的业务工作，由货币政策部门的分支机构协调处具体负责协调和管理。

3. 决策机构。英格兰银行目前的决策构架依据《1998 年英格兰银行法》设置，主要包括：董事会（The Court of Directors）、非执行董事委员会（Committed of Non-executive Directors within Court）、货币政策委员会（Monetary Policy Committee）等。另外，目前英格兰银行的日常工作，在以行长为首、包括两名副行长和 6 名高级执行官（Executive Director）参加的高级执行层（The Executive Team）的领导下进行。

（1）董事会。董事会由英格兰银行行长、2 名副行长和 9 名董事组成。9 名董事均为非执行董事。董事会负责管理英格兰银行，包括确定英格兰银行的目标和战略，确保英格兰银行有效发挥其职能和充分利用其资源，但并不负责制定货币政策。

（2）非执行董事委员会。非执行董事委员会是董事会的分委会，由 9 名非执行董事组成。非执行董事大多数来自大型金融公司、企业、消费者协会、工会、民间团体等机构。其主要职责包括：一是审查英格兰银行的目标和战略的执行情况。二是监督英格兰银行金融管理目标的实现。三是审核货币政策委员会的议事程序。四是审查英格兰银行的内部控制管理情况。五是确定英格兰银行高级管理人员和货币政策委员会成员的薪酬。

（3）货币政策委员会。由英格兰银行行长、2 名副行长、2 名高级执行经理及 4 名来自外部的经济金融界专家共 9 人组成，受到非执行董事委员会的监督。

（4）审计委员会。审计委员会的主要职责是帮助董事会履行对财务报告、内部控制和风险管理有效性负责的职责，审查英格兰银行的内部审计制度；审核内部和外部审计人员对英格兰银行的审计报告；对聘用外部审计人员及薪酬提出建议；在年度财务报告提交董事会之前对其进行会计标准和程序方面的审查，并向董事会提出最终报告。审计委员会由董事会中的 4 位非执行董事组成，审计委员会开会时，副行长、财务和内审部门负责人以及外部审计人员要出席。

（二）内部控制的现状

通过对英格兰银行的组织结构的分析，我们看到英格兰银行的主要职能均在总行，因此其内部控制和风险管理的重点也在总行。英格兰银行目前已经构建了以风险管理为重心，多层次的内部控制模式。

1. 构建多层次的内部控制和风险管理机构，保证内部控制作用的发挥。根据英格兰银行 2009 年度报告（Bank of England Annul Report），英格兰银行构建了多层次的内部控制组织体系，包括董事会、审计委员会、内审部、业务风险监督委员会及监督小组，这些组织相互配合、相互制约，保证内部控制得到有效执行和完善。

一是董事会。英格兰银行的最高决策机构为董事会，董事会的职责之一便是对银行治理负责，尤其是对内部控制系统和风险管理框架负责。这就明确了最高管理层在内部控制方面的职责。

二是审计委员会。审计委员会是帮助董事会履行对财务报告、内部控制和风险管理有效性负责的职责。由内审部门对其职责予以支持。有关风险管理架构和程序的报告要向审计委员会报告。

三是内审部。内部审计部门的重要职责是独立、客观的评价内部控制和风险管理的有效性。

四是业务风险监督委员会和风险监督小组。为了加强对日常风险管理，英格兰银行还建立了业务风险监督委员会并在财务司成立了风险监督小组，风险监督小组为业务风险委员会提供支持。其主要职责是保证风险管理系统能够按照管理层的要求提供风险信息、风险分类及管理流程能够所应覆盖的风险，风险管理框架符合英格兰银行管理目标。

2. 将风险管理作为内部控制重心，明确风险标准。英格兰银行将风险管理作为内部控制的重心，结合自身实际，对风险进行了分类，以此来构建风险管理框架。

（1）风险分类。英格兰银行将风险分为3大类，12个小类。3大类风险为财务风险、操作风险与政策和分析风险。财务风险是指可能引起中央银行资产负债表项目出现问题的风险。操作风险是指业务流程、业务系统或员工行为等方面薄弱环节，可能会影响中央银行核心业务职能的履行和中央银行的名声。政策和分析风险是由于数据或模型错误导致提交给货币政策委员会错误的建议。

英格兰银行在此3类风险的基础上，进一步细分各项业务风险，使之能够覆盖中央银行各个重要领域。

财务风险细分为市场风险、信贷风险和流动性风险。其中市场风险主要是指汇率变动导致的违约风险，流动性风险主要是指缺少充足的资金保证资金清算的风险。

操作风险分为人力资源风险、业务中止风险、信息系统风险、安全风险、计划风险、法律风险、业务控制风险和信誉风险。其中：人力资源风险是指在重要业务领域依赖核心员工，而无法迅速找到替换者的风险；业务中止风险主要是指受突发事件影响而导致业务无法运转的风险；信息系统风险是指支付清算等信息系统出现问题的风险；安全风险主要是指钞票设计方案等重要资料被窃风险；计划风险是指不能根据变化后的情况调整计划安排的风险；信誉风险是指由于对内或对外信息提供不准确或不正确而导致中央银行信誉受影响的风险。

（2）风险评估方法。英格兰银行是按照风险发生的可能性和风险可能带来的影响这两个方面对风险程度进行评估。

英格兰银行将风险发生的可能性分为5个级别，划分标准见下表：

1	2	3	4	5
几乎不可能	不太可能	可能	非常可能	几乎确定
有非常强的控制措施防止风险发生，每隔5年以上才可能发生一次	可能在2年以上、5年以下发生一次	可能在1年以上、2年以下发生，控制措施不能充分防止事件发生	可能在3个月以上1年以下发生，控制措施存在严重缺陷不能防止事件发生	在绝大多数情况均为发生（每3个月发生），控制措施无效或缺乏

英格兰银行将风险可能带来的影响分为以下5个等级，见下表：

财务风险	业务目标	声誉	影响程度	等级
对资产负债表产生2 500万英镑的影响	对中央银行产生重大影响，对中央银行完成中心任务的能力有潜在的严重伤害	对声誉产生长期严重影响，如国家通讯社的长期批评	十分严重	5
对资产负债表产生100万至2 500万英镑的影响	对中央银行产生明显影响，有可能对完成中心任务产生影响	对声誉产生严重影响，如国家通讯社和电视台的批评	重大	4
对资产负债表产生10万至100万英镑的影响	对内部业务操作产生影响	对声誉产生短期影响，如国家通讯社的批评文章	明显	3
对资产负债表产生5 000至10万英镑的影响	对内部业务操作产生较小影响	对声誉产生潜在的小的影响	小	2
对资产负债表产生小于5 000英镑的影响	对内部业务操作几乎无影响	对声誉没有影响	可忽略	1

英格兰银行在开展风险评估时，需要按照以上两类标准对风险发生的可能性和带来的影响程度分别进行评分，然后再根据风险矩阵确定风险等级。

风险矩阵见下图：

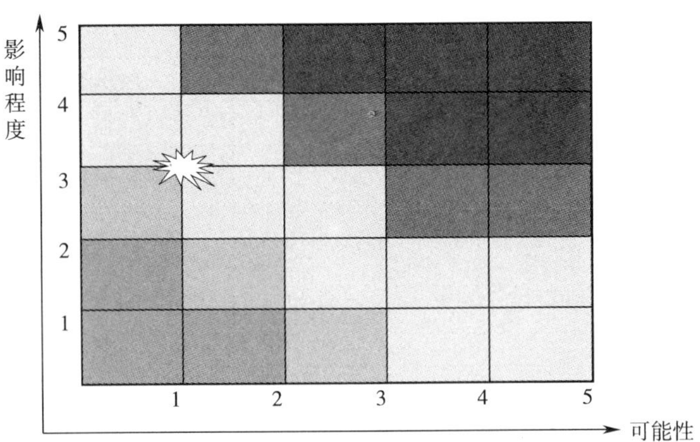

从上图我们可以看到，矩阵的横向坐标代表风险发生的可能性，数值越大可能性越高；矩阵的纵向坐标代表风险带来的影响，数值越高影响越大。

矩阵的■代表风险程度为紧急；■的风险程度为重大；■为风险程度明显；■为风险程度小；■为风险程度可忽略。

例如一项业务风险发生可能性为3（可能），风险影响程度为5（十分严重），该业务风险评估等级落在上区域，为紧急，需要立即采取有效措施降低风险。

（3）风险控制。对各项业务进行风险评估后，就可以根据风险程度所处区域采取风险管理措施。对风险发生可能性高、影响大的业务要求采取有效措施降低风险；对风险发生可能性高、影响小业务主要是加强业务操作管理；对风险发生可能性低、影响大业务主要采取积极的防范性管理措施；对风险发生可能性低、影响低的业务采取被动监控措施。

3. 外部董事和审计人员的介入，提高了内部控制管理的独立性。审计委员会是由外部独立董事组成，不是英格兰中央银行的员工，负有帮助董事会加强内部控制管理的职责。外部人士参与内部控制管理，提高了管理的独立性。英格兰中央银行的主要业务职责均在总行，内部控制监督评价主要是同级监督，容易受到干扰，监督评价人员不易保持客观公正；尤其是风险监督小组设在财务司，而财务司自身就是财务风险最高的部门。独立董事参与，提高了内部控制的透明度，减少了相互勾结舞弊的可能。英格兰银行同时聘请外部审计人员对中央银行业务进行审计，也包括内部控制，这更加提高了内部控制和风险管理的透明度，更有利于董事会能够全部了解全行内部控制情况，有针对性地加强管理。

4. 将风险管理贯穿于各部门业务管理中，提高内部控制管理的有效性。英格兰中央银行在内部控制和风险管理还有一项重要措施便是每个部门均有员工负责本部门的风险管理活动。银行服务司和金融市场司专门设立了风险管理处，专门负责本司局有关业务的风险管理。这样一是使高风险业务部门内部的业务制约和风险管理更加完善，二是使中央银行关于内部控制和风险管理的措施能够在各部门得到有效贯彻，避免出现部门内部职责不清或人员变动影响内部控制和风险管理的现象。

三、美联储和德意志联邦银行风险评估方法

由于当前内部控制的重心在于风险管理，为更好地了解西方国家中央银行对中央银行风险的分类和评估方法，又对美联储和德意志联邦银行的风险管理情况进行了调查了解。

（一）美联储风险评估方法

2006 年美国联储系统首席审计官会议通过了新的风险评估方法。

1. 风险分类。美联储将风险分为四大类：

（1）业务运作风险。由于不充分的、无效的或失败的内部流程，人员或计算机系统及能够影响上述因素的外部事件，而对美国联邦储备体系实体造成直接或间接损失或其他负面影响的风险。业务运作风险又分为业务流程风险、技术和信息管理风险、人员风险。

业务流程风险是指，一是由于职能重要，或对当地或整个联邦储备体系影响的重要性而本身固有的风险；二是由于不能有效识别和管理风险以至于无法实现组织目标，而导致的影响业务操作的完整性、有效性、效率性和资产安全的风险。

技术和信息风险是指当使用信息技术支持某项业务时，由于信息技术不能实现预定目标，或不能满足信息和其他资产的可提供性、完整性或安全性的风险。

人员风险包括管理职责划分、员工招聘、培训、组织文化、智力资本、管理者和员工技能、后续计划，雇员欺诈，以及银行文化对道德观和正直感的影响、适当的组织结构和战略，以及上述因素对实现银行目标的影响。

（2）财务风险（包括信用风险和市场风险）。这是对一家美联储银行或

整个联储系统造成重大损失的风险。对财务风险的衡量不仅要考虑损失的大小，还要考虑对其他联储银行的影响。借款人、供应商和客户，以及其他关系人员不能履行到期债务会导致美联储财务损失；由于市场利率的反向运行导致的联储资产组合及收益损失，以及对资产组织进行调整的费用损失。

（3）战略风险。这是由于美联储的战略计划过程或战略计划的领导和实施不完全有效而导致的美联储实体没有实现目标和任务的情况，包括业务计划与法定职责、有效公司治理结构的背离，与外部事件（如市场变化、经济条件和政治环境）的冲突等。

（4）信誉风险。与美联储可能违反某项法律或管理风险和外部事件或不能实现美联储的职能相关的，不论是实际的还是可感觉到的，会影响美联储的地位、公信力或有效性的风险。这种风险可能由于其他种类的风险造成，并发生在董事会、美联储银行或储备系统之中。

2. 风险评估方法。美联储将每一项业务都按照上述四种风险类型的风险程度进行评分，最后将各项风险的分数进行加权，得到该项业务的风险总分。每个风险因素都有一个权重来代表该风险的相对重要性。其中业务风险的权重为60%（业务流程、技术与信息管理、人员各占20%），财务风险权重为20%，战略风险权重占10%，信誉风险权重占10%。

根据每项业务的风险评分，管理层可以有针对性地加强对高风险业务控制管理，审计部门则根据业务风险状况，合理调配审计资源，加强对内部控制和内部风险的监督。

（二）德意志联邦银行的风险评估方法

德意志联邦银行的风险评估方法与美联储的方法类似，但风险分类和权重有所不同。其评估的核心包括确定风险类别或风险因素、界定各风险因素的风险级别、确定各风险因素的权重、计算风险得分。其中风险级别分为低、中、高三级，即1、2、3，是风险评估中的变量，风险因素和权重是固定不变的。

风险评估（适用于对分支行、部门和业务领域审计评估）

评估对象：×××

风险因素	权重（固定值）	风险级别（1～3级）	风险因素结果
A. 评估对象的固有风险			
1. 财务风险			

续表

风险因素	权重（固定值）	风险级别（1～3级）	风险因素结果
1.1 由于工作失误/偷盗/欺诈/系统遭破坏带来重大损失的风险	10	3	30
1.2 由于工作处理具有复杂程度和难度可能带来重大损失的风险	5	2	10
1.3 由于外部影响（市场/代理人）带来重大损失的风险	10	1	10
2. 声誉风险			
2.1 违反制度/法律/合同的风险	30	2	60
2.2 将保密信息公布于众的风险	15	2	30
2.3 中央银行核心功能在公众心目中的形象严重受损的风险	15	3	45
3. 人员风险（犯罪行为）			
3.1 腐败风险	5	2	10
3.2 偷盗/挪用公款风险	10	2	20
B. 内部控制的有效性			
1. 最近一次审计结果	75	2	150
2. 上次审计以来相关内部控制情况的信息	25	2	50
风险因素总和			415

18. 澳大利亚储备银行内审工作调研报告

内审司　童金立

一、澳大利亚储备银行内审工作概况

（一）澳大利亚储备银行简介

1. 职能。澳大利亚储备银行（Reserve Bank of Australia，RBA）是澳大利亚中央银行（以下称澳央行），由澳大利亚政府全资所有。依据《储备银行法 1959 年》第 10（2）条款，澳央行货币政策目标包括：维护澳大利亚货币稳定；维持充分就业；促进经济增长和保障澳大利亚人民的福利。1998 年 7 月 1 日，澳央行不再行使银行监管职能，该职能由同日成立的澳大利亚审慎监管局（APRA）承担。

2. 理事会。澳央行是依据《储备银行法 1959 年》成立的法定机构，独立于澳大利亚联邦政府，对澳大利亚议会负责。澳央行最高权力机构是理事会（the Reserve Bank Board）。理事会负责货币政策的制定和整个金融体系的稳定。澳央行理事会由 9 名成员组成，包括澳央行行长、副行长、财政部秘书长和其他由财政部长任命的 6 名外部成员（主要为澳大利亚大公司董事长），澳央行理事会通常在除 1 月的每月第一个星期二举行例会，每年举行 11 次会议。

3. 机构设置。如前所述，澳央行理事会是最高决策机构，理事会下设审计委员会和澳大利亚货币印制委员会。与此同时，行长、副行长（只有 1 位）与 6 位行长助理组成执行委员会，下设支付政策司、金融稳定司、经济分析司、经济研究司、国内市场司、国际市场司、信息司、秘书局、人力资源司、货币发行司、银行司、支付结算司、后勤管理司、系统与科技司、财务管理司共 15 个司局。由于审计司隶属于审计委员会，这在很大程度上保证了审计司在履行职责方面具有一定的独立性。

澳央行总部设在澳大利亚第一大城市悉尼，在澳大利亚首都地区（Australian Capital Territory，ACT）堪培拉设有唯一一家分行，主要负责银行及登记服务的操作性业务。在澳大利亚的佩斯、墨尔本、布里斯班、阿德来德共 4 个州首府城市设有代表处，主要负责分析首府城市所在地区的经济情况，沟通货币政策执行情况等。在伦敦、纽约 2 个城市分别设有代表处。澳大利亚货币印制公司（Note Printing Australia Limited，NPA）设在维多利亚州的克莱基伯恩（Craigieburn）。澳大利亚储备银行组织机构见图 1。

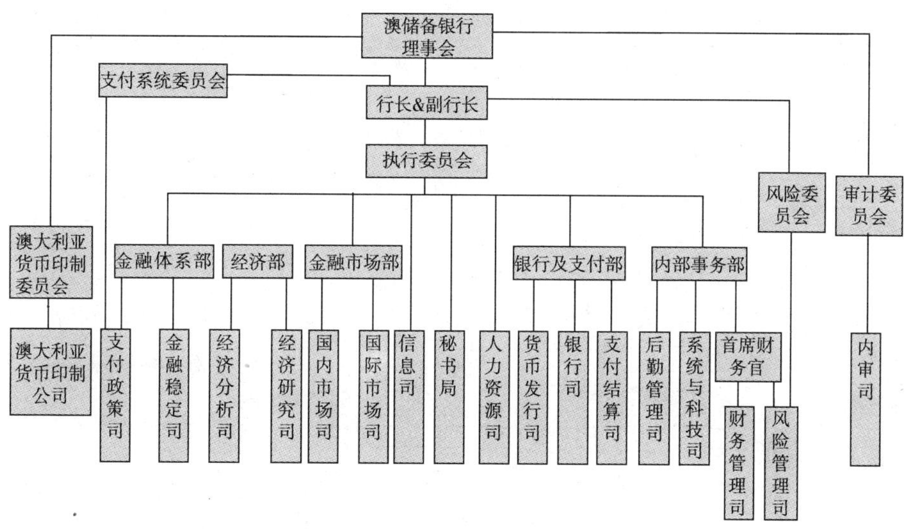

图 1　澳大利亚储备银行组织机构（2008 年 12 月）

4. 审计委员会及职责。目前，澳央行审计委员会由 7 名委员组成（包括 4 名非执行委员和 3 名执行委员）。委员会主席原来由中央银行副行长担任，现改为由政府推荐的大公司高级管理人员担任。澳央行审计司司长、首席财务官（一般为财务管理司司长）、风险管理司司长 3 人作为执行委员，另外 3 名非执行委员中，2 位来自澳央行以外的大公司的高级管理层，1 位来自外部审计师行（以招标方式引入四大会计师事务所人员，目前来自普华永道）。审计委员会每年向中央银行理事会汇报工作，负责检查所有可执行审计总结报告，批准年度审计计划，监督审计活动和审计人员，每季度至少举行一次会议。

5. 审计工作人员。澳央行工作人员总数 1983 年末为 3 200 名，2008 年末为 896 名（不包括澳大利亚货币印制公司人员）。审计司工作人员随澳央行机构改革（如分行关闭、监管职能分设）等因素逐渐减少，审计司工作人员在 1992 年、1997 年、2008 年分别为 32 名、26 名、16 名。现有的 16 名审计人员，占澳央行工作人员总数比重不足 1.8%。

（二）澳央行审计司职责与组织架构

1. 审计司职责。审计司设立于 1990 年，其主要职责有两个，一是对澳央行风险管理与控制机制提供独立评价与监测，在力争实现最小化风险的基础上，促进各项业务正常开展。二是关注澳央行系统所存在的问题与风险隐患，旨在提高整体风险管理水平，以更好地促进与保障各项业务的最佳实践。

2. 审计司组织架构。审计司16名工作人员中，4名为审计司管理层，包括司长和3位高级经理，其余12名工作人员分布在2个处，每个处6名，包括业务审计、财务审计、信息技术审计人员各2名。审计一处的业务范围包括银行、货币发行、支持部门等；审计二处的业务范围包括金融市场、支付体系、系统与科技部门等。

3. 审计司工作人员流动情况。近10年来，已有11名审计人员转入其他部门，由于澳央行部分业务剥离到其他单位，有3名审计人员被调离中央银行，还有几人主动放弃中央银行审计工作、自动离职另谋出路。目前一直在审计司工作的只有5名审计人员，工作不足6个月的有4名。

（三）审计费用与审计培训

1. 审计费用。由于澳央行采用部门预算制度，审计司对其他部门进行审计，按审计人员的实际人工成本，向被审计部门收取成本费。这种收费，如同银行司在办理业务时，对商业银行客户收费一样。据统计，审计司年度预算费用共计350万澳大利亚元，其中，工资支出210万澳大利亚元（年人均工资13万澳大利亚元有余），差旅费支出15万澳大利亚元（年人均差旅费支出接近1万澳大利亚元）。

2. 审计培训。审计司年度培训预算2.8万澳大利亚元，其中2万澳大利亚元用于外部培训，如参加社会上举办的审计业务培训；8 000澳大利亚元用于内部培训，比如审计司人员参加由澳央行相关职能部门举办的培训，这类培训同样也要支付培训费用。培训经费的使用是根据年初确定培训计划，用于审计司全体工作人员。培训种类既包括专业培训，如金融市场管理、信息技术安全管理、合同管理等，也包括工作技能培训，如审计报告撰写、公文写作培训等。

3. 其他可用资源。一方面，审计司可根据实际需要聘请外部顾问，另一方面，审计司人员也可到其他业务部门进行业务实习。因为审计司年度预算中已包含了聘请外部顾问的费用，因此，在特殊的或陌生的业务审计领域，通过聘请外部顾问，实现审计技能补充，例如，2004年国库会计审计，2005年公钥设施审计（Public Key Infrastructure，PKI），2006年Unix数据库审计，2007年金融市场审计、钞票生产审计2项，都是通过聘请外部顾问完成的。审计司人员全过程参与外部人员实施的审计，这样做的好处是，既完成了特殊的审计任务，同时相关审计人员又在审计过程中取得一次难得的培训机会。

审计司人员到澳央行其他业务部门进行业务实习，也是一项制度性安排。据统计，2003年以来，审计司共派出人员11人，差不多每年有2人接受此类实习培训。实习费用分别由审计司和接受实习部门承担（除标注的费用由审计司支付外，其他实习费用均由接受实习单位支付，也包括延长的实习时间）。具体包括1人在货币发行司实习3个月；1人在系统与科技司实习3个月，后又延长至6个月，另1人在系统与科技司实习12个月；1人在银行司实习3个月；2人在风险管理司实习（均由审计司付费），其中1人7个月，另1人12个月；2人在金融市场司的新交易系统开发项目实习3个月，后来其中1人又延长至9个月；1人在内部事务管理司实习3个月；1人在财务会计司实习12个月（由审计司付费）；1人在支付政策司实习6个月。

（四）审计计划

1. 审计计划制订。审计司在审计计划阶段使用一种风险计量方法，即风险因素及权重应用模型，来辅助完成审计计划。

（1）应用模型目标。审计司选择能够较好地代表澳央行各职能部门业务风险中最具代表意义的10个因素，作为其风险因素及权重应用模型变量因素（表1）。通过这些因素识别各职能部门风险状况，具有决定性作用或影响。审计司认为，将这些因素纳入模型进行风险计量，应该说具有一定的合理成分，这些因素在模型中的权重基本稳定，但也可进行相应调整，它们将会随澳央行各职能部门的实际风险状况变化且相应调整。

表1　　澳央行风险因素及权重模型变量因素

风险因素		权重（%）
数量因素	F1. 风险金额或总额（也就是，某部门的财务收入和支出的数字大小）	14
	F2. 交易活动的数量或价值的程度	8
	F3. 资产的流动性	8
	F4. 上次审计至今的时间长度	3
质量因素	F5. 中央银行声誉（清晰度、政治、不利的宣传）	16
	F6. 最高领导层声誉（包括正直程度、管理技能等）	9
	F7. 内控质量（包括审计工作开展以前的内控情况）	10

续表

风险因素		权重（%）
其他因素	F8. 完成任务目标的压力	9
	F9. 业务快速变化的程度（包括全体员工、计算机系统、操作和业务的反复变动）	10
	F10. 业务运行或业务系统的复杂程度（包括技术的高低程度和系统的成熟情况）	13
总权重		100

（2）模型的具体应用。首先设定风险因素分布及权重。风险因素分布及权重是通过一个可商榷的方法来决定的，主要由审计司高级管理层，包括司长、高级经理等提供的经验数据确定。另外，国际审计组织的审计研究成果和审计司过去实施的基于风险审计实践，对风险因素权重高低或优先次序的最后确定起到了关键的参考作用。

其次是确定风险衡量等级方法，具体过程如表2所示。

表2　　各风险因素分布及其评估

2－F1. 风险金额或总额

（某部门的财务收入和支出的数字大小情况）该因素是最为适合衡量风险等级的因素

风险因素	风险衡量或评估	
大型资产： 高价值的实物资产，如建筑物，以及在会计、国库部门管理的价值较高账户	小于100万澳大利亚元	1
	100万～1 000万澳大利亚元	2
	1 000万至1亿澳大利亚元	3
	1亿～10亿澳大利亚元	4
	大于10亿澳大利亚元	5
小型资产： 较低价值的实物资产，以及有关部门管理的价值相当的现金、收益核算方面的账户	小于5万澳大利亚元	1
	5万～25万澳大利亚元	2
	25万～50万澳大利亚元	3
	50万～100万澳大利亚元	4
	大于100万澳大利亚元	5

续表

风险因素	风险衡量或评估	
消耗性资产： 有关部门管理的价值相当的支出方面的账户	小于 50 万澳大利亚元	1
	50 万～100 万澳大利亚元	2
	100 万～500 万澳大利亚元	3
	500 万～1 000 万澳大利亚元	4
	大于 1 000 万澳大利亚元	5

2－F2. 交易活动的数量或价值的程度

风险因素	风险衡量或评估	
交易活动的数量或价值的程度，参照下面表格（价值或数量平均数）	低价值且低数量	1
	低价值且数量中等，或中等价值且低数量	2
	中等价值且数量中等	3
	中等价值且高数量，或高价值且数量中等	4
	高价值且高数量	5

价值		数量（多项交易）	
低	每月小于 1 亿澳大利亚元	低	每月小于 1 万笔
中等	每月 1 亿～5 亿澳大利亚元	中等	每月 1 万～10 万笔
高	每月大于 5 亿澳大利亚元	高	每月大于 10 万笔

2－F3. 资产的流动性

风险因素	风险衡量或评估	
资产的流动性	低（如建筑物）	1
	低至中等	2
	中等	3
	中等至高	4
	高（如现金）	5

2－F4. 上次审计至今的时间长度

风险因素	风险衡量或评估	
审计人员对被审计部门的信心或了解程度	从上次审计至今，少于 3 个月	1/2
	从上次审计至今 3 个月至 18 个月	1
	从上次审计至今 18 个月至 3 年	2
	从上次审计至今 3～4 年	3
	从上次审计至今，超过 4 年或从未审计过	5

2－F5. 中央银行声誉

风险因素	风险衡量或评估	
声誉影响因素： 1. 清晰度 2. 政治 3. 不利的宣传	最低限度的影响	1
	中度影响	2
	高度影响——一个因素	3
	高度影响——二个因素	4
	高度影响——三个因素	5

2－F6. 领导声誉

风险因素	风险衡量或评估	
最高领导层声誉 （包括正直程度、管理技能等）	强有力的管理。组织的风险管理是有效的，以及管理目标是明确的	1
	某个区域或方面管理较好。在该区域或方面进行了有效风险管理，以及具有明确的管理目标	2
	管理稳健。有明确的管理目标，在风险管理方面取得了进展或进步。	3
	管理有改进，在风险管理实践以及目标管理方面有了目标，或在某管理领域发生了变化	4
	在过去12个月内，主要业务领域的管理发生了变化，或某业务区域管理不善，或管理目标不明确	5

2－F7. 内控质量

风险因素	风险衡量或评估	
内控质量 （包括审计工作开展以前的内控情况）	始终如一的审计结果好，这种情况超过3年	1
	某些类型或某些方面的审计结果好	2
	最近几年的审计结果尚好	3
	在一年内的最后一次审计存在许多不足，审计结果不佳	4
	在2年内的至少2次审计存在许多不足，审计结果不佳。内部控制标准下降或降低，且有具体的事例可以证明是下降或降低	5

2－F8. 完成任务目标的压力

风险因素	风险衡量或评估	
完成任务目标的压力（完成既定目标或刚性目标的工作压力）	完成任务有一定压力，但压力不过分。有较好（或合理）的战略计划，实现该计划的关键指标（Key Performance Indicators，KPI）适度或适当	1
	完成任务有一定的压力，但压力不明显。已实施的管理适度，尽管没有可用的正式的战略计划	2
	完成本部门或业务任务，有最小限度或轻微的压力	3
	完成中央银行系统的任务，有一些压力	4
	完成中央银行系统的任务有相当大压力。全体工作人员的业务奖金与本部门工作成果或收益联系紧密	5

2－F9. 业务快速变化程度

风险因素	风险衡量或评估	
业务快速变化的程度（工作人员、计算机系统、操作和业务的反复变动）	低	1
	低至中等	2
	中等	3
	中等至高	4
	高	5

2－F10. 业务运行或业务系统复杂程度

风险因素	风险衡量或评估	
业务运行或业务系统复杂程度（包括技术的高低程度和系统的成熟情况）	业务运行或业务系统不复杂	1
	业务不复杂和有一点技术问题	2
	业务非常复杂且在旧系统中运行	3
	业务非常复杂且在新系统中运行	4
	业务十分复杂且有一点技术问题	5

最后是风险衡量等级方法的应用（表3）。举例说明，对澳央行信息司进行评估，信息司有 7 个处室，包括媒体宣传办公室、电子文档处

（TRIM）、档案室、印刷和出版处、交流处、钱币博物馆、综合管理处。第一步，先给每个处室在模型中涉及的10项风险因素中每个因素打分或评价（1～5）。第二步，分别将给定的评价（1～5中的一个数），乘以相应的风险因素权重，得出“积”。第三步，将相应的10个“积”相加，得出“和”就是该处的风险数据。最后，将7个处的风险数据按照数字大小顺序进行整理，最大的风险数据显示的就是相应的处室在信息司内部7个处中风险最大，也就意味着该处可能是审计司最先安排审计的处室。实际计算结果表明，从各处室看，“媒体宣传办公室”在信息司各处室中风险最高，风险评价数值为3.6，从风险因素看，“业务快速变化程度”因素对信息司的影响相对较大。

2. 审计计划的调整。澳央行审计司运用基于业务风险的方法，来确定每年的审计工作计划。年度审计计划每年都作，内容包括审计哪些业务风险领域，投入的审计天数，以及大约的审计实施时间表。由于澳大利亚的财政年度时间是从本年7月1日至下一年的6月30日，因此每年5月上报年度审计计划，并由审计委员会确认。另外，根据澳央行业务风险变化，也可调整年度审计计划，正式计划修改时间在每年的12月。

表3　　　　澳央行审计司对信息司的风险评估

审计时间：2009年3月30日　　　　拟实施审计的处室：审计一处

	因素	F1	F2	F3	F4	F5	F6	F7	F8	F9	F10	十因素汇总	每处室风险评价
	权重	0.14	0.08	0.08	0.03	0.16	0.09	0.1	0.09	0.1	0.13	100%	
审计区域													
媒体办公室		3	3	5	1	5	3	2	5	4	3	3.6	高
TRIM		3	2	2	1	3	3	2	3	4	1	2.52	中
档案室		1	1	2	2	1	3	2	3	4	1	1.87	低
印刷和出版		3	2	2	1	1	3	2	3	4	1	2.2	低
交流处		1	1	2	2	3	3	2	3	4	1	2.19	低
钱币博物馆		1	1	2	2	2	3	2	3	4	1	2.03	低
综合管理		1	1	2	1	1	3	2	3	4	1	1.84	低
每个因素的平均分		1.86	1.57	2.43	1.43	2.29	3	2	3.29	4	1.29	2.32	中
每因素风险评价		低	低	中	低	低	中	低	中	高	低		

3. 审计活动。一是审计频次。审计司采取循环审计策略，原则上讲，

高风险业务每年审计 1 次，低风险业务每 3 年审计 1 次。具体地，高风险业务 6 ~ 12 个月审计 1 次，中等风险业务 12 ~ 24 个月审计 1 次，低风险业务 36 个月审计 1 次。二是审计时间。较小规模的审计项目，审计时间最少 20 人/天，即 4 人审计组，工作一周即可完成；较大规模的审计项目，特别是关键领域业务审计，如外汇业务审计，最多 115 人/天，即 5 人的审计组，需要 23 个工作日约一个月才可完成。信息技术审计中，信息系统开发审计属于较大规模的审计项目。

（五）审计方法与审计工作的四个阶段

1. 审计方法。澳央行基于业务风险的审计工作，分为审计计划、现场、报告、完成 4 个阶段。大多数审计项目采用整合的方法，就是包括业务审计、财务审计、信息技术审计人员一起工作，共同完成一个审计项目。审计司拥有一套有效的审计业务综合管理系统（TeamMate）（这很类似人民银行内审司于 2009 年下半年即将上线运行的审计综合管理系统），所有审计工作都在该系统（TeamMate）内完成，该系统是普华永道公司产品。同时，在审计过程中大量地使用计算机辅助审计软件，如 ACL、SQL、Excel 等。在信息技术审计方面，审计司强调预先参加科技司等部门组织的系统开发和系统重新设计开发工作（SDLC）。在与外部机构对澳央行的审计协调配合方面，审计司注重每年确保审计足够的覆盖面，最大限度地减少重复审计。

2. 审计工作第一阶段——计划。本阶段主要关注五方面内容：一是审计准备，即对具体的审计项目进行规划，这与人民银行内审司的做法类似，如审计时间预算、人员预算、差旅费预算等。二是信息收集，澳央行强调，审计计划阶段就要与被审计部门一起合作，提前收集了解有关部门的情况。三是在信息收集的同时，完善风险控制矩阵。四是起草一份粗略的审计计划，与被审计单位见面并征求其意见。五是设计具体、详细审计测试或工作程序。

3. 审计工作第二阶段——现场审计。本阶段主要关注三方面内容：一是评价被审计部门的关键业务控制情况，以及这些控制对减缓业务风险的效果或影响。二是按照现场审计常规程序或按照信息技术审计工作程序，进行现场检测。三是对审计发现问题进行评估，并提出相关建设性建议。

4. 审计工作第三阶段——审计报告。该阶段主要关注以下八方面内容：一是确认所存在的问题并得到相关依据。因为促使被审计部门认可这些事实或问题是审计中比较关键的问题，所以在将问题上报管理层之前，直接和问题相关人员，或实际操作人员进行讨论，进一步确认问题。二是提出的建议也需要充分的沟通与讨论。在将建议上报管理层之前，让建议中涉及的相关部门事先了解建议内容，并征求其对建议的看法。三是被审计部门明确的反馈意见对审计报告十分重要。在将审计报告上报管理层之前，应得到被审计人员或部门的反馈意见。四是有了被审计部门认可建议的书面文件后，开始起草审计报告草稿。五是相关审计人员开会一起讨论，再次确认被审计部门的反馈意见。六是与被审计部门进行沟通，决定审计评价级别，评级分为五档，从A到E，A表示“称赞”、B表示“好”、C表示“满意”、D表示“需改进”、E表示“不满意”。澳央行目前的审计报告多属C级。若某部门评级为D或E，审计委员会与审计部门都会格外关注，同时，被审计部门也会感到问题严重，没有“面子”。七是向被审计部门发出最终审计报告，同时将可执行的审计总结报告上报审计委员会。八是如果问题比较严重，有必要的话，还要约见被审计部门的相关主管行级领导（如行长助理）讨论相关问题。

5. 审计工作第四阶段——完成。该阶段主要关注以下三个方面：一是要在澳央行审计综合管理系统（TeamMate）中更新或升级相关电子工作文档。二是获得被审计部门的书面反馈。三是召开审计人员座谈会，对本次审计执行情况进行简单总结，如实际支出与预算比较、审计中遇到哪些特殊问题、工作中有哪些教训值得学习和吸取、辅助审计方面的软件是否进行了更新等。

（六）质量控制与审计跟踪

1. 质量控制。质量控制包括四方面内容：一是审计项目小组组长监督管理审计全过程，所有审计工作文档都须由其签字认可。二是通过完成“审计质量控制表”（表4）的填写，实现对审计项目的管理。三是在审计项目组长签字认可基础上，高级经理也要签字确认。四是高级经理和审计项目组长一起参与审计完成阶段的审计人员座谈会，更多了解审计工作改进情况。

表4　审计质量控制表

部门				
项目名称				
项目编号				
项目活动		日期	评价	备注
1. 审计计划阶段				
在TeamMate系统中设置某审计项目				

续表

项目活动	日期	评价	备注
在数据库中，更新审计项目			
发给客户的最初信息收集备忘录（PIG）			
如果被审计部门是系统与科技司（ST），最初的信息收集（PIG），要安排会议与其进行沟通			
跟踪、记录所有关键的过程、风险、控制			
准备风险控制矩阵			
准备审计计划备忘录（APM）			
对客户发出 APM 摘要和（利益相关者，比如 ST）安排地点会谈			
进入与客户会谈的会议（如果 ST 希望参加，要核实情况）			
如果需要确认同意，把修改后的 APM 发送给客户			
准备审计测试程序，检查风险控制矩阵			
在 TeamMate 系统中更新最初的审计计划信息			
审计计划阶段完成，审计项目小组组长、高级经理（处长）签字结束			
2. 现场审计阶段			
现场审计开始			
当业务问题被审计发现后，要将问题不断地向客户进行反馈			
现场审计结束			
现场审计阶段完成，审计项目小组组长、高级经理（处长）签字结束			
3. 审计报告阶段			
起草审计报告，起草可执行审计汇总报告，向客户发送有关信息			
接受所有的意见反馈（包括其他部门，如 ST）			
与客户举行会议进行沟通，讨论给予的评级			
最后审计报告，以及可执行审计汇总报告，同时向客户和审计委员会发送			
如必要，审计报告向客户的行领导，如行长助理进行报告			
审计反馈调查问卷和有关信息发送给客户			
审计报告阶段完成，审计项目小组组长、高级经理（处长）签字结束			
4. 审计完成阶段			
召开总结会议，并将会议纪要在 TeamMate 系统中（Section AS9）归档，同时抄送审计司司长			
从最终审计报告（FAR）中找到最后业务问题及建议，拷贝到 TeamMate Exceptions（Section AS1）中，为 TeamMate Central 输出			

续表

项目活动	日期	评价	备注
完成 Teammate Profile 任务			
在 TeamMate 系统中，彻底检查工作文档			
更新当前的审计文件，如果已保存的话，整理永久保留的文档（PAF）			
建议 Fe/Salvana 在 Teammate 系统中更新审计状态到（FINALISED）。如果需要，将项目归档			
清理所有的下载、保存在 TeamMate 系统外 C\D\G 盘的任何数据			
在 Busytime 中更新最后的审计完成时间，更新审计数据库			
由审计项目小组组长、高级经理（处长）签字结束，并对审计项目/质量控制			
审计完成阶段，审计项目小组组长、高级经理（处长）签字结束			

2. 审计跟踪。审计跟踪包括三个内容：一是所有审计发现问题自动纳入审计业务综合管理系统（TeamMate）数据库。二是每季度生成一份审计跟踪报告，该报告内容主要包括过去一个季度内审计发现问题及建议的发出情况，以及通过电子邮件获得被审计部门的执行整改情况，并对所有标明“高风险”的问题进行核实的有关情况。三是所有标明“高风险”的未解决或未落实的问题，或没有按照审计建议执行的内容，一并形成报告，重新报告审计委员会。

（七）提高审计工作的价值

澳央行认为，要提高审计工作价值，需要特别注意以下七个关键环节。

1. 审计计划务必缜密细致，力求审计实施与审计计划相符。

2. 审计建议能够较好地被业务部门接收，是整改工作顺利完成的关键。

3. 银行高级管理层认同当年的审计工作，特别是审计结果或风险评级结果，对接受下一年审计年度计划有相当大的影响。

4. 一个积极主动、热心的审计委员会对推动审计工作深入开展十分重要。

5. 来自被审计部门的审计满意度调查结果，具有正反两方面特性，审计部门领导要正确看待有关部门对审计结果、审计人员、审计方式等的反馈意见。

6. 能够较好地满足中央银行内部有关职能部门的特殊审计需求，是衡量内审部门具有较高价值的一个重要方面。

7. 审计报告上交管理层后，相关审计人员召开座谈会，认真总结审计经验与教训，这部分时间的花费是最为值得的。

第五部分　反　洗　钱

19. 英国反洗钱研究

上海总部　范如倩

金融服务业是英国经济的支柱产业之一。自 1986 年被业界誉为“大爆炸”的英国金融制度自由化实施以来，金融业在英国不断取得快速发展。2001 年金融服务业在英国国内生产总值中的比重为 5.5%，到 2005 年这一比例已上升至 8.5%。2006 年，英国金融业净出口额达 244 亿英镑，比 2005 年的 193 亿英镑增长 26.4%。2006 年底，英国金融服务业的就业人数达 107 万人。伦敦不仅已发展成为世界金融服务中心，而且也是全球重要的金融交易市场。英国的金融业不仅涵盖银行、保险、证券、外汇、基金、衍生品等金融领域的方方面面，而且其发展规模和国际化程度均位居世界前列。[1] 金融业的高度发达也使英国成为了洗钱分子“理想”的洗钱中心。据 FATF 的统计，每年在英国发生的洗钱数额高达 250 亿英镑。为了有效地打击和预防日益严重的洗钱活动，英国不仅最早对洗钱行为进行法律规制，而且采取了较其他国家更为严厉和完善的一整套反洗钱措施。

一、英国反洗钱概况

（一）英国反洗钱法律规范体系

英国的反洗钱制度是国际和国内反洗钱规范体系共同作用的结果。一方

1　资料来源：中国驻英国使馆经商处。

面，英国国际金融业务要遵循一系列国际反洗钱规则，包括国际准则、国际金融组织声明、地区指引和其他国家的监管措施等；另一方面，英国又制定了一系列不同层级的反洗钱法律规范，包括议会立法、行政规章（授权立法）、监管规则和行业指南等。

英国反洗钱法律规范可分为四个层次：单行法律、行政规章、官方监管规则和行业指导。

1. 由议会制定的反洗钱单行法律。

（1）《2002 年犯罪收益法》（*Proceeds of Crime Act* 2002），该法对先前的英国反洗钱法律进行了合并和拓展，涵盖了所有的犯罪财产，并设立了不披露罪和泄密罪；针对上述罪名设定了一系列制裁措施；设立资产没收局（Assets Recovery Agency，ARA），授权调查犯罪财产；设立了执法过程中的5 种调查权。其关于上游犯罪的规定，具有域外效力，即在世界任何地方发生的犯罪行为，均构成英国认定洗钱的上游犯罪。

（2）《2000 年反恐法》、《2001 年反恐法》、《2005 年反恐法》和《2008 年反恐法》。《2000 年反恐法》将为恐怖活动目的而筹集、经营、占有或使用资金定为犯罪，最高刑期为 14 年，单处或并处罚金；同时，也将不披露、泄密以及妨害调查定为犯罪，最高刑期为 5 年，单处或并处罚金；授权当局在反恐调查过程中对涉嫌的金融机构发布一定的强制令；此外，该法还列出了一系列恐怖组织，要求金融机构不得向其提供金融服务。

《2001 年反恐法》主要对《2000 年反恐法》进行补充，授权当局没收恐怖资金、冻结恐怖财产和要求被监管机构提供涉嫌客户及交易的详细信息。《2008 年反恐法》对于反恐情报的收集和共享作了更详细的补充要求。

（3）反恐制裁公告。联合国安理会通过一系列决议（UNSCR 1267（1999）、1373（2001）、1390（2002）），禁止向一定的恐怖组织和个人提供金融服务，同时要求对这些组织和个人的资金必须立即予以冻结并报告当局。相应地，欧盟专门颁布反恐制裁规定（EU Regulation 2580/2001），对一定的恐怖组织和个人采取具体的制裁措施。其要求各成员国有义务冻结恐怖组织和个人的所有可用资金，并不得向其提供任何金融服务。

根据《2001 年联合国反控制裁令》（*the Terrorism*（*United Nations Measures*）*Order* 2001）和《阿富汗制裁令》（*the Afghanistan*（*United Nations Sanctions*）*Order* 2001），英格兰银行代表财政部，定期发布公告，要求所有的金融机构（不只是银行）更新恐怖组织和个人名单。目前，该名单主要包括基地组织、塔利班和本拉登等联合国和欧盟所列的恐怖组织和个人。

2. 根据法律授权由政府机关（主要是财政部）制定的反洗钱行政规章。

《2007 年反洗钱条例》，该条例废止了 1993 年、2001 年和 2003 年的条例，新条例于 2007 年 12 月 15 日生效，共 6 章 51 条。与《2003 年反洗钱条例》相比，《2007 年反洗钱条例》的主要变化体现在适用范围、客户尽职调查、记录保存、内部政策和程序、监管六个方面。

3. 由英国金融监管局（FSA）制定的反洗钱规则手册。

《2000 年金融服务和市场法》赋予金融监管局以减少犯罪的法定目标。为达到这一目标，金融监管局要求受其监管的机构了解自身业务存在的洗钱风险、采取措施预防金融犯罪，并协助监测和调查犯罪。

金融监管局对从事特定金融业务实行许可制度，并规定了具体的许可程序。金融机构可向金融监管局申请变更许可、增加业务范围、取消业务限制等。金融监管局有权检查金融机构的有关经营情况，当不符合规定标准时，有权改变或注销许可。特别地，金融监管局有权检查金融机构是否适当实施反洗钱内控和培训制度，包括身份识别、记录保存和内部报告程序等。

为指导被监管机构规范业务，金融监管局颁布了一系列监管手册。其中，《反洗钱规则手册》（ML）要求被监管机构建立有效的反洗钱内控制度并有专人负责。《指定专人操作规则和原则手册》（APER）原则 5 要求指定专人采取合理措施确保其内控制度有效实施；《业务原则手册》（PRIN）原则 3 要求建立适当的风险管理系统；《高级管理人员内控手册》（SYSC）第 2 章、第 3 章对高级管理人员的责任和内控制度提出了具体的要求，高级管理人员应注重控制风险，特别是在反洗钱领域。

金融监管局依据《2000 年金融服务和市场法》的授权对违反反洗钱条例的行为起诉。此外，还拥有对被监管机构及其指定人员广泛的约束权，以防止违反反洗钱条例。这些权力对违反监管手册的机构和人员同样有效。

4. 由行业自律组织制定的反洗钱指南。

1990 年 12 月，英国 16 个负有金融监管职责的行业协会发起成立了联合反洗钱指导小组（JMLSG），其目的是推广金融领域反洗钱的最佳经验、操作准则和业务规范，在解释英国反洗钱条例方面提供切实有效的指导。该小组发布了《英国金融服务业反洗钱操作指南》，该指南分别于 1993 年 10 月、1995 年 5 月、1997 年 6 月、2001 年 6 月、2003 年 9 月、2005 年 3 月、2007 年 6 月、2007 年 11 月和 2009 年 2 月多次进行修订。该指南属于业内人士与法律专家对法律的解释，有着行业指导作用，虽然不具有法律强制力，然而它在法官判定有关机构或从业人员是否违背法定义务、是否尽职时，具有十分重要的参考作用。

（二）英国反洗钱管理体系

与反洗钱工作的跨领域、跨行业的特点相适应，英国的反洗钱管理体制是一个包括多个部门的综合管理系统。具体包括：以财政部和内政部为代表的反洗钱政策及协调部门；以警察部门为代表的反洗钱执法部门；以金融监管局为代表的反洗钱监管机构；以严重有组织犯罪局为代表的反洗钱情报机构；以联合反洗钱指导小组为代表的反洗钱行业自律组织。这种管理体制的最大特点，就是将官方管理与民间自律、政策制定与实务操作、打击犯罪与防范风险有效地结合。

1. 反洗钱政策及协调部门。英国主要由财政部和内政部负责反洗钱的政策制定和国际合作，其中财政部主要负责行政方面，内政部主要负责刑事方面。此外，外交部和国际发展部也在各自领域从事反洗钱国际和国内的合作。

（1）财政部（HM Treasury）。财政部是英国政府的经济和金融部门，负责制定和实施英国政府的经济和金融政策。其目标为维持经济持续增长、促进经济繁荣、提高经济生活品质以及降低失业率等。在反洗钱方面，财政部主要负责以下职能：在 FATF 和欧盟等国际组织中代表英国政府，商讨国际监管标准；实施欧盟反洗钱指引，颁布反洗钱条例，发布针对被监管者（如金融机构、会计师、房地产经纪商、律师、珠宝商、赌场业主等）的反洗钱内控法规及政策；依照《2002 年犯罪收益法》批准行业指引。

在内部机构上，其反洗钱职能设在金融行业管理委员会（Finance Regulation and Industry，FRI），由其中的金融服务司（Financial Services）具体执行。此外，财政部还要主持反洗钱顾问委员会（Money Laundering Advisory Committee，MLAC）的工作，这是一个由主要公共和私人机构（key private and public stakeholders）的组成的反洗钱论坛，旨在协调反洗钱体制中的合作、评估其效率和有效性等。

（2）内政部（Home Office）。内政部是英国政府负责英格兰和威尔士内部事务的部门。其目标是维护公共安全，建设安全、公正、和谐的社会。

在反洗钱方面，内政部负责以下职能：起草有关洗钱和恐怖融资的刑事法律，如《2002 年犯罪收益法》、《2000 年反恐法》；参加有关反洗钱和反恐融资的国际刑事司法合作；制定警察战略，配备专门警力；制定关于犯罪收益没收的立法和政策。

在内部机构上，其反洗钱职能设在社会犯罪与安全司（Crime，Security

& Communities)，具体由警察、反恐、禁毒等部门在各自领域执行。此外，内政部还要主持反洗钱报告行动组（Money Laundering Reporting Taskforce）的日常工作。这是由负责实施可疑交易报告制度的主要公共和个人机构组成的联合工作组。

（3）外交部（Foreign and Commonwealth Office）。外交部是英国政府负责外交事务的部门，其目标为促进世界的安全、公正和繁荣。在反洗钱方面，外交部主要负责向重点国家提供技术支持，向全球推广国际反洗钱标准；提供海外执法联络；在海外领土有效推动反洗钱监管。

（4）国际发展部（Department for International Development，DFID）。国际发展部是英国政府负责与其前殖民地发展经济合作的部门，旨在帮助落后国家和地区（主要是英国前殖民地）摆脱贫困。在反洗钱方面，国际发展部从2004年开始牵头主持“国际金融业务对话机制”，定期邀请英国政府相关部门、金融监管机构、国外中央银行及金融监管机构、大型银行及国际汇款公司进行商讨，旨在加强国际合作，打击洗钱等非法金融活动，扶持合法金融机构开展业务等。这两年，该机制的重点是引导和规范英国的国际汇款市场（“Sending Money Home”），目前已初见成效。

2. 反洗钱执法部门。英国的反洗钱执法主要是指洗钱案件的调查、起诉以及犯罪收益的没收。这三项职能主要由英国的警察和税务部门、皇家检控署以及资产没收局分别行使。

（1）警察部门（Police）。英国的警察体制比较复杂，没有统一的领导部门。简单来说，英格兰和威尔士的警察事务由内政部总负责，而苏格兰和北爱尔兰的警察事务由地方警署负责。英国警方在全国共有52个地方警察机构和专门警察力量，在反洗钱方面，主要负责调查洗钱及其上游犯罪和恐怖活动。

（2）税务总局（HM Revenue and Customs，HMRC）。2005年4月18日，英国海关税务局（HM Customs and Excise）和国内税务局（Inland Revenue）合并成为现在的税务总局。税务总局在财政部的全面指导下负责英国的海关和税收事务。在反洗钱方面，税务总局继承了原来两个部门的职能，因此具有执法和监管双重职能：其一，负责调查并起诉贩毒、税务犯罪及相关的洗钱案件；其二，依照反洗钱条例，审查、许可和监管货币服务业和珠宝业。

（3）皇家检控署（Crown Prosecution Service，CPS）。皇家检控署是英国政府部门，专门负责英格兰和威尔士警方所调查刑事案件的起诉职能。在反洗钱方面，皇家检控署负责起诉由英格兰和威尔士警方调查的洗钱、恐怖等犯罪案件；这方面，其与上述税务总局的起诉职能有所分工，后者负责起诉由其本部门调查的贩毒、税务犯罪及相关的洗钱案件。

（4）资产没收局（Assets Recovery Agency）。资产没收局是根据《2002年犯罪收益法》创设的非内阁政府部门，受内政部指导，独立行使资产没收职能。在反洗钱方面，资产没收局负责以下职能：依照《2002年犯罪收益法》没收犯罪所得，向执法部门提供支持，培训金融调查人员。

3. 反洗钱监管部门。目前，英国的反洗钱监管职能主要由金融监管局行使。此外，英格兰银行和税务总局在各自领域中仍保有部分监管职能。

第一，金融监管局（Financial Services Authority，FSA）。英国金融监管局是一个独立的非政府机构，根据《2000年金融服务和市场法》的授权，自2001年12月1日起统一行使对英国金融业的监管职能。根据法律授权，FSA是英国唯一的、独立的对英国金融业实行全面监管的机构，拥有制定金融监管规定、颁布与实施金融行业准则、给予被监管者以指引和建议等职能。同时，法律还规定金融监管局的四大目标：（1）保持公众对英国金融系统和金融市场的信心；（2）向公众宣传，使公众能够了解金融系统和金融产品利益及风险；（3）保护消费者利益；（4）协助发现和阻止金融犯罪。

在反洗钱方面，金融监管局执行下列职能：（1）防范金融犯罪。这是《2000年金融服务和市场法》赋予的法定职权，包括防范洗钱和恐怖融资犯罪；（2）审核批准专人执行反洗钱报告等职能。金融机构按反洗钱条例的规定必须指定专人负责反洗钱报告、内控等义务，指定的反洗钱报告官应经过金融监管局审核；（3）制定、监督并实施反洗钱规则。为指导被监管机构规范业务，金融监管局颁布了一系列监管手册。涉及反洗钱内容的有《反洗钱规则读本》（ML）、《指定专人操作规则和原则手册》（APER）、《业务原则手册》（PRIN）和《高级管理人员内控手册》（SYSC）；（4）起诉违反反洗钱条例的机构。对于被监管机构和人员违反《2003年反洗钱条例》的行为，金融监管局有权起诉。但对于违反《2002年犯罪收益法》等议会立法的行为，应由皇家检控署等特定执法部门起诉。

第二，英格兰银行（Bank of England）。英格兰银行是英国的中央银行，作为非政府机构，根据《1998年英格兰银行法》独立行使中央银行职权。其目标为维护货币和金融稳定，促进经济健康发展。

2000年后，英格兰银行不再行使金融监管职能。但在反洗钱方面，仍保有一项职能，即根据财政部的授权，定期向金融机构发布金融制裁公告，要求所有的金融机构（不只是银行）更新恐怖组织和个人名单，并不得与名单中的机构和人员进行交易。目前，该名单主要包括基地组织、塔利班和本拉登等联合国和欧盟所列的恐怖组织和个人。

第三，税务总局（HM Revenue and Customs，HMRC）。如前所述，税务总局具有执法和监管双重职能，专门对货币服务和珠宝行业进行反洗钱监管。

4. 英国反洗钱情报机构。2006 年 4 月 1 日，英国成立打击严重有组织犯罪局（Serious Organized Crime Agency，SOCA），原先由国家犯罪情报署（NCIS）收集分析金融情报、向执法部门提供情报以及协助调查的职能归并入该局。

SOCA 主要执行下列职能：建立对严重有组织犯罪及其危害后果、相应的效果的认识和理解；提高收回犯罪资产的金额，提高犯罪收益追讨的比例；通过调查水平和手法的提高，增加严重有组织犯罪的风险；与国内国际各部门广泛合作，加大减少风险的影响；提高 SOCA 向各合作机构提供支持的能力，并适当地要求反馈。

SOCA 在其犯罪资产部内设立英国金融情报中心（FIU），负责收集分析与犯罪收益和恐怖融资有关的可疑交易报告，识别犯罪资产，开展对未知犯罪或恐怖活动的先期调查，向执法部门提供线索，并提供协助以打击洗钱和恐怖活动。金融情报中心同时还承担反假币的职能。

2008 年 SOCA 共收到可疑交易报告 21.05 万份（2007 年 20.8 万份），其中，93.8% 为电子报告，通过互联网上报（2007 年为 90%）；银行上报占 74.7%，3.5% 由会计师上报，汇款机构上报占 8.3%，律师事务所上报占 3%。

2007 年 10 月至 2008 年 9 月，通过可疑交易报告扣押现金 560 万英镑，限制令 169 万英镑，逮捕 78 人。[2]

5. 反洗钱行业自律组织。英国金融业有着行业自律的传统，即使在目前政府不断加强监管的情况下，行业自律仍然起着不可忽视的作用。

联合反洗钱指导小组（Joint Money Laundering Steering Group，JMLSG）是英国金融业反洗钱工作的行业自律组织。该组织于 1990 年 12 月由 16 个负有金融监管职责的行业协会联合发起成立，其目的是推广金融领域反洗钱

2 资料来源：英国打击严重有组织犯罪局。

的最佳经验、操作准则和业务规范，在解释英国反洗钱条例方面提供切实有效的指导。该组织研究制定适用于各个金融行业的《英国金融服务业反洗钱操作指南》，经过多次修订，已经成为英国金融业务人员反洗钱工作的重要参考资料，最近的一次修改是在2009年2月。此外，该组织还根据不同的机构和金融业务撰写发布更为详细的指导性文件。

（三）英国近几年反洗钱措施和动态

1. 制定发布五年战略规划。2007年2月，英国财政部发布了一份名为《金融业如何应对犯罪和恐怖活动》的反洗钱战略规划，这是一项五年规划，作为今后五年英国反洗钱工作必须遵循的纲领。

战略规划主要包含六项重点战略，这六项重点被归纳为三类主要内容：

第一，根据政府所重点关注的要求，进一步采取有效行动打击犯罪和恐怖融资。（1）掌握并逐步提高对于犯罪和恐怖威胁的认识和了解，这一项是其他各项战略的基础和保障；（2）充分利用各项金融工具，确保各利益相关方最大程度地使用好金融工具所提供的机会，比如犯罪资产的收回等。采取进一步措施扩大预先冻结财产的权力，包括设立专门的财政部财产冻结小组，使政府在进行财产冻结时能接纳执法机关及安全机构的建议，增强专业性和可操作性。采取新措施、使金融工具成为英国打击犯罪和恐怖活动的主要方式，包括赋予金融工具以新的权力，加大其影响力，并确保执法机构能充分利用公司注册处的数据。

第二，确保持续均衡发展。（1）牢固树立风险为主导的方法，关键是分享好的实践方法，向被监管市场发布指导意见等；（2）尽可能减少公民因安全保障需要而产生的负担——简化措施，在特定环境下允许简化客户尽职调查程序，以及信赖第三方履行调查职责等；允许征求关于“认可”和警告法规的修改意见。

第三，强化公共部门间、公私部门间，以及和国际机构的合作。（1）3项主要措施：通过立法促进信息共享，加强资产冻结系统的合作，以及公私部门间风险敏感信息的交流；（2）通过FATF改革国际反洗钱结构，提高犯罪资产冻结的国际间合作，加强欧盟区反洗钱反恐融资合作。

2. 大力推行以风险为主导的反洗钱方式。2005年开始，FSA在反洗钱监管制度方面进行重大改革，改变原有的反洗钱要求，大力推行风险主导方式。

风险主导方式要求被监管机构针对业务中的洗钱风险合理安排反洗钱措施，使预防措施与潜在风险成比例，同时提高反洗钱措施的效力。以前那种

“一刀切”（“one size fits all”）的反洗钱方式并不能准确评估实际风险。实际上，风险主导方式比以前的要求要高，也并不必然节省资源，但其价值在于使资源的使用更有效。

具体地说，风险主导方式的重点是要求被监管机构的高管人员明确其反洗钱责任。这样就将反洗钱责任从反洗钱报告官的层次提高到了最高管理层。这其中包括一系列的风险管理措施：识别风险——被监管机构应识别其业务中的洗钱风险，这里要考虑客户、产品、服务渠道和地缘等因素；评估风险——评估洗钱风险发生的可能性、影响规模、影响对象和自身的抗风险能力，确保不同的风险采用相应的反洗钱措施；降低风险——采取有效措施，降低已经评估出来的洗钱风险，被监管者应首先自行控制其洗钱风险，进而控制其监管风险；监控风险——疏通信息渠道，实时监控洗钱风险变化；记录风险——将上述针对洗钱风险的措施详细记录备案，并向董事会和高管人员报告。

这种风险主导方式，可以使被监管机构集中力量关注重点洗钱风险，使其反洗钱措施与洗钱风险相适应；也使监管者能够更为有效地使用资源，使其监管措施与被监管机构的洗钱风险及风险管理相适应。

（四）提高可疑交易报告回应和监测分析效率

英国《2002 年犯罪收益法》专门规定了一种“适当认可”制度。所谓“适当认可”，是指接受报告的指定报告官、警察或海关人员对进行禁止行为的认可，即获得这种认可后，被监管机构和人员就可以继续进行可疑交易。“适当认可”的条件是被监管机构和人员已向警方或海关人员报告，且符合：（1）在通知的最后期限内，未得到警方或海关人员的拒绝认可通知；（2）在通知的最后期限前得到警方或海关人员的拒绝认可通知，但延缓期间已经届满。其中，通知期限为 7 个工作日，从报告之后的第 1 个工作日起算；延缓期间为 31 日，从接到拒绝认可通知之日起算。

2008 年 SOCA 共应答可疑交易报告 1.32 万份（2007 年 1.18 万份），平均应答周期为 2.6 天（2007 年为 2.8 天）。其中，54% 的报告被提交给执法部门，46% 的报告内部处理。75% 的报告进行了同意交易的应答处理，12% 的报告被告知拒绝交易，14% 的报告属于非应答范畴。

20. 德国金融业反洗钱监管中的外部审计制度

反洗钱局　陈珂

一、德国金融业概况

德国金融业是"全能银行"体制的典型代表，银行业在整个金融业中占据绝对主导地位。截至 2008 年底，全国共有金融机构约 3 400[1] 家，在其中的 2 048 家银行机构中，有 1 878 家"全能银行"（包括商业银行、储蓄银行和合作社），其他 170 家银行机构主要从事抵押和投资业务。截至 2009 年 9 月，非银行金融服务商共 1 344 家，包括汇款业、货币兑换业、信用卡业务、金融租赁和保理（factoring）。

就银行业而言，被称为"信用机构"（credit institutions）和金融服务机构的两类机构分别申领执照并接受监管。传统上，银行业由三大支柱构成：商业银行、储蓄银行和信用社，其中商业银行持有将近 30% 的银行业总资产，且主要集中在四家大型国际性银行。储蓄银行和零售银行通常在当地市场占据主导地位，由地方市政机关所有。合作社则由社员共同所有。

德国保险市场是全球第五大市场，其 2007 年的总资产为 13 000 亿欧元，其中与反洗钱有关的主要险种——寿险和意外险的总资产约为 7 000 亿欧元。

二、德国金融业反洗钱法律与监管框架

作为欧洲最重要的金融市场之一，德国拥有一套完整的金融业反洗钱法律制度和监管框架。《反洗钱法》、《银行法》、《投资法》和《保险业监管法》四部法律构成了金融业反洗钱法律制度的基本框架，规定了各类金融机构的反洗钱义务。

德国联邦金融监管局（Bundesanstaltfr Finanzdienstleistungsaufsicht，BaFin）是德国的综合性金融监管机构，负责全面管理和监督德国的整个金融市场，包括防范金融体系为洗钱和恐怖融资活动所滥用。

1　除非特别说明，本文数据均来源于德国金管局 www. bafin. gov. de 和金融行动特别工作组 www. fatf - gafi. org.

从2003年开始，BaFin将其与反洗钱/反恐融资和防范金融欺诈的职能统一整合到其下设的反洗钱小组（Money Laundering Prevention Group，MLPG），小组独自承担对所有被监管机构的反洗钱监管工作，拥有雇员约90名。小组分为6个分组，分别是：分组一共10人，负责法律、国际合作和政策事务，还负责对所有的反洗钱法规进行解释；分组二共14人，负责对信用机构和信用卡公司的监管，包括对信用卡公司的审慎监管；分组三共19人（含兼职1人），负责监管所有金融服务商（包括汇兑业机构）和保险公司的反洗钱监管工作；分组四共33人，负责有关账户系统的管理和运行；分组五共8人，负责对南德的金融租赁和保理公司进行监管；分组六共7人，负责对北德的金融租赁和保理公司进行监管。

三、外部审计制度的主要内容

外部审计制度在BaFin的反洗钱监管工作中发挥着核心作用。所有被监管机构每年必须接受外部审计师的反洗钱审计，并将审计报告提交给BaFin。此外，BaFin还可授权外部审计师对特定被监管机构进行现场检查，而审计费用均由被审计机构承担。一般来说，充任外部审计师的或者是独立的会计师事务所，或者是与地区银行协会有关联的会计师协会成员。

具体来说，《银行法》第29条规定，信用机构和金融服务机构的外部审计师必须在其年度审计中审查被审计机构遵守《反洗钱法》、《银行法》和欧盟第1781/2006号法规所规定的反洗钱义务的情况。

此外，《银行法》第30条还授权BaFin对金融机构进行“特别审计”。“特别审计”不同于年度外部审计报告，用于专门对金融机构反洗钱/反恐融资措施进行着重检查。BaFin可委托第三方进行特别审计，对银行而言，BaFin一般委托该银行的外部审计师进行，对保险公司和其他金融服务商，特别审计则由BaFin自己完成。对于Bafin认为需要特别关注的金融机构，会定期开展特别审计。

除了上述这种有针对性的特别审计之外，BaFin每年还会进行一些附随审计（audit accompaniments），附随审计的内容虽然与特别审计类似，但其主要目的是了解被审计机构反洗钱/反恐融资工作的整体情况，实际上相当于抽查，以便掌握基础日常基础性审计工作的质量。附随审计同样由BaFin委托第三方机构进行，但BaFin也会派人参加。

外部审计师审查的内容主要包括：（1）金融机构是否按照《反洗钱法》的要求在管理层设置有关职位（包括反洗钱合规官）及其职责内容，该职位在整体组织架构中的地位等。（2）对客户及其实际受益人的识别情况。（3）有关记录保存情况。（4）依法报送可疑交易的情况。（5）建立有关可疑交易报送的内部程序的情况。（6）有关可疑交易个例的内部报告。（7）发现可疑交易后冻结或终止客户关系的情况。

外部审计师还着重审查金融机构有关反洗钱内控制度建立和运行的情况，具体包括：（1）合规官的具体工作。（2）处理洗钱高风险的交易和业务关系的原则、程序和防范措施，以及这些制度和措施根据情况变化进行调整的情况。（3）机构内部对当前洗钱手法的认识。（4）机构内审部门的工作及其结果。（5）是否以书面形式记录内审结果并呈送管理层。

一般来说，外部审计报告必须在每一财政年度结束后三个月内呈交 BaFin，但如果在外部审计中发现了严重问题，外部审计师必须立即向 BaFin 报告。

四、外部审计制度与“风险为本方法”

2006 年，BaFin 正式在反洗钱监管工作中实施风险为本方法（risk - based approach），将更多的反洗钱监管资源用于监管那些洗钱风险较高的金融机构。

为评价金融机构的风险水平，BaFin 首先基于以下五个因素给出一个基本风险评级：（1）所处地点（如是否犯罪活动高发区域或商业活跃区域）。（2）地域范围（如区域性、全国性、国际性）。（3）产品结构（如汇款业务、私人银行业务）。（4）客户结构（如非居民、政治公众人物）。（5）业务方式的结构（如营业网点、经纪人、在线交易）。

下一步就是看外部审计报告中对金融机构反洗钱/反恐融资措施的分析，外部审计报告为 BaFin 判定特定机构的洗钱风险水平提供了基础信息。BaFin 不会仔细阅读所有的外部审计报告，但至少会阅读每一份报告的摘要。基于对外部审计报告的分析，BaFin 将从三方面对金融机构的合规性进行评价：“内部控制”、“客户尽职调查”和“其他反洗钱职责”。针对不同行业，评价指标有细微差别，不同指标在最终评价中所占比重也不相同，有些方面不合规将影响该金融机构的整个反洗钱/反恐融资工作。例如，反洗钱合规管的职责、交易监测和了解客户这几方面就特别重要。

BaFin 对每一个金融机构分别确定一个内在风险（inherent risk）和防控效力（quality of controls），将这两个因素结合起来，得到一个净风险（net risk），据此对所有金融机构的洗钱/恐怖融资风险划分为 12 个等级。一般来说，较大的银行由于其内在风险较高，最终评级至少为中等风险。

表1 1 353家银行的风险等级分布情况

		防控效力			
		高	中高	中低	低
潜在洗钱威胁	高	2%	2%	<1%	<1%
	中	71%	10%	2%	1%
	低	13%	1%	<1%	<1%

表2 42家货币服务业者的风险等级分布情况

		防控效力			
		高	中高	中低	低
潜在洗钱威胁	高	—	5%	2%	7%
	中	31%	33%	7%	—
	低	7%	5%	—	2%

表3 635家其他金融服务商的风险等级分布情况

		防控效力			
		高	中高	中低	低
潜在洗钱威胁	高	<1%	—	—	—
	中	37%	28%	4%	<1%
	低	11%	17%	3%	2%

根据不同金融机构的风险等级，BaFin对其分别采取相应的监管措施：（1）对于风险较低的机构，只进行简化的基础性监管工作，不过BaFin仍会确保这些金融机构能够妥善应对可能出现的中度风险或高风险的具体情况。（2）对中度风险的金融机构进行基础性监管，通常包括要求制定改进缺陷的时间表，或向BaFin报送内审报告，或二者皆要求。（3）对高风险金融机构进行强化的监管，予以特别关注，比如致电致函了解其采取的改进措施是否充分、及时和有效，要求定期提交报告，现场检查，约谈高管等。

正如前文所述，BaFin的监管方式对外部审计报告有极大的依赖性，BaFin从外部审计报告中获取有关机构反洗钱/反恐融资措施有效性的信息的能力，也极大地依赖外部审计报告的质量。然而，外部审计报告在其范围和深度上有相当大的差别，比如由地域性合作银行审计协会提供的报告就不如外部独立审计师对私营商业银行的审计报告那么全面。尽管审计局就反洗钱/反恐融资的外部审计报告制订了标准，但外部审计报告质量参差不齐还是可能对 BaFin 的监管工作造成不利影响。

这样，BaFin 的监管工作系统性地依赖外部审计，而只直接介入一小部分风险评级为高风险（综合内在风险和预防效力两因素）的金融机构的反洗钱/反恐融资工作，即便计入随附审计，BaFin 直接介入监管的金融机构数量也很少。这样的确有助于 BaFin 分配其有限的监管资源，但也使得 BaFin 无法实地考察所有内在风险较高的金融机构，评估其防控效力水平，只能依赖外部审计报告。实施风险为本方法后，不同银行的风险控制水平比以前差别更大，并且也不像在 2006 年以前的规则为本方法下接受外部审计师对其反洗钱/反恐融资制度措施的全面系统分析。

五、简评及对我国金融业反洗钱工作的启示

面对德国成熟庞大的金融业，BaFin 反洗钱小组以不到 100 人的极为有限的人力资源，却要负责全德金融业反洗钱监管以及部分行业的审慎监管工作，不采用风险为本的监管方法是无法做到的，而外部审计制度为 BaFin 判定金融机构风险水平，从而有效分配监管资源提供了不可或缺的基础信息。

但另一方面，外部审计制度也带来了一系列挑战，除了增加金融机构成本之外，主要的是如何确保由不同主体实施的外部审计在方式、内容和质量等方面的一致性和可比性，并向 BaFin 提供有助于判定风险水平的信息。尽管审计部门颁布了一些外部审计规范和标准，但从实践效果来看，外部审计报告的质量仍然参差不齐，有的外部审计对金融机构防控洗钱/恐怖融资风险的效力的评价不全面、不完整，直接影响 BaFin 对金融机构洗钱/恐怖融资风险的把握和其实际监管工作。

进一步说，外部审计制度的挑战也是实施风险为本反洗钱监管面临挑战的具体体现。FATF 制定发布的《反洗钱/反恐融资的风险为本方法指引》就指出了风险为本监管工作的挑战之一就是确保监管政策和实践的一致性。

目前，我国金融业反洗钱工作也开始探索实施风险为本方法，包括风险为本的监管方法，为此，我们应考虑通过加强以下几项工作来更好地确保监管一致性：一是在总行层面加强有关金融机构风险的各类信息的收集、分析工作，以便较好地掌握对金融机构的总体、普遍风险状况；二是总行在信息收集和分析的基础上，针对中国人民银行分支行和金融机构分别制定发布各

类指引，一方面明确政策导向，另一方面也明确对金融机构反洗钱合规工作的具体要求；三是积极开展风险为本反洗钱方法的培训，帮助中国人民银行分支行和金融机构加深对风险为本方法的认识，加强监管部门与被监管机构间的沟通。

第六部分　其　他

21. IT项目管理体系介绍及澳大利亚中央银行项目管理研究与启示

科技司　于洪玉

美国项目管理协会（PMI）推出的项目管理知识体系[1]和英国商务办公室（OGC）推出的受控环境下的项目管理[2]，是目前全球IT项目管理领域应用最广的两大标准体系。二者高度兼容，相互补充，在世界范围内，尤其是欧洲、北美和澳大利亚广泛应用。澳大利亚储备银行的项目管理，就是基于这两大标准体系，并结合自身项目特点剪裁应用，形成了其目前相对规范、简洁、有效的项目管理方法。

本文首先从理论层面，介绍以上两个标准体系的基本内容，然后在此基础上对IT项目管理体系进行了概括。其次，作者结合多次访问澳大利亚中央银行S&T部门的沟通情况，对澳大利亚中央银行IT项目管理的具体实践进行了研究与分析，包括项目管理的组织结构、程序与内容以及项目管理平台。最后，基于澳大利亚中央银行项目管理经验，对进一步规范和提升中国人民银行IT项目管理效率和质量提出建议：一是建立项目管理平台系统；二是进一步深入项目过程控制；三是引入项目风险管理；四是加强项目沟通管理，规范沟通机制；五是把好上线前验收测试关；六是规范项目收尾，做好经验积累。

1　PMBOK—Project Management Body of Knowledge.

2　PRINCE—Projects IN Controlled Environments，PRINCE2是该方法的第二版。

一、项目管理标准框架

（一）项目管理知识体系（PMBOK）[3]

美国项目管理协会（PMI）的项目管理知识体系（PMBOK）是在世界范围内被广泛接受并流行的项目管理指南，定义了项目生命周期、五步流程（启动、计划、执行、监控、收尾）和九大知识领域（整合、范围、时间、费用、质量、人力资源、沟通、风险、采购）。

1. 项目生命周期

项目生命周期是通常按顺序排列有时又相互交叉的各项目阶段的集合，阶段的名称和数量取决于项目的组织管理与控制需要、项目本身的特征及项目所在的领域。虽然每个项目实施期间的活动会因项目不同而有所差异，但无论什么类型的项目，生命周期都能为管理项目提供基本框架，所有项目的普遍生命周期结构分为以下四个阶段：项目启动；组织与准备；项目执行；项目结束。

在这个普遍的生命周期基础上，为有效完成某些重要的可交付成果，在需要特别控制的环节将项目分界，就形成了项目阶段。项目阶段大多是按顺序完成的，但在某些情况下也可重叠。采用项目阶段结构，可以把项目划分成合乎逻辑的子集，有助于项目的管理、规划和控制。当项目被划分为多个阶段时，阶段与阶段之间有3种基本关系：顺序关系，即一个阶段只能在前一阶段完成后开始；交叠关系，即一个阶段在前一阶段完成前就开始，这有时可作为进度压缩的一种手段，但同时这种交叠可能增加风险；迭代关系，即一次只规划一个阶段，且下一阶段的规划取决于当前阶段的进展情况，迭代关系适合在很不明确或快速变化的环境中使用，但是不利于进行长期规划。具体项目管理中采取哪种阶段划分关系取决于项目管理者需要的控制水平和效果，以及项目本身存在的不确定性程度。

当各阶段顺序排列时，阶段的结束就以阶段性可交付成果的移交为标志，阶段结束点是对项目进行重新评估，变更或终止项目的一个时点，这些时点称为里程碑。

2. PMBOK中项目管理过程

项目不是一个封闭系统，需要从组织内外部得到各种输入，并向组织交

---

3 该部分内容主要基于2008年底发布的 *A Guide to the Project Management Body of Knowledge—Fourth Edition ANSI/PMI* 99－001－2008。

付所形成的成果，项目过程会产生一些可用于改进未来项目管理的信息。PMBOK从各过程之间的整合、相互作用以及各过程的不同用途来描述项目管理过程，这些过程可归纳为5类，即5大项目管理过程组：

启动过程组。获得项目授权，定义一个新项目或现有项目的一个新阶段，正式开始该项目或阶段的一组过程。

规划过程组。明确项目范围，优化目标，为实现目标而制定行动方案的一组过程。

执行过程组。完成项目管理计划中确定的工作以实现项目目标的一组过程。

监控过程组。跟踪、审查和调整项目进展与绩效，识别必要的计划变更并启动相应变更的一组过程。

收尾过程组。为完结所有过程组的所有活动以正式结束项目或阶段而实施的一组过程。

一个过程组包含若干项目管理过程，这些过程以相应的输入输出相联系，即一个过程的结果成为另一个过程的输入。各项目管理过程组以它们所产生的输出相互联系（如图1所示），在整个项目期间相互重叠，如规划过程组为执行过程组提供项目管理计划和项目文件，且随着项目进展不断更新项目管理计划和项目文件。

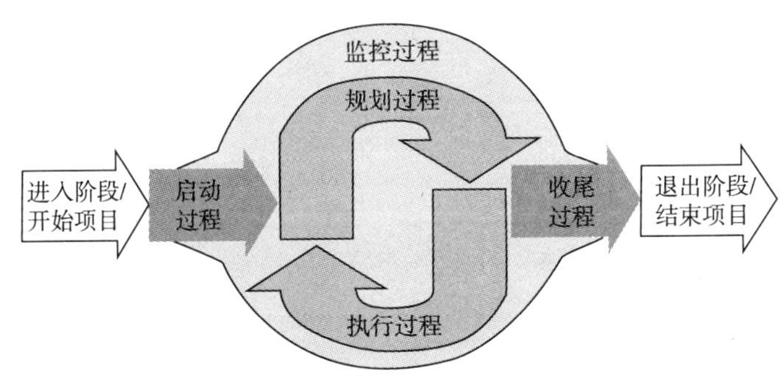

图1　PMBOK中项目管理过程组

（1）启动过程组

启动过程组包含定义一个新项目或现有项目的一个新阶段，获得授权正式开始该项目或阶段的一组过程。通过启动过程，初步定义范围和落实资源，识别项目内外部相关人员，选定项目经理，这些信息应反映在项目章程中。一旦项目章程获得批准，项目也就得到了正式授权。在启动过程组中需要完成两件事：一是制定项目章程，即制定一份正式批准项目或阶段的文件；二是识别项目干系人，即识别所有受项目影响的人或组织。

（2）规划过程组

规划过程组包含明确项目总范围，定义和优化目标，以及为实现上述目标而制定行动方案的一组过程。规划过程组制定用于指导项目实施的项目管理计划和项目文件。随着收集和掌握的项目信息不断增多，项目可能需要进一步规划。项目生命周期中发生的重大变更可能会引发重新进行规划过程。作为规划过程组的输出，项目管理计划将对项目范围、时间、成本、质量、沟通、风险和采购等各方面做出规定。在项目过程中，经批准的变更可能从多方面对项目管理计划和项目文件产生影响。规划过程组包括：制订项目管理计划、搜集需求、定义范围、创建工作分解结构（WBS）、定义活动、估算活动资源、制订进度计划、估算成本和制定预算、规划质量、制订人力资源计划、规划沟通、识别风险和风险应对、规划采购等过程。

（3）执行过程组

执行过程组包含完成项目管理计划中确定的工作以实现项目目标的一组过程。这个过程组不但要协调人员和资源，还要按照项目管理计划整合并实施项目活动。项目执行的结果可能引发更新项目计划和重新确立基准，包括变更预期的活动持续时间，变更资源以及考虑未曾预料到的风险。执行中的偏差可能影响项目管理计划或项目文件，需要加以仔细分析，分析的结果可能引发变更请求，变更请求一旦得到批准，就可能需要对项目管理计划或其他项目文件进行修改。项目的一大部分预算将花费在执行过程组中。执行过程组包括指导与管理项目执行、实施质量保证、组建项目团队、管理项目团队、发布信息、管理干系人期望并与之沟通和协作、实施采购等。

（4）监控过程组

监控过程组包含跟踪、审查和调整项目进展与绩效，识别必要的计划变更并启动相应变更的一组过程。这一过程组的关键作用是持续地观察和监督项目绩效，从而识别与项目管理计划的偏差。在多阶段项目中，监控过程组要对各项目阶段进行协调，以便采取纠正或预防措施，使项目实施符合项目管理计划。监控过程组也可能提出并批准对项目管理计划的更新。例如，未按期完成某项活动，就可能需要调整现行的人员配备计划，安排加班，或重新制定预算和进度目标。监控过程组包括：监控项目工作、实施整体变更控制、核实范围、控制范围、控制进度、控制成本、控制质量、报告绩效、监控风险、管理采购等。

（5）收尾过程组

收尾过程组包含为完结所有项目管理过程组的所有活动，以正式结束项目或阶段的一组过程。当这一过程组完成时，就表明为完成某一项目或项目阶段所需的所有过程均已完成，并正式确认项目或项目阶段已经结束。项目或阶段收尾时一般需要进行以下工作：获得用户或发起人的验收；进行项目后评价或阶段结束评价；记录经验教训；对资产进行适当的更新；将所有相关项目文件在项目管理信息系统中归档；结束采购工作。

3. PMBOK 中项目管理知识领域

（1）项目整合管理

项目整合管理就是指项目管理人员把各种能力综合起来并加以协调利用的过程。项目整合管理需要选择资源分配方案、平衡相互竞争的目标以及管理项目各知识领域之间的依赖关系。项目整合管理的各个过程包括：制定项目章程，制定项目管理计划，指导与管理项目执行，监控项目工作，实施整体变更控制以及结束项目或阶段。

（2）项目范围管理

项目范围管理包括确保项目做且只做项目顺利完成所需的全部工作的过程，就是定义项目的边界。管理项目范围主要在于定义和控制哪些工作应包括在项目内，哪些不应包括在项目内。项目范围管理的各个过程包括：搜集干系人需求、定义范围、创建工作分解结构（将项目可交付成果和项目工作分解为较小的、更易于管理的组成部分）、核实范围、控制范围。经批准的详细项目范围说明书以及相应的工作分解结构构成项目的范围基准。然后，在整个项目生命周期中，对这个基准范围进行监督、核实和控制。

（3）项目时间管理

项目时间管理包括保证项目按时完成的各个过程。项目时间管理的各个过程包括：定义完成项目可交付成果而需采取的具体活动，排列活动顺序，估算活动资源，估算活动持续时间，制订进度计划（分析活动顺序、持续时间、资源需求和进度约束，编制项目进度计划的过程）和进行进度控制。

（4）项目成本管理

项目成本管理包括对成本进行估算、预算和控制的各个过程，从而确保项目在批准的预算内完工。项目成本管理包括估算成本、制定预算和控制成本 3 个过程。在开始成本管理的这 3 个过程前，作为制定项目管理计划过程的一部分，项目管理团队需先行规划，形成一份成本管理计划，从而为规划、组织、估算、预算和控制项目成本统一格式，建立准则。

（5）项目质量管理

项目质量管理包括执行组织确定质量政策、目标与职责的各过程和活动，从而使项目满足其预定的需求。它通过适当的政策和程序，采用持续的过程改进活动来实施质量管理体系。项目质量管理包括规划质量以及实施质量保证和控制措施。项目质量管理需要兼顾项目管理与项目产品两个方面。

（6）项目人力资源管理

项目人力资源管理包括组织、管理与领导项目团队的各个过程。项目团队由为完成项目而承担不同角色与职责的人员组成。尽管项目团队成员各有不同的角色和职责，但让他们全部参与项目规划和决策仍是有益的。项目人力资源管理的各个过程包括：制订人力资源计划、组建项目团队、建设项目团队（提高工作能力、促进团队互动和改善团队氛围，提高项目绩效）、管理项目团队（跟踪成员表现）。

（7）项目沟通管理

项目沟通管理包括为确保项目信息及时且恰当地生成、收集、发布、存储、调用并最终处置所需的各个过程。项目经理的大多数时间都用在与团队成员和其他干系人的沟通上，无论这些成员和干系人是来自组织内部还是外部。有效的沟通能在各种各样的项目干系人之间架起一座桥梁。项目沟通管理的各个过程包括：识别干系人，确定项目干系人的信息需求、定义沟通方法，发布信息，为满足干系人的需要而与之沟通和协作的过程。

（8）项目风险管理

项目风险管理的目标在于提高项目积极事件的概率和影响，降低项目消极事件的概率和影响。项目风险管理包括风险管理规划、风险识别、风险分析、风险应对规划和风险监控等各个过程。风险条件是可能引发项目风险的各种因素，如不成熟的项目管理实践、缺乏综合管理系统、多项目并行实施，或依赖不可控的外部参与者等。风险一旦发生，会对至少一个项目目标造成影响，如范围、进度、成本和质量。

（9）项目采购管理

项目采购管理包括从项目组织外部采购或获得所需产品、服务或成果的各个过程。项目采购管理包括合同管理和变更控制过程。通过这些过程，编制合同或订单，并由具备相应权限的项目团队成员签发，然后再对合同或订单进行管理。项目采购管理包括规划采购、实施采购、管理采购和结束采购。在遵守组织的采购政策的同时，项目管理团队必须确保所有采购都能满足项目的具体需要。

（二）受控环境下的项目管理（PRINCE2）[4]

PRINCE 是英国商务办公室（OGC）开发的一种组织、管理和控制项目的标准方法，意为受控环境下的项目管理，PRINCE2 是 1996 年推出的该方法的第二版，从最初的面向 IT 项目管理提升为通用的项目管理方法论。PRINCE2 提供了一种建立项目流程、实施项目和终止移交项目的有效机制，包含 8 大过程和 8 个组成部分。PRINCE2 和 PMBOK 高度兼容，相互补充。采用 PRINCE2 能够加强 PMBOK 标准的实效性，并在项目开始前进行全面的规划。

1. PRINCE2 中项目管理过程

跟 PMBOK 模型中的过程类似，PRINCE2 作为一种过程驱动的项目管理方法，共定义了 8 大过程，即项目指导、项目规划、项目准备、项目启动、项目阶段控制、产品交付管理、阶段边界管理和项目收尾，其中，项目规划和指导过程贯穿于项目始终，支持其他六个过程，具体参见图 2。

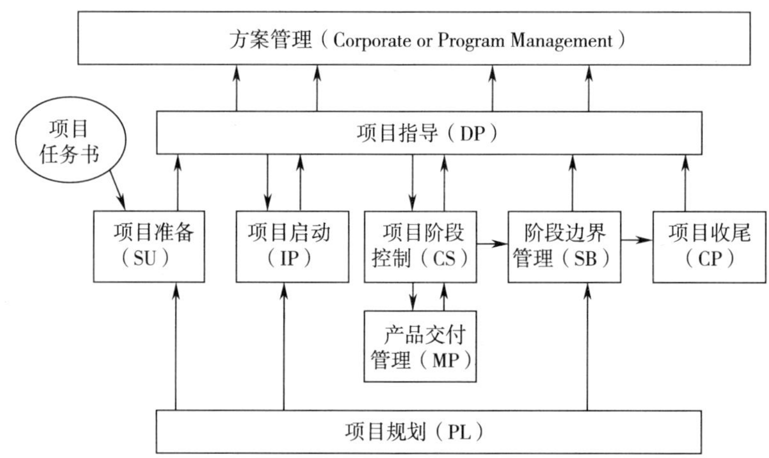

图 2　PRINCE2 流程模型图

“项目准备”在项目周期中只出现一次，这个过程主要是成立项目委员会[5]，任命项目团队，并充分了解项目的资源要求。

“项目启动”在项目周期中也只出现一次，该过程明确如何管理整体项

4　该部分内容主要参考 http：//www. ogc. gov. uk/methods_ prince_ 2. asp 及其他相关资料。

5　项目委员会：每个 PRINCE2 项目都有一个项目委员会，由用户方代表、供应方代表等组成。项目经理定期向项目委员会报告项目的进程和面临的问题，项目委员会负责提供项目进程中突出问题的解决方案，授权项目启动和各阶段启动等。

目，并完成“项目启动文件”（PID）。PID 的目的是为各方对项目关键要素的理解提供一份共识文件（类似于 PMBOK 规划流程产生的结果）。

“项目指导”贯穿于整个项目过程，确定了项目委员会在项目监督方面应履行的责任。正如它在流程模型图中的位置一样，位于其他流程的上方并与其他流程互动，它为项目授权、每个阶段完成后批准项目继续进行和批准项目完成等提供了一种机制。“项目指导”是项目委员会发挥作用的唯一流程，所有其他流程都在项目经理的指导下进行。

“项目规划”是 PRINCE2 其他几个流程的通用流程。确定项目的可交付成果以及为完成这些交付成果所必需的活动和资源，以及管理和质量要求，制订计划。

PRINCE 没有像 PMBOK 一样将执行和控制分为两个独立的过程组，而代替执行和控制的是阶段控制、阶段边界管理和产品交付管理三个相互影响的过程，更强调执行和控制的紧密结合。

“阶段控制”：PRINCE2 建议项目应该分解为多个阶段，“阶段控制”过程提出在一个阶段内应该完成的内容，为项目经理对项目的日常管理提供指导，包括工作授权和工作接收，问题和变更管理，状态收集、分析和报告，向项目委员会汇报问题以及采取纠正措施等。“阶段控制”是不断重复的，在项目的每个阶段都会重复出现。

“阶段边界管理”是指对一个工作阶段结束到下一个阶段开始之间的工作进行管理，包括确保本阶段工作已按规定完成，向项目委员会报告信息供其评估项目是否继续进行，为下一个阶段的工作制订计划并获得启动授权，记录经验教训等。

“产品交付管理”：如果说阶段控制是从项目经理的角度管理工作，那么“产品交付管理”则从具体工作执行者的角度管理工作，即技术工作人员就需要执行的工作达成共识、报告工作进展、完成产品并交付机制。

“项目收尾”是结束项目的机制，无论是因工作完成还是提前终止，收尾都会为组织提供项目经验和教训。对于成功完成的工作来说，项目收尾的目标是确保工作已经完成且令客户和管理层满意，所有预期的产品都移交给客户并通过验收，以及对项目产品后续运行支持的安排都已到位。

2. PRINCE2 组成部分

PRINCE2 包含 8 个组成部分，即商业论证、组织、计划、控制、风险管理、项目环境中的质量管理、配置管理和变更控制。

商业论证：可行性商业论证是 PRINCE2 项目的主要控制条件，即要回答“为什么要实施这个项目”的问题。商业论证在项目开始前和项目整个过程中每个重大决策点都要由项目委员会进行，以确定项目是否要继续下去。当商业论证不通过时，项目应当被终止。

组织：由于项目经理经常要指导一些属于其他管理机构的员工，因此需要组织高层管理人员保证这些不同的资源都能投入项目。此外，可行性决策也要由对项目进行投资的高级管理层做出。在 PRINCE2 中，这个组织是项目委员会。项目委员会只负责高层决策，例如项目启动授权、完工授权以及每个项目阶段的资源投入启动等，而把具体的、日常的项目管理权力下放给项目经理。项目经理要确保在有限的成本预算和工期前提下，按照质量要求完成所有的项目产品。

计划：计划是任何项目所必需的，且要得到项目组织中适当级别的批准。计划的主要实施步骤在流程模型的“规划”部分体现，包括确定和分析产品，确定完成这些产品的必需活动，估算每个活动需要的时间，编制安排活动的计划等。

控制：控制跟决策相关，它的目的是保证项目能够产出所要求的产品，符合预定的时间安排，符合资源和成本计划以及保证商业论证的可行性。

风险管理：为了包容项目中的各种风险，必须以一种规范的方式通过风险分析来对风险进行管理。

质量管理：质量管理是要确保用户方期望的质量可以实现。项目交付成果的质量以产品描述为基础，该产品描述由项目经理负责并由项目委员会批准。

配置管理：配置管理使得项目管理团队可以对项目产品进行控制，它提供了一种跟踪和控制项目交付成果的机制，也提供了一个跟踪项目问题的机制。

变更控制：控制变更意味着要评估变更的潜在影响和重要性，项目经理要对每一项变更进行具体分析，确定项目的成本、工期、风险、质量、计划等会因为采用变更而发生怎样的变化，在具体了解可能造成的影响之后，才能由项目委员会做出决定。

大致上，PRINCE2 的组成部分跟 PMBOK 的以下知识领域相对应：

表 1 **PMBOK 知识领域和 PRINCE2 组成部分对照表**

PMBOK 知识领域	相应的 PRINCE2 组成部分
整合	组合流程和组成部分、变更控制
范围、时间、成本	计划、商业论证
质量	质量、配置管理
风险	风险
沟通	控制
人力资源	组织
采购	未包含

二、IT 项目管理体系概述

IT 项目管理是以信息技术为基础的项目管理，是项目管理中的一种特殊形式。因此，项目管理的一般性理论和方法在 IT 项目管理中同样适用。对应 PMBOK 中的五大过程组，启动、规划、执行、监控和收尾，IT 项目也同样可以分为启动、计划、实施、控制和收尾五个阶段，而实施和控制一般是同时进行的，所以实施与控制可以合并为项目执行。

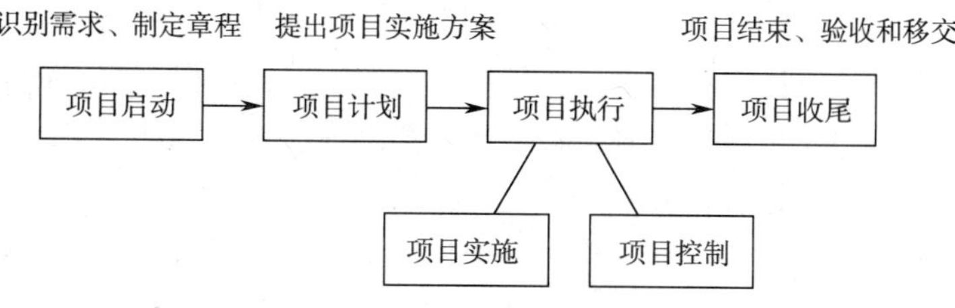

图 3 IT 项目管理体系结构

启动阶段主要是进行可行性论证以及识别项目需求；

计划阶段即针对需求提出项目实施的方案，落实项目实施的各种资源和条件；

执行阶段将细化项目目标，制订详细的工作计划，协调各种资源进行项目建设实施，并在过程中进行监督控制，分析偏差，采取必要措施控制项目按既定目标进行；

收尾阶段即进行项目总结，汇总整理各种文档，将成果交付最终用户验收，并进行项目移交。

（1）IT 项目启动

根据 PMBOK 理论，在项目启动过程中需要完成两件事：一是制定项目章程，二是识别项目干系人。根据 PRINCE2 标准，项目启动阶段要形成一份“项目启动文件”（PID），为项目的关键要素提供一份理解共识。IT 项目启动阶段也与其他项目类似，这个阶段要形成一份类似项目章程的启动文件，包括项目名称、目标和范围、相关人员和资源需求等。这一阶段的目标是完成对项目的完整定义，完成项目可行性论证并明确项目相关人员。

（2）IT 项目计划

PMBOK 中的规划过程组是指定义和优化目标，以及为实现目标而制订行动方案的过程。PRINCE2 中计划管理的第一个任务就是确定和分析最终产品以及要创建这些产品的必须活动，进而编制安排活动的计划。不难看出，两套理论中的定义基本相同，这一阶段就是要对启动阶段确定的项目目标进行细化和优化，并制订要实现项目目标的实施方案，即计划。IT 项目计划编制的首要工作也就是要针对项目目标进行任务细分，把复杂项目分解为若干个子项目和工作包，即创建工作分解结构（Work Breakdown Structure，WBS），再把每个工作包划分为多个活动，估算每个活动需要的资源和时间需求，确定活动之间的依赖关系。同时，在此过程中要预先考虑可能出现的风险。计划阶段形成的成果是整个项目实施过程的指引。

（3）IT 项目实施和控制

简单来看，项目实施的过程就是执行项目计划的过程，但实际上，由于项目实施环境的变化，认识偏差等，经常会出现项目实际进展情况与计划偏离，从而必须对项目进行控制，保证项目不偏离预定的目标。IT 项目控制包括项目变更控制、项目进度控制、项目成本控制、项目质量控制以及项目风险控制等。

IT 项目变更控制：IT 项目经常存在项目范围不断扩大的问题，范围的扩大就会带来进度延迟以及预算超支等问题，因此必须对项目范围的变更实施控制，通过规范的变更程序来管理变更。项目变更管理要遵循以下几个原则：首先要确定项目范围基线，项目需求一旦确定并经过评审后，即建立了需求基线，每次项目需求和范围发生变更后都要重新确定新的需求基线；其次要有简单、有效的变更控制流程，并形成制度，在确定了基线后，以后所有的变更都必须要遵循这个控制流程，而这个流程中最重要的环节即要有一个决策委员会，负责决定哪些变更能够接收，哪些变更不能接受；再次，项目需求变更后，相应的所有活动和计划都要同步变更，以保证和新的需求一致；最后，要妥善保存所有变更相关的文档。变更控制要贯穿整个项目生命周期。

IT 项目进度控制：进度控制是指通过对影响进度的因素进行分析，事先或及时采取必要的措施，尽量缩小计划进度与实际进度的偏差，实现对项目的主动控制。项目经理要负责获取项目实际进度信息，与计划进度进行比对，识别是否存在偏差，识别了进度偏差后，项目经理应该与存在进度偏差的任务负责人一起分析偏差原因并进而确定偏差对项目总体影响程度，确定该偏差是否能接受。如接受偏差一定要获得项目管理层和用户方的认可，并及时与所有相关要调整的任务负责人协调。如不能接受偏差就要及时制定并采取纠正措施，比如投入更多的资源、更换项目人员或加班赶进度等，要尽可能找出所有可能的纠正措施，并经过项目所有相关人员讨论选择最适合的措施。

IT 项目成本控制：项目范围和进度的变化往往都会带来成本的变化，成本控制就是要监控实际成本与计划成本之间的偏差，确保成本的变更是适当的。成本控制包括事先的预防超支以及事后对超支后的处理，预防超支就是要采取各种方式降低项目任务成本，并同时保证项目任务完成质量，如采用符合规范而低成本的资源，安排经验丰富的专家顾问等；一旦超支后就要想办法降低后续活动的成本或是申请预算变更。成本控制要以项目计划预算、费用使用报告、变更请求等为依据，并在项目变更控制的整体框架下进行，比如在项目需求变更提交相关流程审批时，应一并列明项目成本的变更。

IT 项目质量控制：质量控制的目标就是要通过监控持续地改善项目过程，将满意的产品和服务交付给客户。产生质量问题的原因不外乎人、资源和方法三方面的因素，因此质量控制也是要对这三方面进行严格的控制。按照进行控制的时间阶段，质量控制可以分为事前、事中和事后控制，事前控制包括项目在正式实施前审查项目承担方的资质和技术资源，对技术方案严格把关，对相关软硬件环境进行检查和验收等，事中控制包括严格各阶段的交接验收，组织定期会议及时分析、通报项目质量状况等；事后控制主要包括组织各种评估和测试对项目成果进行修正，并整理相关的技术文档等。

IT 项目风险控制：IT 项目相对于其他项目具有更高的不确定性，IT 项目风险管理有助于项目管理人员尽早地识别潜在问题，更有效地利用资源，增加项目成功的机会。IT 项目风险控制包括分析识别风险事件，进行定性和定量的风险分析，并制订相应的规避措施和应对计划。

（4）IT 项目收尾

项目收尾阶段是将项目可交付成果交付的过程，或是取消项目的过程。

项目收尾阶段主要有三项工作：项目完成、项目验收和项目移交，项目完成是指建设方按照合同或项目任务书的要求完成了所有任务，整理项目所有相关文档资料并撰写项目完成报告；项目验收是指项目接收方会同项目管理方、建设方等对项目成果进行验收，核查项目规定范围内的各项活动是否完成，交付的成果是否令人满意。项目验收的范围通常包括质量验收和文件验收，对于系统开发类项目而言，质量验收就包括系统功能验收、性能验收、安全性验收等，文件验收包括项目从启动到结束各阶段的所有重要文档，如需求说明书、设计说明书、测试报告等。项目通过验收即可正式从建设方移交给用户方和运维方。验收是项目移交的前提，移交是项目管理工作的完结，移交后项目建设方即转入支持和服务阶段。

三、澳大利亚中央银行项目管理方法

（一）澳大利亚中央银行项目管理组织结构

澳大利亚储备银行（Reserve Bank of Australia，RBA）内部的 IT 部门是 System&Technology Department（S&T），目前约有 200 人，包括 1 个 S&T 部门领导，6 个高级经理和 25 个经理，其余为普通工作人员。S&T 部门下设政策与管理系统部、业务服务系统部、系统安全部、基础设施部、清算系统部、应用和桌面支持部以及 1 个灾备中心，同时每个子部门又根据职责划分为不同的工作组（team）。具体说明如下：

（1）政策与管理系统部（Policy & Administrative Systems）：该部门负责 RBA 的决策管理类应用系统开发、维护和技术支持；同时该部门内设项目管理办公室，负责所有科技项目管理和变更管理等职能，包括编写项目管理相关制度和办法以及项目实施全过程的组织协调等工作。该部门下设 4 个工作组：内部管理系统组、金融发展系统组、决策支持系统组和项目管理办公室。

（2）业务服务系统部（Business Services Systems）：该部门主要负责 RBA 金融服务类系统的开发、维护和技术支持，如面向银行系统的服务，货币发行和监控服务等。该部门下设 4 个工作组，银行系统组、货发系统组、金融门户组以及支付清算组。

（3）系统安全部（System Security）：该部门负责维护 RBA 系统和网络的安全，具体职责包括维护安全基础设施（包括防火墙，入侵检测系统，防病毒，信息过滤，反间谍程序等），计算机安全事件调查，制定 RBA 计算机系统风险管理相关标准和规范以及评估新上系统的安全风险并提出相应的安全防护计划等。该部门下设3个工作组，安全管理组、安全事件分析组和风险管理组。

（4）基础设施部（Infrastructure Services）：该部门主要负责提供并维护RBA数据中心的各种硬件设施，包括服务器、存储、网络通信设备和语音设备等；并负责安装和管理操作系统以及进行系统日常维护操作。该部门下设6个工作组：数据中心操作组、网络服务组、技术服务组、主机系统组、通信组和金融市场系统组。

（5）清算系统部（Real Time Gross Settlement Systems）：该部门为支付清算司提供技术支持，并负责澳储信息和交换系统[6]（RITS— Reserve Bank Information and Transfer System）等支付结算系统的维护、升级和支持服务。

（6）应用和桌面支持部（Application and Desktop Support）：该部门负责维护RBA的数据库环境（Oracle and SQL Server），同时负责桌面级应用的开发和支持；此外，提供集中式Service Desk管理所有IT相关事件并为RBA的所有员工提供日常技术支持服务。该部门包括3个工作组：数据库服务组、桌面应用组和Service Desk组。

（7）业务恢复部（Business Recovery Systems ）：该部门即RBA的灾备中心[7]，负责维护RBA的灾难恢复系统，包括灾备中心的所有基础设施和应用软件。同时也为总行提供开发、投产和日常的项目支持。该部门下设3个工作组：业务恢复应用组、业务恢复基础设施组和Web技术组。

从以上部门设置和分工中可以看到，政策管理部的项目管理办公室负责RBA科技项目的总体组织管理，各部门根据分工承担项目建设实施过程中的不同职责。RBA大部分项目由S&T内部工作人员自行开发和建设，开发人员占S&T人员的一半左右；同时开发团队根据面向不同业务部门提供服务进行分工，并一直负责其开发系统的后续变更和运维。项目一经启动，一般由高级经理根据分工从相应的工作组中指派项目经理，可能是工作组长，也可能是工作组中其他有经验的员工。但是对于重大项目，一般会由一个高级经理来担任项目经理的角色。

（二）澳大利亚中央银行项目管理程序和内容

总体上，S&T部门将RBA科技相关的重要工作分为“项目”（project）和“任务”（task）两类，项目一般指那些周期超过一个月或是有至少两个

6　RITS是澳大利亚的实时结算系统，向澳金融机构提供支付结算服务。

7　BRS位于悉尼西北部商业园区Baulkham Hills Park，距离悉尼市中心RBA总部约25公里。

S&T 内部处室参与的工作；任务是指那些不能称为项目但又需要进行规范管理的重要工作。目前 S&T 部门对于项目和任务并没有严格区分的定义，一般由 S&T 管理层自行掌握。RBA 的所有项目和任务都要在项目管理办公室进行登记，项目详细信息将被跟踪记录并定期提交给 S&T 部门的高级管理层（部门领导和高级经理）和分管的行长助理。

S&T 部门接受不同来源的项目需求，可以是用户部门的口头需求，也可以是来自用户部门的正式需求文档，或是来自软硬件产品供应商的升级建议等。RBA 的项目管理过程基本符合 PMBOK 关于项目生命周期和五大过程组的定义，同时采用了 PRINCE2 中关于项目阶段控制和管理组件的理念，体现了两大理论体系的相互补充，具体说明如下：

（1）项目启动（initiation）

接收到项目需求并由管理层指派项目经理后，需由项目经理编写项目/任务启动表（Project/Task Initiation Form（PIF/TIF），并提交给项目管理办公室，内容包括项目名称、目标、用户部门、期限等基本信息，项目管理办公室负责检查表格内容的完整性、准确性并将相关信息摘录存储进 S&T 部门的项目门户上（Systems and Technology Portal）并上挂相关文档。每周一下午，项目管理办公室负责将上周收到的所有的 PIF/TIF 提交给 S&T 的高级管理层，而相关的经理要负责准备详细的信息为高级管理层召开评审会议作准备。

此外，RBA 还根据项目复杂程度将项目划分为标准项目和阶段性项目，标准项目启动过程中只需提交完整的项目启动表（PIF），而阶段性项目启动过程中除提交 PIF 外，还要将项目划分为几个阶段，每一阶段相当于一个新的任务，因此每一阶段都要有启动和完成的过程，在阶段开始时要提交该阶段的 TIF 并进行评审，且后一阶段的实施要以前一阶段的顺利完成为基础，保证最终项目的质量。

（2）项目评审（approval）

S&T 的高级管理层一般每周召开一次会议对本周项目管理办公室递交上来的 PIF/TIF 进行评审，评审会一般在周二召开。评审时重点关注项目的范围、资源和优先级以及与其他项目的关联性等。系统安全部的高级经理负责记录会议形成的所有决议以及对会议对相关文档的修改意见等，并在会后将这些信息通过电子邮件发给项目管理办公室（会后形成的这封信称为“approval e-mail”）。

项目管理办公室收到“approval e-mail”后负责转发给各部门以及负责

该项目/任务的项目经理，同时进行相关信息的更新和管理，包括更新 PIF/TIF 上的评审通过日期，在 S&T PORTAL 上为初步评审通过的项目建立一个 workspace，登记项目预期的可交付文档等。

（3）项目定义（definition）

通过评审后，每个项目要由负责该项目的项目经理编写 3 份文档提交给项目管理办公室，包括项目章程（project charter），项目风险评估表（RA—Project Risk Assessment）以及一份项目计划（Project Schedule），并由项目办公室提交给高级管理层进行后续的评估。在项目启动时，一般就要明确这 3 份文件的提交时间，如果届时未提交，项目管理办公室会催办。

项目章程相对于 PIF 是一份更详尽的启动文档，主要对项目的业务目标、涵盖范围、预期提交成果、资源环境需求、阶段划分等进行说明；风险评估表则从项目要建设的系统或产品本身的风险、参与团队的风险和环境风险等对项目总体风险状况进行评估；项目计划包括项目管理计划、质量管理计划、风险管理计划、采购计划、开发计划、测试计划、安装部署计划、维护计划等内容。

项目章程和风险评估表将被存储在 S&T Portal 中，而项目计划将存储在项目办公室共享文件夹里，只有负责该项目的部门和项目办公室能够进行更新。项目办公室会从项目文档里识别该项目涉及的相关部门，并要求参与部门负责该项目的人员（Sub-Project Managers）编制子项目计划。项目经理和各部分参与进来的负责人员会一起讨论并制定详细的项目和子项目计划。

对于不能称为项目的“任务”来说，则只需要提交 TIF，不需要提交章程、风险评估报告以及计划安排这三份文档，但是任务同样会登记在 S&T 的项目管理系统中，也同样会包含在每月底提交的“项目情况报告”里。

（4）项目变更

当项目范围与项目章程或执行计划界定的范围发生较大变更时，项目经理需要向项目管理办公室提交项目变更表（Project Variation Form），内容包括变更的内容、变更的原因和变更影响等，项目管理办公室负责检查其完整性，并存储在移动设备中，同时提交给高级经理进行评审，必须评审通过后才能执行变更。任务发生变更时也同样要提交变更表。

（5）项目完成

当一个项目/任务完成时，项目经理要负责编写项目/任务完成报告（Project Completion Report）并提交给项目管理办公室，项目管理办公室负责检查其完整性，并存储在移动设备中，同时提交给高级经理进行评审。对于阶段性项目而言，每阶段完成，项目经理都要提交该阶段的任务完成报告。对于因某种原因未能顺利完成而需中途撤销的项目要填写“项目撤销申请表”，说明项目撤销的原因并报高级管理层审批。

（6）项目情况报告

在项目进展过程中，项目管理办公室要一直跟踪每个项目/任务的进展状态，并定期与每个在建项目的项目经理讨论。每月底，项目管理办公室要负责确保 S&T 项目数据库更新到最新状态，并向高级管理层提交“项目情况报告”，汇报各项目进展状态，对于未能按计划完成的项目，要在项目情况报告中写明原因。

RBA 项目管理流程图如下：

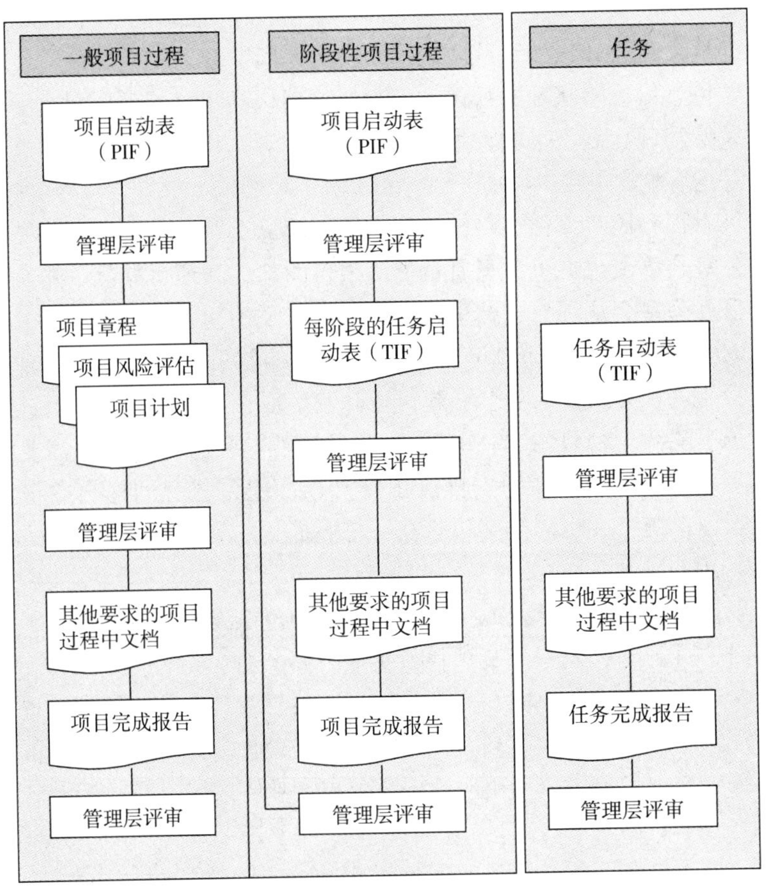

图 4　RBA 项目管理流程图

（三）澳大利亚中央银行项目管理平台

RBA 的项目管理工作也是通过一些软件平台来进行，一方面方便相关人员之间的沟通和信息共享，同时也便于规范管理。目前 S&T 部门主要采用的项目管理平台包括以下 3 个：

（1）项目管理门户（S&T PORTAL）：Systems and Technology Portal 是 RBAIT 项目管理的门户，采用的软件是 Microsoft SharePoint portal。该平台主要用于项目建设过程中的信息交流和共享，用于登记和展示项目全过程形成的一些文档和发现的问题等，是 S&T 内部各部门和项目组成员之间共享文档和沟通交流的平台。

（2）文档管理系统（TRIM）：S&T 部门采购了 HP 的 TRIM Software 用于其项目文档管理，主要用于存储项目进展过程中所有终稿的正式文档。当一个项目/任务完成后，所有需要保留的最终文档都存储在 TRIM 中，并由项目管理办公室设定相应的访问权限，而移动设备中的所有过程文档将被删除。因此相对于移动设备即时沟通的作用，TRIM 相当于一个关于项目信息的历史档案系统。同时该系统中也保留着各文档之间的相互关联，以方便用户访问时可以快速查找所有相关信息，而在提交相关报告时需要项目文档的地方只需提供 TRIM 系统中的链接即可。

（3）项目问题跟踪管理系统（JIRA）：JIRA 是澳大利亚 Atlassian 公司开发的一款软件，RBA 采用该软件进行项目开发过程中的问题跟踪和管理，将所有项目开发、实施过程中的 BUG、任务、需求、改善意见等都纳入该系统，并第一时间将这些问题和任务指派给相应的责任人，即用于管理发现问题、分配问题、跟踪问题、解决问题的过程。

四、澳大利亚中央银行 IT 项目管理对人民银行的借鉴意义

（一）建立项目管理平台系统

尽快建立项目管理平台系统，为所有项目信息共享和项目团队之间的沟通提供平台。同时，也便于对整个项目管理过程中各类文档的规范化管理和归档存查。在文档管理方面，可以借鉴 RBA 的经验，项目建设过程中的管理和项目各阶段形成的终稿文档管理分开，这样既可以避免文档版本混乱以及重复存储等问题，又可以满足高级管理层、项目管理人员和项目建设团队等不同人员的需求，比如高级管理层可以只关注最终结果而不关注过程。

此外，值得注意的一点是 RBA 的所有项目过程文档全部有规范模板，在项目开展的标准过程中，项目经理在不同阶段只需要在项目管理平台上填

写相应文档的模板即可。将项目管理过程尽量标准化，一方面可以减少可能被遗忘或被忽略的任务，另一方面也可以提高工作效率。

（二）进一步深入项目过程控制

由于RBA所有项目的项目经理均为S&T部门的内部人员，从项目一启动开始，项目各过程相关文档都由项目经理负责拟定，对项目全过程都有深入了解。这一点与人民银行的情况不太相同，人民银行的大部分项目建设方为外部单位，项目经理一般为来自建设方的人员，但人民银行科技司作为项目管理方应对项目建设实施过程有更深入细致的控制。

比如目标管理方面：一般项目启动时只明确了项目用户方的业务目标，缺少对细化目标以及项目其他相关方目标的管理。参照RBA的项目管理，除定义项目总体范围和业务目标外，还通过定义项目可交付成果将项目分解为更小的、更易于管理的部分，项目管理方通过登记项目预期的可交付成果作为项目管理的依据；此外，还应将项目所有相关方的期望都包含进来，比如管理层需要什么、最终用户需要什么、开发商需要什么、运营方需要什么，都应该作为项目目标中的一部分。

比如阶段控制方面：目前我们并没有严格的阶段划分和每个阶段的开始和结束过程，缺少阶段性评估会导致项目早期的问题一直潜伏到最后，影响项目的最终成果或导致返工，分阶段管理可以不断修正项目存在的问题，保证项目质量。

比如变更管理方面：RBA项目执行过程中的变更有严格的控制流程，但变更表格设计非常简单，重要的是能保证落实。对于人民银行来说也是一样，不是不要变更，也不是要实施复杂的变更流程，而是如何保证每次变更都有评估、有记录、有人负责更新和确定项目目标和范围。当然，对于需求变更的控制还是应该以加强需求基准文件的管理为主，需求基准文件定义的范围越详细清晰，用户需求变更的可能性就越小。

（三）引入项目风险管理

风险管理一般包括三个环节：风险评估和识别、风险影响分析以及风险应对计划。RBA在项目立项时要求项目经理要从项目本身、项目团队以及环境等方面对风险进行评估，如果有某部分被评级为高风险，则在提交项目章程时要对该风险进行描述并说明降低风险的计划和应对措施。提前预估项目风险的好处是可以减少项目执行过程中的不可控因素，比如我们很多项目在实施过程中总是会出现这样那样的问题，开发商换人，用户部门不配合，项目需要的环境和软硬件资源不到位等等，导致项目一再延期。通过提前分析这些风险因素，一方面可以做好准备，制订更全面合理的计划；另一方面也可以考虑采取部分规避风险的措施，比如若项目团队人员缺少与项目相关的专业技能，可以提前组织培训，若项目业务特点复杂可提前与业务部门沟通，要求一名业务专家全程参与项目过程，若预计项目所需资源不能及时到位提前准备好备用环境等。引入风险管理不是引入一个概念，而是要落实成具体的措施，真正起到减少项目风险的作用。

（四）加强项目沟通管理，规范沟通机制

项目沟通包括很多方面，项目团队内部的沟通，项目组与管理层的沟通、与用户部门的沟通、与软硬件厂商的沟通等。有效的沟通才能建立起有效的工作关系，分析以往的项目经验，会发现很多不能顺利完成的项目都是沟通环节出现了问题，相关各方在理解上存在偏差。我们在管理项目时往往不太重视沟通环节，认为沟通就是需要协商时打个电话、发个邮件或是重大问题时组织一次碰面会，很少会提前制订完备的沟通计划；但事实上，在项目开始前就制订清晰的沟通计划尤其重要。简单来看，沟通的目的就是要满足项目所有相关人员对信息的需求，那么沟通计划就是要明确何人、何时需要何种信息，以及将信息提供给他们的方式。RBA 在沟通管理上的特点是简洁有效，建立了一系列各沟通环节的文档模板，并将沟通环节制度化，既可以减少很多时间浪费，也可以减少沟通环节的随意性，避免信息出现差错和误解；而且在其所有模板上几乎都有签字栏，包括项目经理签字、S&T 部门中发起人签字和业务部门负责人签字。对于项目团队内部的沟通则是以项目经理为主，项目经理一旦确定后就作为该项目的负责人，项目团队成员可能来自于不同的部门但完全由项目经理支配。项目组也会定期召开例会，每次会议依据其前一次会议纪要，评估上一次会议中提出的问题和解决方案进展情况，目前项目状态报告中提出的关键问题、风险和项目里程碑是否按时完成等。当然，沟通也可以借助技术平台来进一步提高效率，这在第一点已经提出，此处不再赘述。沟通的形式并不重要，重要的是要有效。

（五）把好上线前验收测试关

验收测试作为上线前的最后一个环节，是把好系统质量的一个重要步骤。RBA 在项目管理中将验收测试作为一个单独的阶段进行管理，验收测试阶段需要提交以下 5 个文档：验收测试启动的 TIF，验收测试计划，验收测试结果，验收测试报告和建议以及验收测试完成报告。验收测试计划中包括测试的软硬件环境需求、安装需求，具体的测试方案和预期的测试结果，测试方案中包括由技术人员负责的系统管理功能测试过程以及用户负责的所有用户功能的测试过程；根据测试结果完成测试报告和建议，测试报告和建议中除包含总体测试情况说明外，还提出建议和未来的改进方向，如工作流程是否仍需改进等。整个任务完成后拟写该阶段的任务完成报告。

验收测试的目的就是为了保证系统各项功能满足用户需求，但我们很多系统上线前只有开发商对系统的测试，导致上线后用户发现一些不满足需求的问题，又要重新进行生产系统的变更，既增加了成本，又增加了系统运行风险。所以这一环节最好由用户部门来主导，测试方案可以由项目经理来写，但要交由用户部门来确认和实施。RBA 有在项目投产前要求用户部门对系统进行验收测试的规定，所以除非在特别紧急的情况下都不会跳过这一步，但性能测试可以根据用户要求做或者不做。

（六）规范项目收尾，做好经验积累

RBA 的每个任务、每个项目或是项目的每个阶段都要求有规范的结束过程，并提交项目或任务完成报告。项目或任务完成报告有标准的格式和要求，而且要提交给项目管理办公室和高级管理层进行评审，完成报告中要包括：项目成果及提交物（如原计划的提交物最终未完成要说明原因），项目预算使用情况，计划完成情况，证明项目已经验收、允许发布的签字文件，此外还包括本项目的经验总结。RBA 在经验总结方面做得较好，一方面得益于其负责某类业务相关项目的团队稳定性；另一方面也得益于项目总结做得规范细致，除了为同类技术特点的项目保留经验之外，还包括面对同一用户部门的项目沟通方面的经验，或是在同一平台上的部署测试经验等各方面。

22. 气候变化融资问题研究

西安分行　张懿

一、研究意义

随着二氧化碳等温室气体的排放导致气候变化成为国际共识，发展低碳经济、扭转全球变暖趋势，给人类的子孙后代留下一个可供生存、可持续发展的环境，已经成为世界各国的共同目标。中国目前已经是全球温室气体最大排放国之一，单位 GDP 的碳排放强度很高，加之能源安全存在隐患、生态承载力不断下降，自然环境逐渐恶化，使中国的经济增长面临着资源瓶颈与环境代价的双重困境，而发展低碳经济、促进绿色增长则成为破解这种困境，促进可持续发展的必然选择。鉴于此，从 2009 年 12 月哥本哈根气候大会到 2010 年 11 月坎昆气候大会，中国政府从首次正式使用碳排放强度指标的概念，到宣布大力发展可再生能源和核能（到 2020 年，将非化石能源占一次能源消费比重从目前的 7% 上升到 15%），再到明确量化碳减排目标（到 2020 年，单位 GDP 二氧化碳排放比 2005 年下降 40% ~45%），展示了中国在应对气候变化、履行大国责任方面的积极姿态。2010 年 12 月 7 日结束的中央经济工作会议上，更是明确提出了要“更加注重提高经济增长质量和效益，推进节能减排，抑制过剩产能。强化节能减排目标责任制，加强节能减排重点工程建设，坚决管住产能过剩行业新上项目，开展低碳经济试点，努力控制温室气体排放，加强生态保护和环境治理，加快建设资源节约型、环境友好型社会”，显示中国减少温室气体排放、转向低碳经济发展道路的决心。

（一）气候变化融资问题研究的科学意义

政府间气候变化委员会的研究表明，如果再不加以限制，到 21 世纪末，大气温度会上升 1.4 ~5.8 摄氏度，导致区域和全球范围的气候变化和其他与气候相关的参数变化，如温度、降水、土地含水量和海平面上升（IPCC, 2008）。这些变化可能会导致极端天气和病原体的迁移，给生态系统和水资源造成重创，最终破坏经济体。气候体系的改变，如洋流的自然变动也可能发生，结果导致南北极的冰川融化，从而影响到环境，进而影响到太平洋偏远地区的社会。若要让大气中二氧化碳的浓度维持在一个相对安全的水平

（根据政府间气候变化委员会得出的结论，若气温比工业化前的水平高出2摄氏度，就被认为是可预测的“最高”水平），全球温室气体排放量必须在约2015年达到最高，然后下降；这样，到了2050年，大气中的二氧化碳浓度将比1990年降低40%～45%（CEC，2005）。

（二）气候变化融资问题研究的经济意义

开展应对气候变化的减缓和适应行动需要大量的资金投入。根据联合国最新公布的一项报告显示，在现有的官方开发援助（ODA，指发达国家官方机构为促进发展中国家的经济发展水平和福利水平的提高而提供的赠款或优惠贷款）和清洁发展机制（CDM）下，未来10年里，发展中国家每年需要新增550亿～800亿美元投入用于节能减排，到了2030年，这一数字将达到920亿～960亿美元（UN，2009）。对于中国而言，这么巨大的一项支出，仅仅依靠政府财政是远远不够的，更多的是需要借助金融手段予以解决，金融机构、私营部门的投融资作用必不可少。如何引导私人部门投资有利于减缓和适应气候变化的重点领域，从而达到温室气体减排的目标，已经成了当务之急。

（三）气候变化融资问题研究的政治意义

中国目前正处在重工业化阶段，随着国际能源和资源产品不断上涨，能源获取的代价越来越高，对外依存度不断上升，已经影响到经济增长的稳定性。在《京都议定书》引入的三大机制下，作为一种稀缺资源的碳排放权，进而衍生为具有投资价格和流动性的金融资产，形成一种碳交易货币，并逐渐成为各国抢占低碳经济制高点的关键因素和未来金融创新的载体。同时，在“金融海啸”席卷全球的情况下，“碳排放”正在成为发达国家新的“绿色壁垒”，打压和限制中国传统优势产品的出口。当前，中国在国际产业分工体系中位于产业链低端，资源和能源密集型产品出口占较大比例，本土战略产业的发展空间不容乐观。由此可见，对于中国而言，现阶段发展气候变化融资，促进低碳经济和绿色发展非常具有政治意义。

当前，发达国家气候变化融资正趋于成熟，而我国尚处于起步阶段。因此，我国急需借鉴发达国家在气候变化融资方面好的做法和经验，制定和完善符合我国国情的政策措施，努力争取全球低碳经济竞争中的主动权。

二、相关理论综述

（一）关于“气候变化”

从19世纪开始，就有学者开始提到全球气候变化问题。法国物理学家

Fourier（1768～1830年）对地表辐射热进行研究，并得出大气层会滞留热量的结论。他认为，除了让具有高能量的太阳热能穿透大气层外，大气层让地球表面暖化的方式还包括滞留部分从地球表面反射的较长波辐射。瑞典科学家Arrhenius（1859～1927年）提出：在工业革命时期，工厂燃烧大量的化石燃料，最终导致大气中二氧化碳含量的增加，进而改变了大气成分，最终导致气候的变化。

20世纪90年代以来，气候变化开始成为理论界最前沿的研究课题之一。Cline（1992年）率先提出了一套系统的研究气候变化的科学方法，为制订应对气候变化的有关政策提供了基础。Nordhaus（1995年）主张放弃污染排放许可证制度，转而支持征收碳排放税，同时设计出了气候和经济的动态统一模型。近年来，关于气候变化研究比较具有代表性的是英国经济学家N. Stern在2006年10月发表的历史性报告。他指出："除非全球政府采用积极有效的手段，否则气候变化将造成全球经济体7万亿美元的产值损失，并可能使2亿人口成为环境难民。"（2006年）此后，许多国际组织和机构发布的气候报告大都相互支撑，研究方法和政策建议也基本与Cline相同。例如，都呼吁立即采取全球行动以应对气候变化问题，Cline和Stern还匡算出发达国家需要支付其生产总值的2%～4%来应对全球变暖。

（二）关于气候变化融资

气候变化融资探讨生活在一个碳限制世界，一个排放二氧化碳及其他温室气体必须付出代价的世界中产生的金融问题。因此，气候变化融资的概念包括：（1）代表环境金融的一个分支；（2）探讨与碳限制社会有关的财务风险和机会；（3）预期会产生相应的基于市场的工具，用来转移环境风险和完成环境目标。世界银行对气候变化融资进行了定义："气候变化融资泛指所有服务于限制温室气体排放和全球变暖的金融活动。"（World Bank，2005）

这一定义也基本为国内学者所接受。陈柳钦（2009年）认为，气候变化融资是指服务于旨在减少温室气体排放的各种金融制度安排和金融交易活动，主要包括碳排放权及其衍生品的交易和投资、低碳项目开发的投融资以及其他相关的金融中介活动。李威（2009年）认为，气候变化融资可以理解为应对气候变化的金融解决方案，包含了市场、机构、产品和服务等要素，是金融体系应对气候变化的重要环节。

为了达到《京都议定书》规定的减排目标，欧洲、日本等发达国家和地区以及联合国等组织推动了全球碳排放权交易市场的形成。碳排放权交易类别分为两大类，一类是以欧盟排放交易体系为代表的基于配额的交易，通过温室气体排放配额交易市场进行；另一类是以CDM为代表的基于项目的交易，由买主向可证实减少温室气体排放的项目购买减排额。正是这三个合作机制的推出，催生出了多种诸如低碳项目投融资、排放权及其衍生品交易和投资等多种金融需求，为气候变化融资的发展奠定了基础，推动了气候变化融资在全球范围内的迅速发展。

温室气体（碳）排放权市场

以项目为基础的交易市场（projected－based market）		以配额为基础的交易市场（allowance－based market）	
		强制碳交易市场（compulsory carbon market）	自愿碳交易市场（voluntary carbon market）
清洁发展机制（CDM）	联合履行机制（JI）	欧盟排放交易体系（EU-ETS）等	芝加哥气候交易所的减排计划（CCX）；VER；个人碳足迹项目等
核证减排量（CER）	减排单位（ERU）	派生出类似期权与期货的金融衍生品	

三、全球气候变化融资发展情况研究

（一）基本情况

《京都议定书》生效以后，全球气候变化融资呈现出迅猛的发展势头，交易规模持续扩大，交易制度不断完善，市场参与主体日益增加。

首先，2005年以来全球碳市场的交易规模持续扩大。碳交易量从2005年的7.1亿吨上升到2008年的48.1亿吨，年均增长率达到89.2%，同期，碳交易额从2005年的108.6亿美元上升到2008年的1 263.5亿美元，年均增长率更是高达126.6%。2009年，受国际金融危机影响，基于项目的CDM一级市场交易额有所下降，但二级市场依旧活跃。据英国新能源财务公司2009年6月发布的预测报告，全球碳交易市场2020年将达到3.5万亿美元。

其次，气候变化融资机制随着《京都议定书》的生效而不断完善。碳交易现货、期货和其他衍生品的交易市场陆续推出。2008年2月，首个碳排放权全球交易平台BLUENEXT开始运行，紧接着该交易平台又推出了期货市场；其他交易市场包括英国排放交易体系市场（UKETS）、澳洲新南威尔士体系（NSW）和美国芝加哥气候交易所（CCX）也都实现了比较快速的扩张。

最后，市场的参与主体日益增加。世界各国的金融机构，包括商业银行、投资银行、保险机构、风险投资、基金等纷纷涉足碳金融领域。目前，全球已经有40多家国际大型商业银行加入了旨在推动环境保护的“赤道原则”，同时有60多家金融机构宣布采纳该原则，在全球范围内积极的开展碳金融业务；碳基金方面，包括世界银行生物碳基金、社区发展碳基金以及各国绿色碳基金等多种基金陆续推出，规模不断壮大。

（二）欧洲的情况

在欧洲，欧盟继续延续着其在减排问题上的积极态度。在欧盟排放交易体系第二阶段和第三阶段的安排中，欧盟继续逐步加大减排力度，承诺到2020年将温室气体排放量在1990年基础上至少减少20%，并将减排限制扩展到更多的行业（如航空业）。此外，欧盟还打算在第三阶段时，在配额分配中引入拍卖机制，以提高交易的效率。

欧盟排放交易体系（EUETS）是世界上第一个国际性的排放交易体系，于2005年1月1日正式启动。欧盟排放贸易体系的目标和功能是减排二氧化碳，它涵盖了所有欧盟成员国，一些非欧盟成员国也自愿加入，与欧盟成员国进行排放贸易。通过签署双边协议，瑞士、加拿大、新西兰、日本等国也参与了这一体系；而通过双边认可还实现了与其他非《京都议定书》机制连接需要，例如美国州一级的排放贸易制度。这一体系以强制性手段纳入1.15万个排放实体，其中包括炼油厂、发电厂、水泥厂、造纸厂、玻璃厂、钢铁厂，共占欧盟温室气体排放量的一半以上。由于二氧化碳的排放量占全球温室气体的80%以上，所以目前欧盟交易的温室气体仅仅为二氧化碳，而不包含其他的温室气体。

该交易体系采用的是总量管制和排放交易的管理和交易模式，欧盟每个成员国每年先预定二氧化碳的可能排放量（与《京都议定书》规定的减排标准相一致），然后政府根据总排放量向各企业分发被称为“欧盟排碳配额（EUA）”的二氧化碳排放权，每个配额允许企业排放1吨的二氧化碳。如果企业在期限内没有使用完其配额，则可以出售套利。一旦企业的排放量超出分配的配额，就必须通过碳交易所从没有用完配额的企业手中购买配额。反之，如果企业超出了其获得的排放量，就必须到市场上购买排放权，否则就会被处以重罚。通过类似银行的记账方式，配额能通过电子账户在企业或国家之间自由转移。为了保证这项制度的实施，欧盟设计了一个严格的履约框架。它规定，自2005年开始，企业的二氧化碳排放量每超1吨，将被处以40欧元的罚款；自2008年开始，罚款额将涨至每吨100欧元，并且在次年，企业排放许可额度中还必须将相应数量加以扣除。欧盟排放贸易体系的交易基本上都是通过直接交易市场或者交易所来交易的。欧盟碳交易活动的3/4是场外柜台交易和双边交易，其中半数以上场外柜台交易是通过交易所结算交割。由于欧盟排放交易体系是一个依据欧盟法令和国家立法建立在企业层次上的机制，仅管理工业设施的排放，而《京都议定书》是政府间谈判达成的，对国家的排放总量设定减排目标，因此，欧盟排放交易体系与《京都议定书》的关系是相互独立运行的。但是，就目前而言，欧盟排放交易体系是最符合《京都议定书》认可，最具权威性的交易体系。

（三）美国的情况

尽管小布什政府拒绝批准《京都议定书》，但一些州政府在2008年自愿联合建立了RGGI交易，尝试碳交易市场的发展。奥巴马政府积极支持减排，并推动了有关的立法进程。根据目前的《清洁能源与安全法案》（该法案尚未得到美国国会正式批准）的设想，美国在2020年、2030年和2050年的目标排放水平分别为1990年排放量的96%（削减4%）、68%（削减32%）和20%（削减80%），并以此为基础设定排放配额并加以分配和交易。考虑到美国为全球第一大温室气体排放国（排放量占全球总额的25%以上），该法案如果最终得以通过，对国际碳交易市场发展将产生重大的推动。

作为全球第一家气候交易所，芝加哥气候交易所（CCX）成立于2003年，是北美地区唯一自愿性参与温室气体减排交易，并对减排量承担法律约束力的先驱组织和市场交易平台。芝加哥气候交易所由会员设计和治理，自愿形成一套交易的规则。交易所的会员自愿从法律上联合承诺减少温室气体排放。芝加哥气候交易所要求会员实现减排目标即要求每位会员通过减排或购买补偿项目的减排量，做到在2003～2006年每年减少1%的排放。通过芝加哥气候交易所，企业可以获得额外利润：向股东、评议机构、市民消费者和客户展示关于气候变化的战略远景，及早采取具有信用度的减排和认购补偿行动，使企业在同行业中的领导地位获得认同。

芝加哥交易所现有会员近200个，分别来自航空、汽车、电力、环境、交通等数十个不同行业。2004年，芝加哥气候交易所在欧洲建立了分支机构——欧洲气候交易所。2005年与印度商品交易所建立了伙伴关系，此后又在加拿大建立了蒙特利尔气候交易所。目前芝加哥交易所是全球第二大碳汇贸易市场也是全球唯一同时开展二氧化碳、甲烷、氧化亚氮、氢氟碳化物、全氟化碳、六氟化硫六种温室气体减排交易的市场。虽然美国拒绝批准《京都议定书》，芝加哥交易所却允许其会员以登记在 CDM 体系下的项目来抵消其承诺的减排额。

（四）面临的问题和发展趋势

尽管近年来交易规模增长迅速，但目前气候变化融资的发展也面临着一系列问题，未来包含许多不确定性。

一是市场分割问题。目前，国际碳交易绝大多数集中在国家或区域（欧盟）内部，统一的国际市场尚未形成。目前，从事气候变化融资交易的市场多种多样，既有场外交易机制，也有众多的交易所；既有政府管制产生的市场，也有参加者自发形成的市场。这些市场大都以国家和地区为基础，在市场制度安排上存在较大差异，不同市场之间难以进行直接的跨市场交易，国际碳金融市场处于高度分割状态，市场效率还比较低。

二是巨大的政策风险问题。就目前的风险管理能力而言，气候变化融资蕴涵的风险是非常巨大的，其中不仅具有市场风险、信用风险和操作风险，而且政策风险、法律风险也较大，目前包括金融机构在内的市场主体对政策风险和法律风险还缺乏足够的管控能力。一方面，国际公约的延续性问题产生了市场未来发展的最大不确定性。《京都议定书》的实施仅涵盖 2008 ~ 2012 年，各国对其有关规定仍存在广泛争议，目前实施的各项制度在 2012 年以后是否延续尚不得而知，这种不确定性将对形成统一的国际碳金融市场产生最大的不利影响。另一方面，减排认证的相关政策风险也可能阻碍市场发展。在原始减排单位的交易中，交付风险是最大的风险，而在所有导致交付风险的因素中，政策风险最为突出。因为，核证减排单位的发放是由专门的监管部门按照既定的标准和程序进行认证，即使项目获得成功，其能否通过认证而获得预期的核证减排单位，仍具有不确定性。从既有的经验看，由于技术发展的不确定性以及政策意图的变化，有关认证的标准和程序也在变化之中。而且，由于项目交易涉及不同国家，要受到东道国法律的限制，所以，气候变化融资发展面临的政策风险和法律风险是非常巨大的。这些风险是市场交易主体所难以控制的。

三是交易成本问题。国际气候变化融资交易市场的交易成本巨大，主要源于基于项目的交易涉及跨国项目的报批和技术认证问题，监管部门要求制定运营机构来负责项目的注册和实际排放量的核实，所涉及的费用高昂。此外，对于市场上的中介机构还缺乏有效的监管，一些中介机构在材料准备和核查中存在道德风险，甚至提供虚假信息。

四是知识短缺问题。气候变化融资是一个历史较短的金融创新领域，国际上大多数金融机构特别是商业银行对气候变化融资业务的利润空间、运作模式、风险管理、操作方法以及项目开发、审批等缺乏应有的知识存量，有关碳金融业务的组织机构和专业人才也非常短缺。在这种情况下，金融机构对发展气候变化融资业务缺乏内在动力，这对气候变化融资的发展会造成一定抑制作用。

尽管气候变化融资的发展面临上述约束，尽管坎昆气候大会最终通过的决议措辞较模糊，内容存在局限性，且全球主要温室气体排放国美国态度消极（美国气候变化特使 T. Stern 公开表态，美国将履行己方减排承诺，但实现这一点需国内相关立法配合。共和党明年将控制美众议院，按照美联社的说法，共和党不会接受任何要求美国及其他温室气体排放大国减排的法律捆绑式新协议），日本等发达国家公然拒绝承担第二承诺期温室气体减排义务，等等。但是，应对气候变化的全球合作趋势是不可逆转的。随着全球大多数国家在减排问题上的立场逐渐趋于一致，以及各国在应对气候变化领域的国际合作日益加强，国际气候变化融资将步入一个新的发展阶段，气候变化融资的发展前景非常广阔。

23. 澳大利亚 ATM 系统收费改革实践及启示

上海总部　朱海明

2009 年 3 月 3 日，由澳大利亚储备银行（RBA）牵头的 ATM 系统收费标准改革正式实施。此项改革的目的在于提高澳大利亚 ATM 业务的竞争性与透明度。主要做法是将 RBA 此前所拥有的定价权转移给 ATM 所有者，并改变收费模式。这是 RBA 将公共政策由传统干预型和单纯关注型向主动认识型转变的成功实践。

研究发现，RBA 在推动此项改革时，主要考量了五方面因素：①参与者的竞争与合作，是确保零售支付系统持续发展的基础。②支付系统公共政策目标，是系统的整体利益和社会利益。③卡基零售支付系统的发展，必须妥善处理与信用卡国际组织的关系。④提高安全性是以在线支付为代表的新型支付工具发展的当务之急。⑤不断增强支付系统对消费者的透明度，有利于保持支付系统竞争性并提升整体社会效益。

借鉴澳大利亚经验，对中国支付系统公共政策未来方向提出五点建议：①利用价值规律促进充分竞争。②健全监测体系以完善决策机制。③增强透明度以完善政策传导机制。④妥善处理支付系统国际事务。⑤推进中央银行支付系统运行社会化。

一、澳大利亚 ATM 系统收费改革基本情况

（一）改革动因：提高服务的竞争性、透明度以及效率

改革前，澳大利亚 ATM 系统跨行交易收费标准由澳大利亚储备银行（以下简称澳央行）负责制定，其基本规则是由澳央行制定 ATM 系统信息交换费的计算方法，然后每三年根据跨行交易业务量在全部业务量中的占比、ATM 系统的运营成本、相关机具的折旧等基础数据计算出一个跨行交易收费标准区间，[1] 各 ATM 所有者和金融机构间必须在此标准范围内支付跨行交易费用。实质是 ATM 系统跨行交易收费标准执行澳央行规定的管制价格。从 2001 年开始，澳大利亚 ATM 系统的相关参与方以及澳央行逐渐认识

1　改革前 ATM 所有者与发卡行等金融机构之间的跨行交易收费标准上限为 1 澳元/笔，但某一 ATM 所有者与某一金融机构之间的具体收费标准则通常取决于双边协定。

到该收费规则存在三个重要缺陷：

一是ATM所有者不能决定对使用其服务的客户的收费标准。改革前，如果持卡人使用了非发卡行的ATM，ATM所有者将向发卡人行（持卡人开户行）收取跨行交易费用。该费用实际上已经固定了许多年，而且对ATM所有者而言，这一费用是不可能协商增加的。随着ATM布放成本的日益增高，ATM所有者在许多地区配置机具无利可图的风险持续增长（尤其是非银行的专业化公司在高成本和低业务量地区布放的ATM）。由于在澳大利亚约一半的ATM为专业化公司所有，继续坚持这种管制性的统一收费安排的最终结果很可能是澳大利亚ATM数量的减少，进而导致消费者的便利和选择减少。

二是收费安排缺乏透明度。改革前，发卡行向ATM所有者支付跨行交易费用后通常均将该费用转嫁至持卡人，即当ATM所有者未向持卡人收取ATM跨行使用费时，绝大多数的持卡人因该交易被发卡行收取了通常被称为“外来费用”[2]（Foreign Fee）的“转嫁”费用。这些外来费用在跨行提款或查询余额时并不显示，而是在银行收费的一般条款中披露并在月末借记客户账户。这种收费模式（或者说费用转嫁模式）导致许多持卡人因无法清楚地记得使用他行ATM而觉得混乱。改革前，有关当发卡银行向ATM所有者支付1澳元左右的跨行信息交换费时，为什么许多发卡银行收取跨行提现的2澳元外部费用的发卡人询问仍在增加。

第三个缺陷则与新参与者的准入有关。澳大利亚ATM系统并无严格的准入限制，金融机构、非银行的专业化公司均可以布放ATM机具。但在跨行交易收费最终取决于ATM所有者和金融机构（发卡行）之间的双边安排的情况下，澳央行近几年来收到了大量与新参与者进入ATM市场时面临困难的投诉。新参与者需要与每一个现有参与者进行联系并与他们建立关系，而非通过一个点接入整个系统。这一方面导致了新参与者的协调成本高企，另一方面成为现有参与者不欢迎或者拒绝的新进入者（通常被视为竞争者）的重要壁垒。

基于公认的上述三大缺陷，为进一步提高澳大利亚ATM服务（供给）的竞争性，增加对消费者的透明度以及确保ATM系统的活力与效率，在澳央行的推动下，澳大利亚ATM系统跨行交易收费标准改革在2009年3月3

2　主要银行向ATM所有者支付跨行交易费用后，通常向客户收取每笔2澳元的“外部费用”，也被称之为“不忠费用”（Disloyalty Fee）。

日正式实施。

（二）改革内容及意义：从管制价格到市场价格的“跳跃”

澳大利亚 ATM 系统收费改革的核心内容是以面向持卡人的直接收费方式（Direct Charging at ATM）替换此前“分段式”的间接收费（ATM 所有者向发卡行收取跨行交易费、发卡行则以收取“外部费用”的方式向持卡人转嫁费用）。

直接收费方式的具体做法是当持卡人在非发卡行 ATM（Foreign ATM）上进行提现或查询余额时，ATM 所有者将立即向持卡人收取费用。该费用在该笔交易正式进行前将在 ATM 屏幕上明确显示，如客户不愿支付费用或者认为附近有收费更便宜的 ATM[3]，即可取消该笔交易。直接收费在使用发卡行拥有的 ATM 时则不会征收。此外，一些有适当安排的典型的小机构将允许其客户免费使用非其所有的 ATM 提取现金。

直接收费对服务使用者（持卡人）而言，ATM 屏幕显示收费标准的方式确保其知情权，并赋予其继续交易或终止交易的选择权。在此情况下，服务使用者不会陷入此前的困惑和混乱（因收费只在月末银行账单上体现）。

对 ATM 所有者而言，直接收费赋予其 ATM 跨行交易收费标准的定价权，改变了原间接收费状态下收费标准由澳央行确定且难以协商变动的状况。在新的收费机制下，ATM 所有者拥有了可以针对不同交易（提现或查询）、不同类型银行卡（信用卡或借记卡、国内卡或国际卡）乃至不同发卡机构制定不同收费标准的权利，其布放 ATM 机具的积极性被充分调动。

对发卡银行而言，直接收费一方面简化间接收费方式下，月末借记客户账户的程序，杜绝了因转嫁（增收）费用而收到的大量客户投诉；另一方面其作为重要的 ATM 所有者，同样拥有了上述定价权。

对澳央行而言，直接收费完成了跨行交易收费从管制价格到市场定价的“跳跃”，增强了 ATM 服务的竞争性、未来服务创新的可能性和持续发展的动力。此外，它在失去跨行交易收费管制权的同时，也摆脱了围绕基础数据制定收费区间的烦琐工作。

（三）改革的基本原理：市场机制下的资源配置最优化

总体来看，以所有者向使用者的直接收费，取代原有间接收费的基本原理，是以市场机制下的价值规律引导资源配置最优化的必然选择。价值规律

3　因技术原因，少量的 ATM 起初不能以屏幕显示收费标准。短期内，ATM 费用将以在此类 ATM 上张贴通知的方式进行披露。

作为市场经济的基本规律，它通过服务供给方定价权和服务使用方在知情权基础上的选择权，影响和改变着资源配置的效率。

从 2001 年开始，澳大利亚中央银行多次对 ATM 系统中跨行交易费用的改革表示过关切。跨行交易费用在管制价格下的不透明（客户事后得知、双边协议安排），使得跨行交易收费陷入“尴尬”境地。管制价格的结果是，ATM 系统运行的宏观、微观层面产生了根本性的矛盾。微观层面上，由于跨行信息交换的成本、收益不配比而且几乎没有竞争压力，形成了 ATM 所有权与收益权的“错位”和持卡人被动承担固定跨行交易费用的“弱势地位”。而宏观层面上，随技术进步和交易量日渐增加，使用 ATM 跨行服务的总体费用呈下降趋势，但持卡人却无法享受服务成本下降的利益（这部分应由持卡人享受的利益被发卡银行把持并“侵吞”）。

相反，直接收费赋予了 ATM 所有者定价权，纠正了 ATM 所有权与收益权的“错位”现象，而允许 ATM 所有者通过提供比附近地区 ATM 更低的费率来直接展开业务竞争，又在微观层面将竞争机制引入了 ATM 服务供给领域，为 ATM 服务进一步细分提供了可能。此外，竞争机制的引入，也有望在未来为持卡人提供更低成本的 ATM 系统，这与改革前 ATM 所有者的收入和持卡人的支出，均被居于强势地位的银行控制相比更为理想。

（四）实施效果

实施直接收费后的第一个重要效果，是此前广泛存在的跨行交易费用转嫁方式——“外部费用”彻底消失。

该项改革实施后，竞争的力量如预期被广泛释放。起初，澳大利亚四大银行[4]中的两家宣布仍将保留外部费用，虽然其中一家适当降低了收费标准。这意味着从 3 月 3 日起如果他们的客户使用另一家机构的 ATM 将被两次收费，一次是 ATM 的所有者，另一次是其发卡行。从澳央行推动改革的出发点观察，这与改革的精神大相径庭。但由于银行客户的迅速反映，这两家银行废止了外部费用。这是一个受欢迎的发展趋势，并且是竞争进程和客户反作用力的典型案例。伴随原间接收费方式下的外部费用的彻底消失，澳央行预期不再会出现发卡行在跨行 ATM 交易发生后，向客户收取跨行费用。

实际上，2001 年以来，澳央行已多次明确，外部费用并不会促进整个 ATM 系统更好地运行。另外，当绝大多数银行已向持卡人收取固定月费或

---

4 指澳大利亚国民银行（NAB）、联邦银行（CBA）、西太银行（Westpac）以及澳新银行（ANZ）。

年费时，外部费用的存在理由并不充分。此外，据澳央行测算，对发卡行而言，因客户使用他行 ATM 而增加的成本非常低廉，每笔交易成本仅 0.10 澳元左右。

效果二是在竞争机制作用下，差异化的直接收费标准已初步形成。在新的安排下，绝大多数 ATM 所有者收取 2 澳元/笔的跨行交易费用（详见附件），但一家大银行（澳大利亚国民银行）收取 1.50 澳元/笔，还有一些 ATM 所有者的收费标准低于 1 澳元，还有部分小机构为其客户提供免费跨行提现服务，另一些则联合其他小机构组成免费 ATM 网络。总之，通过整套安排，绝大多数持卡人在 ATM 交易方面并未比原先支付更多，且有了更节省的机会。此外，部分 ATM 所有者还针对不同地区、不同时间的跨行交易，制定了不同的收费标准。

效果三是由于收费被要求强制披露，收费标准应在持卡人提现或查询账户前提示，而且如果交易取消就不产生任何费用，大大增强了 ATM 跨行交易收费透明度。尽管基于不同机构，收费标准出现了更多变化，因此也产生了持卡人新的质询，但由于在跨行交易实际发生前，持卡人就可获知收费标准，因此改革前的投诉和纠纷大大减少。

效果四则是银行卡跨行提现交易出现了下降迹象。根据部分 ATM 所有者的报告，当一些顾客在被提示收费时决定不再提现后，提现数量已出现下降。

此外，澳大利亚中央银行所担心的实施直接收费后，可能出现 ATM 所有者在缺乏竞争的地区提高收费标准的情况至今尚未被证实。

从实施效果来看，澳大利亚中央银行力推该项改革以增强 ATM 系统竞争力和透明度的主要目标已初步实现。同等重要的是，现在 ATM 所有者可以在一个竞争的市场中决定其服务价格，具备了改革和发展 ATM 网络的动力。假以时日，这将给消费者带来更多的选择和便利。

二、澳大利亚中央银行关于零售支付系统发展基本问题的考量

澳大利亚 ATM 系统收费改革实施后，澳大利亚中央银行行长 Glen-Stevens 和副行长 Philip Lowe 于 2009 年 3 月下旬分别论述了澳大利亚零售支付系统改革的基本问题。其要点如下：

（一）参与者的竞争与合作，是确保零售支付系统发展的基础

支付系统是基于网络技术上的金融服务。联网运行是支付系统发展至今的重要特征。在联网运行的支付系统中，参与者在彼此竞争的同时，有时必须合作。因此，整个支付产业面临的挑战，就是如何促进该领域必需的竞争与协调。

澳大利亚中央银行在2007～2008年组织支付系统评估时发现，以双边[5]协定为基础框架的澳大利亚ATM和EFTPOS[6]系统，其所表现出的协调性差的问题，已延迟了零售支付系统改革创新的步伐。虽然各类改革建议被付诸实施，但进展有限。这或许反映出这些改革建议并不符合市场需求的事实。但澳央行认为，缺乏高效、有力的跨机构协调机制，是造成零售支付系统改革进展缓慢的重要因素。这也是澳央行高度重视并积极参与ATM和EFTPOS系统改革进程的重要原因。

澳大利亚中央银行认为，有足够的理由要重新审视零售支付系统的合作与竞争。虽然科技自ATM和EFTPOS系统建立以来已发展了25年左右，但过去二三十年中澳大利亚支付系统的根本建筑并未发生大的变化。因此，尽管支付系统基础设施仍能较好地服务于澳大利亚经济，但革新和改变的压力也一直在积蓄。

澳大利亚中央银行认识到，澳大利亚零售支付系统的网络结构需要被更新，而且消费者服务已开始落后于其他国家。澳大利亚中央银行很早就开始关注网上实时支付系统、B2B支付和在线支付等产品，这些产品已在其他国家取得进展，但在澳大利亚却一直未能得到充分发展。尽管金融机构已在发展支付产品方面，开展了足够的竞争，但在改革创新方面的合作，仍不充分。澳大利亚中央银行希望达到的理想状态，是在世界级的基础设施下具备世界级的支付产品。澳大利亚中央银行也并意识到，若改革不能继续，澳大利亚将面临支付系统落后于最佳实践的巨大风险。

（二）中央银行支付系统公共政策目标，是系统的整体利益和社会利益

澳大利亚中央银行认为，其支付系统公共政策的目标，是尽最大可能确保竞争的益处与合作的必要性之间的正确平衡，以确保广泛利益的需要和合理标准。其中，竞争对于确保长期成本最小和消费者选择最大化至关重要，合作则是确保支付网络能被广泛接受，进而提升经济福利的关键。

从网络经济学的观点分析，当且仅当充分的标准或标准之间的变化不能在竞争性的网络中及时获得时，应通过公共政策采用调整性的干预。公共政策所扮演的角色，就是处理市场参与者决策固有的外部性问题及尊重和维持竞争力。

---

5 “双边”一词的含义是指系统的每一个主要参与者与其他参与者具有双边的商务和技术联系。这与几乎所有的海外支付系统以及澳大利亚的BPAY和信用卡系统中，机构加入安排无须与每一个系统参与者建立直接的双边联系形成了对照。

6 EFTPOS系统是澳大利亚最主要的借记卡支付系统。

澳大利亚中央银行认为，零售支付系统的协调问题，最好能由支付系统参与者或支付产业自身解决，但如果这不可能实现，其他选择就必须被纳入考量范围，其中就包括中央银行以规则制定者的身份进行监管。换句话说，市场规律仍是促进零售支付系统发展的第一选择，竞争仍是推动零售支付系统进步的根本动力，中央银行所肩负的维护支付系统安全与效率的职能，主要应用于支付系统参与者或支付产业无法依靠自身力量解决的“外部性”问题。尽管现有的澳大利亚 ATM 系统收费改革是在中央银行推动下作为一项公共政策而实施的，但澳大利亚中央银行仍希望有一种共同管理的模式能在未来出现。按照这一观点，在零售支付系统改革进程中，支付系统参与者应最大程度地推进改革，澳大利亚中央银行拥有的支付系统公共政策权力，将作为最后的手段尽可能少用。

澳大利亚中央银行行长 Glenn Stevens 认为，现阶段澳大利亚中央银行的公共政策权力已超出其最初设想而被扩大化地应用了。尽管澳大利亚中央银行一直在探索，在履行其法定促进支付系统竞争和效率职能时，不必使用直接的监管权力，但 ATM 系统改革的历史证明，纯粹依靠产业力量的改革相当困难。

（三）卡基零售支付系统的发展，必须妥善处理与信用卡国际组织的关系

以卡基支付工具为载体的支付命令是各国零售支付系统处理的主要业务。目前在各卡通用的规则下，零售支付系统的使用者不仅仅是其国内居民，还包括持有各类信用卡国际组织标识银行卡的外国人。在日益开放的经济环境下，各国零售支付系统的发展必须妥善处理与信用卡国际组织的关系。目前澳央行为促进其零售支付系统发展正与维萨、万事达等信用卡国际组织就以下议题展开谈判。

1. 改变现有的各卡通用规则。澳大利亚中央银行认为，改变各卡通用规则，赋予商户受理或拒绝某种卡的自由，是促进竞争环境的重要方式。澳大利亚中央银行已多次就此与信用卡国际组织开展了讨论。尽管信用卡国际组织对这种“双向选择”的观点兴趣不大，但澳大利亚中央银行认为，如果市场参与者在其他领域取得了足够进展，银行能无视信息交换规则，就可以要求信用卡国际组织进一步修改其各卡通用的规则。

2. 增强信用卡国际组织的收费透明度。澳大利亚中央银行正和信用卡国际组织讨论提高收费透明度的可能性。一种可能是信用卡国际组织披露收单方在标准类交易中支付的平均费用。第二种则是信用卡国际组织披露其与澳大利亚

交易相关的特殊费用标准。第三种则是信用卡国际组织允许收单方向商户披露其向信用卡组织支付的费用，并且向澳大利亚中央银行提供这些信息以便随时监管。尽管尚未确定最终模式，但有望在保持商业秘密的同时，提高收费项目的透明度。

3. 督促信用卡国际组织就信息交换费上限做出承诺。ATM 系统收费改革后，澳大利亚中央银行曾担心信用卡跨行交易收费会上升，并最终损害持卡人利益。为消除该顾虑，近几个月，澳大利亚中央银行和国内主要金融机构以及信用卡国际组织，讨论了自愿承诺信息交换费不超过当前水平的可能性。澳大利亚中央银行希望，信用卡国际组织能承诺，将加权平均的跨行信息交换费限制在交易金额的 0.5% 以内。而信用卡国际组织所关心的则是澳大利亚中央银行公共政策的竞争中立性，因此信用卡国际组织并未排除做出承诺的可能性。

（四）提高安全性是以在线支付为代表的新型支付工具发展的当务之急

在零售支付系统中，除 ATM 和 EFTPOS 系统外，澳大利亚中央银行也十分关注在线支付的发展。但与其他零售支付系统相比，澳大利亚在线支付发展明显滞后。澳大利亚中央银行指出，过去一两年间，尽管系统主要参与者通过新型在线支付方式 BPAY 努力推动其广泛应用，但满足主要参与者诉求的进展一时还难以取得。

一方面消费者希望，在线购物时有更多的支付选择，而不必使用国际组织发行的信用卡。缺少足够的选择削弱了竞争，在线商务持续增长情况下，似乎成为了一个较大的问题。与此同时，在线交易欺诈案似乎也在稳定增长。几乎一半信用卡欺诈案发生在商户未看见银行卡的在线支付情况下，去年澳大利亚信用卡欺诈案增长约 50%。若这一趋势仍然继续，将破坏消费者对于在线交易的信心。

澳大利亚中央银行认为，在信用卡国际组织花费精力应对欺诈率上升的同时，各参与者应为消费者提供更安全的支付选择。一种如其之前提出的，且已在其他国家实施的解决方案，是使用消费者的网上银行完成在线商务支付，但这种选择在澳大利亚尚未广泛应用。在澳大利亚在线支付改革方面，必须提高支付系统竞争性和确保在线支付安全性。

（五）不断增强支付系统对消费者的透明度，有利于保持支付系统竞争性并提升整体社会效益

澳大利亚中央银行认为，透明度是增强支付系统竞争力的重要组成部分。这种透明度不仅包括提高改革进程中，支付系统参与者的“介入”程

度，确保无论金融机构大小都可以充分参与，而且包括面向零售支付系统消费者的信息开放。对消费者而言，支付系统的两项信息最为重要：一是支付手段的描述，如在卡基支付中，消费者需要了解商户可以受理哪些类型的卡；二是价格信号，即消费者对使用支付系统服务价格（费用）的知情权。这样才能确保消费者选择能作为影响支付系统竞争力的因素，并发挥其积极影响，进而引导“价廉物美”的支付工具被广泛应用。

支付系统作为重要的金融基础设施，便利和促进经济和金融活动。澳大利亚每天有1 800万笔、金额达2 300亿澳元的支付交易。澳大利亚中央银行认为，如此大量的支付交易，即使相对较小的低效率，也会潜在地对支付系统成本产生重大影响。基于广泛的经济利益考虑，充分透明制度下的消费者选择，与促进支付系统效率的政策安排相辅相成。

根据上述五方面的仔细考量要素，继ATM系统收费改革实施后，澳大利亚中央银行初步确定了以提高竞争程度为方向的四项具体措施，以改革零售支付系统。具体包括：

1. 改革EFTPOS系统的管理，提高其与信用卡国际组织的竞争能力。

2. 进一步修改各卡通用的规则，允许商户根据受理各类卡的成本和收益，自行决定受理哪些卡或拒绝哪些卡。

3. 促进支付工具的多元化，为消费者提供更多的在线支付方式选择。

4. 增强收费项目透明度。

三、应用公共政策推动支付系统发展的启示

澳大利亚ATM系统收费改革的实践经验及澳央行有关零售支付系统发展公共政策的考量，对于肩负维护支付系统安全与效率的中国人民银行而言，具有十分现实的借鉴意义。

（一）以网络经济学视角，充分认识并把握支付系统参与者的微妙关系

支付系统最重要、最基本的功能是完成收付款人之间的货币转移。而每一笔支付交易的完成，都涉及一系列复杂的金融机构之间的合作安排。

在以网络和信息技术为基础的支付系统中，参与者必须合作，只有这样才能保证支付系统的广泛可用性。经济学文献中有关“依靠网络类基础设施产业［也被称为‘联网产业’（Network Industries）］存在合作的动机，以获取更高效率的观点”已被充分接受。但必须充分意识到，社会化的理想合作水平不太可能达到。

同时，必须合作的支付系统参与者之间，也存在竞争以吸引客户。竞争

的通常方式是提供与其他竞争者不同的产品或特色服务。但在支付系统中，多数情况下的业务创新都无法独立完成。这是因为，支付系统参与者提供新产品的能力，往往依赖于竞争者对其系统进行改造。这种以竞争为目标的革新，面临着要求其他银行付出改进相关系统的成本，进而帮助其竞争对手的“独特”情况。

这种支付系统参与者之间的微妙关系——合作的需要和竞争的冲动，意味着在按照系统利益还是更广泛的群体利益进行决策时，存在“两难”。因此行业集团和监管者，往往需要扮演协调角色，以鼓励在共同基础设施下，有益于全体的改进，同时也允许支付系统参与者保持竞争压力，以确保新产品的市场化定价和满足客户的需要。这是支付系统公共政策之所以能而且必须存在的真实原因。

（二）充分认识中央银行支付系统公共政策的三种实施方式

绝大多数国家的中央银行，被法律赋予了维护支付系统安全和效率的职能，并拥有制定支付系统公共政策的权力。从上述支付系统公共政策赖以存在的原因出发，支付系统公共政策的着眼点，在于促进系统参与者之间的合作，并提供一种最有利于系统参与者整体利益的决策机制，而不是仅考虑系统某一参与者的最大利益。这是应用支付系统公共政策的正确方向。

公共政策影响支付系统发展进程，有三种可能的实施方式。

一是“单纯关注型”。即中央银行同意支付系统参与者自行达成系统改革目标和时间安排，且不对未达目标参与者设定外部管理或处罚措施。这种方式适用于各参与者能完全达成改革所需要的协议（或合作），充分依靠系统参与者的自觉、自愿来实现支付系统的优化与改进。目前，在澳大利亚清算协会（APCA）推广的许多更倾向于关注技术主题的项目中，澳大利亚中央银行就以这种方式施加共政策的影响。但其缺点是，在支付系统参与者无法自行达成合作协议情况下，改革进程将被大大延迟。

二是“主动认知型”。即中央银行运用明显规则，确保支付系统参与者合作的可能性。该方法在澳大利亚 ATM 系统改革进程以及其他支付系统改革中，显著应用。该方式下，中央银行预先确定各类解决方案的可行性，且在改革协议无法达成时，进行管理与调节。这种支付系统公共政策实施方式，在英国支付体系委员会（Payments Council in the United Kingdom）建立后成为主流，且促进了英国支付系统更快发展。此方式强调中央银行在支付系统发展中的协调角色，但系统参与者更偏好于被动的推动计划，且计划将依赖于中央银行设定的协议和执行时间表，同时该时间表往往被系统参与者抱怨为充满“挑战”。

三是“传统干预型”。类似于传统意义上的管理。中央银行选择建立外部标准，对支付系统改革进程施加更多的干预。澳大利亚中央银行在处理与信用卡国际组织的关系时，采用了该种方式[7]，同时，该种方式也可用于达到围绕技术议题的产业协调。例如，中央银行能在支付系统参与者无法或不能自身达成通用标准时，设定技术标准。但这种方式下，仍存在公共政策所带来的干预本身或许可能阻碍革新的风险。若进一步改革的产业协议能较快达成，那么中央银行协调角色变为干涉主义的必要性，就不存在了。

在“单纯关注型”、“主动认知型”和“传统干预型”这三种公共政策实施方式中，澳大利亚中央银行一直更倾向于前两种，只在支付系统参与者不能自觉、自主开展改革和创新时，才考虑采用干预措施，促进支付工具和支付系统广泛效益的实现。

7　澳大利亚中央银行设定了一系列标准处理信用卡国际组织信息转接费水平和强制接受额外费用。澳大利亚中央银行在万事达和维萨信用卡服务费定价标准文件中明确规定，禁止这两个信用卡组织限制商户向持卡消费者收取额外费用。商户因此可以根据其接受该支付工具所需要付出的成本决定是否向消费者收取附加费用。

附件

澳大利亚主要银行跨行交易收费标准

单位：澳元/笔

ATM 提供者	费率
Adelaide Bank	$ 2.00
ANZ	$ 2.00
Bank of Queensland	$ 2.00 ($ 1.00)
Bank SA	TBA
Bank West	$ 2.00
Bendigo Bank	$ 2.00
Commonwealth（CBA）	$ 2.00
Citibank	$ 2.00 ($ 1.50)
Elders Rural Bank	N/A
HSBC	$ 1.50 ($ 0.50)
ING	N/A
Laiki Bank	$ 2.00
Macquarie Bank	N/A
NAB	$ 1.50 ($ 0.50)
RediATM	$ 1.75 ($ 0.00)
St George	$ 2.00
Suncorp	$ 2.00 ($ 0.80)
Westpac	$ 2.00

资料来源：澳大利亚支付清算协会网站。

说明：1. 上表列示了 ATM 所有者通常情况下对跨行提现或余额查询交易收取的“ATM 直接收费”标准。需要注意的是部分 ATM 所有者其费率针对不同交易时间、地点会发生变化。

2. 拥有 RediATM 的所有者众多，部分有 RediATM 标记的 ATM 其实际收费标准与表内标准存在差异。表内所列数据为澳大利亚支付清算协会调查所得。有消息称，RediATM 所有者正在考虑按照 0 ~ 1 澳元收取跨行查询费，按照 1.50 ~ 2.00 澳元收取跨行提现费的建议。

3. 通常情况下，跨行提现与跨行查询收费标准相同。执行不同标准的，括号内为跨行查询交易收费标准。

参考文献：

[1] Philip Lowe, *Payments System Reforms: Innovation and Competition*,

Cards & Payments Australasia 2009, Sydney – 24 March 2009.

[2] Glenn Stevens, "*Public Policy and the Payments System*", *Governor*, Third Annual Ian Little Memorial Lecture, Melbourne – 25 March 2009.

[3] Carlton D. W. and J. M. Klamer (1983), "*The Need for Coordination among Firms, with Special Reference to Network Industries*", The University of Chicago Law Review, 1983, 50 (2), pp. 446 – 465.

[4] Alan L. "Tyree, The Australian Payments System", Alan's Home Page.

[5] "ATMFee Reforms", www. rba. gov. au.

24. 欧盟服务业增值税的有关经验[1]

中国人民银行营业管理部　王伟宁

一、欧盟增值税税率立法有关原则

不同于我国对服务业征收营业税的实践，欧盟国家对服务业征收增值税，但并未单独将服务业列出一类作为增值税应税项目，服务业与制造业在税负计算、报税方面基本要求一致。

目前欧盟执行的增值税税率依据为欧盟增值税指引第六版，该指引在汇总不同解释的基础上形成一个专门法规，为成员国提供税率法律框架，成员国可以基于此框架调整本国增值税率。税率基本原则为三条：一是销售货物和服务缴纳增值税的标准税率最低为15%。二是成员国可以选择一至两个行业，适用不低于5%的降低税率。三是在一定条件下，对劳动密集型服务业实行低税率。

欧盟明确以下销售货物和服务可以适用于低税率：

• 所有住房行业，以及涉及提供礼拜场所、文化遗产、历史建筑的翻修维护服务行业，该调整鼓励成员国更有效地节省能源；

• 餐饮服务业；

• 本地供应行业，包括将于2010年12月31日失效的适用于低税率的劳动密集型服务行业，以及类似本地供应行业，如园艺业、有形资产维修业、个人护理业；

• 其他技术调整行业，如销售婴儿尿布、电子书、CD、CD－ROM产品、销售残疾人使用的设备和服务，以及废物处理行业。

以上类别实行低税率管理的目的一是满足公众基本消费需求，二是保护劳动密集型行业以促进就业。

二、金融保险服务业

从1977年起，金融保险行业被豁免缴纳增值税，迄今为止执行32年该

1　为了解欧盟增值税情况，在查阅欧盟及服务业增值税有关规定和研究成果文献的基础上拜会了法兰克福大学经济系主任 Alfons Weichenrieder（该教授为公共财政专家，系 OECD 近年来中小企业税负研究的外部咨询专家）并完成本报告。

条款并未得到更新。目前该豁免条款在成员国执行不统一，因此需要更新立法对豁免服务确定清晰解释。为解决此问题，成员国向欧盟递交有关提案，旨在为金融保险机构提供简单化的增值税条款。

提议包括三项目标：

- 提高从金融保险机构到国内税收管理部门对增值税立法的确定性，降低双方因厘清提供服务适用何种增值税条款产生的管理成本；
- 保证税种的持续适应性，促进国内市场增值税立法公平；
- 给予金融保险机构处理抵扣进项增值税的灵活性。

为实现上述目标，目前讨论可行的应对措施包括：一是重新界定豁免服务的范围，确保豁免政策更好地反映现代金融行业的复杂性和多样性，并且能直接适用于所有成员国。二是允许银行保险机构有选择纳入增值税管理的权利，虽然对税收的选择权在增值税指引中已有规定，但在成员国并未得到广泛适用，该条款使得金融保险机构扣除进项增值税额从而降低经营成本成为可能。三是引入本行业的一种成本分摊机制，解决金融保险机构在豁免增值税的情况下，由于不能抵扣进项税额而引发的成本过重问题，使得金融机构可以在集团成员之间内合理分摊成本。

据 Alfons Weichenrieder 教授介绍，德国对金融机构取得的收入采取以下确认原则：金融机构取得的传统利差收入，不征收增值税；对金融机构提供收费服务取得的中间业务收入，征收增值税。在不缴纳销项增值税的前提下，金融机构对购买商品和服务承担的进项增值税无法抵扣，加大了经营成本负担。

三、劳动密集型服务业

为创造就业，1999 年欧盟对劳动密集型服务行业采用 1999/85/EC 指引，允许在特定劳动密集型服务行业适用不低于 5% 的低税率，但有效期为三年。包括：

- 自行车、鞋、皮革制品、服装和家庭用品的小型维修修复和改造；
- 窗子清洁和私人家庭清洁；
- 家政服务以及照顾老幼病残的服务；
- 理发行业。

其后几经调整，不断修改成员国实行低增值税税率的税目和有效时间，目前最新指引为 2009 年 6 月 1 日起执行的 2009/47/EC 指引，决定在永久基础上对包括餐饮业在内的当地劳动密集型行业实行不低于 5% 的低税率管理，降低不同成员国服务提供者的不公平竞争。适用低税率行业除了1999/85/EC指引中包括的四个行业外，另外增加三个行业：

• 私人住所维修和修复（不包括为维修和修复服务提供的占主要比例的原材料销售）；

• 不包括酒类及饮料在内的餐饮业销售服务；

• 图书馆服务。

四、对增值税的总体评价

Weichenrieder教授对增值税总体评价如下：

第一，增值税是一个成功税种。自20世纪50年代法国开始推出增值税以来，目前全世界有一百多个国家征收增值税，运行较为成熟，其优点是将征税分散在经济活动的各个环节，使报税管理成本平等分布，征税过程透明度高，便于监督企业依法纳税，其中包括一些发展中国家，如巴西。从实践角度看，增值税更适合于增长型经济体。为扩大国家财政收入和鼓励企业发展，可以同时实行较高增值税税率和较低企业所得税搭配管理的模式。

但这种模式的弊端也很明显，由于全部税务负担最终由消费者承担，较高的增值税税率会在一定程度上抑制国内消费需求。调查显示，因增值税产生的管理成本对于大型企业而言较低，核算程序并不复杂。而对中小型企业，因增值税导致的管理成本较高。

不同于欧盟国家实行增值税管理现状，为契合小政府、大市场管理的自由市场经济理念，美国从未考虑过实行增值税做法，而是对销售商品和服务环节征收消费税。比较而言，增值税更适合政府在经济管理角色较重的国家。

第二，增值税是一个中性税种，企业承担很低税负，特别是消费型增值税将税负完全转嫁给最终消费者，企业增值税负担为零。但对企业课征增值税也存在一些负面问题，由于增值税会计及报税较为复杂，会增加企业合规管理成本，同时增值税会先期占用企业资金，为企业现金流管理增加难度。

第三，欧盟国家增值税管理现状暴露的突出问题为：一是出口实行零增值税税率易引发企业税务诈骗冲动，相应增加税务当局管理成本和国家税收损失；二是多重税率并存使得企业在销售不同税率货物和服务时，存在以低税率缴纳适用于高税率货物与服务的可能性（特别是在一种货物或服务同时包含适用不同税率的成分的情况下），一方面不利于保证公平有效的市场秩序，另一方面也增加税务当局的管理成本。